Vents mortels sur Saint-Nazaire

Christophe Cotta

Vents mortels sur Saint-Nazaire

Éditions ouest france

À mes fils,
Martin, Baptiste, Pierre.

Le jour de son anniversaire, maître Paul se tira une balle dans la bouche. La police scientifique dénombra 186 éclats dentaires sur le mur derrière le fauteuil du notaire.

Le jour de leur mariage, Marinette Belon et Maurice Bredault furent assassinés par leurs amants respectifs. Leurs familles découvrirent à cette occasion que Marinette n'était pas vierge et que Maurice leur cachait son homosexualité.

Le jour de sa première paye, Gatien Leblanc se saoula à mort à la débauche au point de chuter de vélo sur le chemin du retour. Trois jours plus tard, un employé du Parc naturel régional de Brière trouva son cadavre éventré par un sanglier.

Ayant appris le sort funeste de ses ancêtres, Ribenne prit quatre décisions importantes pour son hygiène de vie : il n'embrasserait jamais la carrière de notaire, il ne se marierait jamais et ne se promènerait plus seul dans les marais. Il n'alla pas jusqu'à décider de ne plus jamais boire, car il se dit en son for intérieur qu'il ne fallait pas pousser non plus.

Sa quatrième décision fut de démissionner de son boulot de tuyauteur aux Chantiers de l'Atlantique de Saint-Nazaire pour éviter d'avoir à utiliser un des centaines de deux-roues mis à disposition des ouvriers. La très faible probabilité de rencontrer un sanglier entre les tôles d'acier des paquebots ne réussit pas à le faire changer d'avis. Sa décision était prise, il irait jusqu'au bout de son idée.

Ribenne conserva une seule chose de ses années passées dans la Navale : sa carte du syndicat. Vu sa nouvelle orientation professionnelle, il se dit qu'elle lui serait utile.

Ribenne avait décidé de devenir détective privé.

En montrant rapidement la carte, le doigt cachant adroitement le sigle du syndicat, il se dit qu'avec un peu de chance, on le prendrait pour un pro.

Ainsi débuta, il y a quinze ans, la carrière édifiante du détective Ribenne que tout le monde aurait pu surnommer le Métallo, ce qui ne vint étrangement à l'idée de personne.

Dimanche

I

Construit par le génie autoroutier français devant la porte principale des Chantiers de l'Atlantique, le rond-point de Penhoët ouvrait l'horizon sur le port de Saint-Nazaire. Nombril de bitume, il servait de point de ralliement pour les grèves et les feux de pneus qui vont avec. Un établissement servant collation, bières fraîches et fillettes de muscadet jouxtait ce haut lieu des luttes sociales. La terrasse du Café Moderne de la mère Carcaradec offrait un point de vue remarquable sur le terre-plein où un Écossais avait eu la bonne idée d'installer, deux siècles plus tôt, le premier chantier de construction navale.

Le quartier de Méan-Penhoët restait un village méprisé pour de mauvaises raisons par de méchantes gens : pour les Nantais, un faubourg mal famé qu'on traversait dans les années 1960 en remontant les vitres des voitures ; pour les Parisiens, un chaudron social irrigué par le sang bouillonnant des salariés de la Navale. Méan la Catho et Penhoët la Rouge. Méan et son port de plaisance ; Penhoët et ses bistrots. Une opposition ancestrale entre les deux camps colorait l'histoire du quartier d'anecdotes plus savoureuses les unes que les autres. Chacun avait son club sportif, ses grandes gueules, ses bars, sa formation musicale.

Mais Ribenne voyait les choses autrement. Pour lui, c'était le cœur de la ville. Le quartier irriguait toute l'économie locale et faisait la météo de l'ambiance générale. Carnet de commandes rempli, beau fixe ; creux de la vague, tempête sociale. Méan et Penhoët, les deux ventricules inséparables d'un même organisme palpitant : le cœur de Saint-Nazaire.

Chaque jour à 17 heures tapantes, les grilles de la porte n° 4 des Chantiers libéraient des centaines d'ouvriers et Ribenne, attablé en terrasse, s'amusait à se prendre pour un général surveillant ses troupes sur le champ de bataille. Le visage concentré et le front belliqueux, il galvanisait les uns d'un vigoureux « Sus aux patrons ! » ou fustigeait les autres d'un sonore « Esclaves de bourgeois ! ».

Puis, une fois les ouvriers éparpillés dans la vingtaine de bars longeant l'avenue de Penhoët, Ribenne remontait dans sa piaule, avec la satisfaction du devoir accompli. Il logeait au-dessus de la salle du Café Moderne, dans une ancienne pension louée pour une bouchée de pain à la mère Carcaradec. Il était l'unique locataire du vieil hôtel en perdition qui n'avait plus le droit d'accueillir d'hôtes en raison de son état de délabrement avancé.

Ribenne consacrait le reste de ses journées à ses enquêtes et, les jours de disette judiciaire, goûtait à la joie du *farniente*. Quand l'ouvrage venait trop à manquer, mettant du même coup sa situation matérielle en péril, il s'en allait traîner du côté du tribunal d'où il revenait rarement bredouille. Preuves d'adultères, de vols, de menaces… Il y avait toujours du grain à moudre. Quelques avocats de renom faisaient aussi parfois appel à sa discrétion légendaire.

Bon an mal an, il réussissait à payer sans retard son loyer mensuel et ses coïts hebdomadaires. Sa réputation de détective n'était pas trop mauvaise. On peut dire qu'il avait bien négocié son changement d'orientation professionnelle, même si parti de rien, il n'était pas encore arrivé à grand-chose : pas de véhicule personnel, pas d'appartement, pas d'épouse. Pour ses déplacements, il utilisait le taxi pour le plaisir d'être conduit, le train pour le plaisir de voyager dans le wagon-bar, les voitures de location pour le plaisir de les salir sans se soucier du nettoyage. Il se donnait pour pas cher l'illusion d'être libre. Tous ses biens tenaient dans sa chambre de 16 m² au premier étage du Café Moderne dont la vue sur le port était l'unique atout. Ribenne fuyait la propriété à cause des obligations qui vont avec comme il fuyait tous liens durables avec les femmes à cause des gosses qui vont avec.

*

C'était un joli dimanche de juin 2002, jour chômé par excellence, sauf pour des centaines de métallos que le carnet de commandes des Chantiers obligeait à trimer ce jour-là pour tenir le délai imposé par l'armateur de trois paquebots en construction et qui, dépensant 900 millions d'euros par navire, se payait aussi le droit d'être exigeant sur la date de livraison.

À l'heure dite, le portail glissa sur ses rails dégageant la sortie, et les masses prolétaires inondèrent de bleu la chaussée du rond-point. C'était moins impressionnant qu'en semaine, mais pour notre général autoproclamé, le plaisir était le même. La sortie des métallos fit s'envoler dans le ciel une nuée de goélands criards. Leurs ailes affolées se mirent à battre l'air avec le bruit de grandes voiles secouées par le vent. Chaque jour, la même scène se répétait, comme si les goélands attendaient sciemment l'ouverture des grilles pour s'égayer avec fureur. La stupidité des volatiles agaçait Ribenne au plus haut point.

Tous les ouvriers ne rentraient pas aussitôt chez eux ; certains avaient l'habitude de venir partager une fillette de muscadet dans un des bars de l'avenue. Chacun avait son troquet préféré, sa chaise habituelle, son coin du zinc réservé. Ribenne savait que ces habitudes étaient pour eux l'équivalent du piton pour l'alpiniste : le point d'appui indispensable au-dessus du vide. Il ne l'avouerait jamais à quiconque, mais ce vide l'avait angoissé tous les jours pendant ses années passées dans la Navale.

Se détachant d'un groupe de métallos après avoir salué chacun d'eux par son prénom, un grand gaillard au nez long et pointu, aux cheveux rares et aux mains capables de plier des tôles en deux, dirigea ses pas vers Ribenne. Parvenu à sa hauteur, l'homme lui asséna une tape vigoureuse dans le dos. Un sourire malicieux éclaira son visage osseux quand il ajouta en s'éloignant vers l'entrée du bar :

— Vieille baderne ! T'es le patron d'un fainéant. Tu m'as l'air bien triste depuis que Leghorn t'a laissé en plan.

Ribenne sentit son cœur se serrer à l'évocation de son fidèle ami, le commissaire Leghorn, fraîchement retraité et parti crapahuter dans les Andes péruviennes. Le détective avait beaucoup de relations en ville, mais peu d'amitiés profondes à partager, et l'ex-flic pouvait se vanter d'être en haut de la liste malgré leur différence d'âge.

— Un jour, je t'écraserai le nez ! finit par répliquer Ribenne à son ancien chef d'atelier.

Puis il regarda Long Nez disparaître dans les entrailles du bar en notant que l'homme se tenait de plus en plus voûté. Ribenne gardait un fond d'amitié pour ce grand Briéron qui n'avait pas nourri de jalousie à son départ des Chantiers. Ils pouvaient compter l'un sur l'autre dans les coups durs et plusieurs fois, Long Nez avait eu recours aux conseils du détective concernant des bisbilles avec des gars au boulot. Jamais rien de bien méchant, mais l'expérience de la nature humaine acquise par Ribenne dans son nouveau job impressionnait Long Nez. Celui-ci consultait le détective comme chacun consulte son docteur.

D'autres métallos, à l'inverse, avaient fait comprendre à Ribenne qu'il n'appartenait plus au monde de la Navale depuis sa démission ; en se mettant à son compte, il avait non seulement abandonné la lutte contre les patrons, mais, pire, il était devenu bourgeois. Pour ceux-là, Ribenne tenait à jour des fiches détaillées et croustillantes à souhait. Il était le genre de détective qui ne porte pas de flingue, mais couvre ses arrières avec des documents compromettants. Jamais de sang sur les mains, juste un peu d'encre.

Un soir de solitude triste et d'ennui mortel, il les avait relues et comptées : une cinquantaine environ. Une goutte d'eau dans l'océan, les Chantiers faisant bosser environ quatre mille salariés, deux mille en propre et deux mille chez les sous-traitants ; mais il suffit parfois d'une seule goutte pour faire déborder un vase, c'est bien connu. Chaque fiche portait le nom du type, son surnom, les ragots récoltés à droite et à gauche sur son compte, les embrouilles connues, son pedigree dans la boîte et son degré d'animosité envers le détective. La plupart avaient deux ou trois étoiles, une petite dizaine pouvaient être fiers d'en compter cinq. Précautionneux, Ribenne prenait grand soin de ses fiches et comme son oncle, maître Paul, n'était plus de ce monde, la précieuse enveloppe était gardée bien au chaud par Hélèna.

La concernant, Ribenne n'avait pas de fiche à son nom. Celle de la police suffisait.

*

Dans la douce chaleur d'un soleil entêtant, une joyeuse pagaille régnait à la terrasse de la pension Carcaradec. Sauf à une table voisine de celle de Ribenne où trois hommes se faisaient face en silence. Intrigué par leur attitude, il les observa par-dessus le rebord de sa bière pour ne pas être remarqué.

C'était plus fort que lui, il ne pouvait pas s'empêcher d'analyser le comportement des gens bizarres. Il appelait ça « faire ses gammes », comme un musicien ne peut s'empêcher de s'installer devant un piano pour se délier les doigts.

Les types se tenaient penchés sur leurs verres, sans se regarder, et aucun n'avait encore touché à sa bière. Ribenne en connaissait deux de vue, car ils étaient entrés en même temps que lui aux Chantiers. Le plus costaud arborait sur ses avant-bras une fresque colorée où se mêlaient ancres, navires, sirènes et têtes de mort. L'autre avait l'air taciturne, la tête rentrée dans les épaules qu'il avait carrées comme un tin. Une tignasse noire décorait le sommet de son crâne et tombait en rouflaquettes sur ses joues de marmotte. Ribenne était certain d'avoir une fiche pour lui, mais n'arrivait pas à se souvenir de son contenu. Juste le nom du type : Guy Lestac. Il n'avait pas dû mettre son pedigree à jour depuis longtemps, c'était plutôt bon signe, ça voulait dire que le gars se tenait à carreau. Quant au troisième larron, beaucoup plus jeune, il jouait le rôle du cheveu dans la soupe : tant qu'on ne l'avait pas vu, il ne dérangeait pas.

Son clope éteint au bec, Guy Lestac jouait avec un briquet qui finit par tomber dans son verre. Il plongea les doigts au fond du bock pour le récupérer et comme la pierre ne fit pas d'étincelles quand il la frotta d'un pouce rageur, Lestac balança le briquet et le clope dans le caniveau. Les goélands choisirent cet instant pour revenir et passèrent au-dessus des tables en faisant un bruit de crécelle enrayée, brassant l'air chaud plein d'effluves salés de l'océan tout proche.

Amusé, Ribenne paria qu'à cette allure, les trois hommes allaient finir par se lever sans avoir échangé un seul mot et à l'instant où ils quittèrent la table, il tendit victorieusement son verre pour attirer l'attention de la jeune serveuse. La Carcaradec avait une fichue tendance à recourir à la main-d'œuvre étudiante qui ne coûtait pas cher et revendiquait peu. La serveuse s'appelait Élise et bossait au moment des coups de feu de l'embauche et de la débauche. En connaisseur, Ribenne appréciait son joli patrimoine génétique. Ses cheveux tombaient en boucles serrées et leur blondeur mettait en valeur son adorable minois illuminé d'un regard espiègle. Le soleil faisait ressortir les minuscules taches de rousseur parsemées sur son nez et ses pommettes, l'arrondi des épaules et le haut de sa poitrine.

Sans être très grande, Élise dégageait une sensation de robustesse. Habillée d'une robe joliment fleurie, la jeune femme faisait planer sur la terrasse une aura printanière de bonne humeur.

Élise joua des fesses entre les tables pour arriver jusqu'à Ribenne, plongea son regard bleu dans le sien, et se pencha pour poser une bière devant lui. Ils échangèrent un sourire en silence. Les dents d'Élise étaient blanches comme la neige et un minuscule espace entre les deux incisives du haut lui donnait un charme fou. Une petite croix grecque, aux branches courtes et épaisses, retenue par une fine chaîne en or, rebondissait à chaque mouvement sur ses seins offerts au regard par l'échancrure de la robe. Sans forcer sa nature, un sentiment de béatitude envahit Ribenne en la regardant s'éloigner…

Patatras ! La félicité du détective ne dura pas longtemps, car un incident se produisit à cet instant : l'homme aux avant-bras tatoués s'empara de son verre et jeta la bière à la figure de Guy Lestac en train de remettre sa veste. Aussitôt, le troisième larron, épais comme un pied de parasol, lui balança une gifle, mais l'autre baissa la tête à temps pour l'éviter. La surprise passée, Lestac essuya son visage au revers de la manche et se jeta dans la mêlée sous les vivats des métallos en terrasse.

Les chances de voir l'algarade s'interrompre vite étant minces, Ribenne siffla son demi en vitesse. Il en savait assez pour mettre à jour la fiche de Lestac et créer celle de ses deux comparses. Trois infos dans une seule soirée, la récolte était plutôt bonne. Il saurait assez vite les raisons de la bagarre pour n'être pas obligé de rester jusqu'à l'arrivée des flics ; de sa fenêtre, il aurait de toute manière une bien meilleure vue sur le ring. Un détective, c'est comme un vautour, ça n'entre en action qu'une fois le champ de bataille dégagé.

Ribenne allait franchir le seuil du bar, mais s'effaça pour laisser sortir Élise.

— La Carcaradec m'envoie aux nouvelles, se justifia-t-elle en observant le cercle des métallos.

— Dites-lui qu'on fout le feu à sa terrasse. J'aimerais bien voir sa tête en l'apprenant.

La jeune femme sourit de la plaisanterie qui n'en était pas une. Rancunier, Ribenne ne ratait jamais l'occasion de se venger de sa logeuse pour l'accueil dont elle avait gratifié Hélèna, le premier jour où il l'avait amenée dans sa piaule. Emmerder la Carcaradec était devenu un jeu pour lui, un passe-temps même, auquel il consacrait beaucoup de son imagination. Il y avait rarement une journée sans une engueulade entre eux.

— Elle serait capable de me faire une retenue sur salaire, vache comme elle est.

— Faites-moi penser à vous délivrer de ses griffes quand vous en aurez marre, s'amusa Ribenne en suivant du coin de l'œil l'évolution de la bagarre.

— Qui sait ? Ce sera peut-être plus tôt que prévu.

Surpris, Ribenne reporta son attention sur la jeune femme, n'étant pas sûr d'avoir bien compris.

— Mon copain a trouvé un job dans les Landes, il veut que je le suive là-bas. Je ne sais pas trop comment l'annoncer à la Ténardière.

— Joli nom, ça lui va comme un gant. Il faudra que je le replace.

Élise soupira, remit une boucle de cheveux tombée sur sa joue, porta un dernier regard à l'attroupement et rentra donner des nouvelles à sa patronne.

À l'endroit où elle se tenait une seconde plus tôt subsista un léger parfum de citron vert, ou peut-être de chèvrefeuille. Ribenne huma l'air puis entra à son tour quand, tout à coup, son regard fut attiré par l'éclat d'un objet par terre.

*

Le Café Moderne était plongé dans la pénombre et Ribenne dut cligner plusieurs fois des yeux pour s'habituer au changement. Seuls les néons fatigués de publicités pour des sodas accrochés aux murs déversaient un semblant de lumière sur les tables. Des enceintes poussiéreuses dissimulées derrière des plantes en plastique diffusaient une musique démodée.

Ribenne chercha Long Nez, mais ne le vit pas à sa table habituelle. Tout le monde avait déserté les lieux pour assister à la bagarre. Seules trois silhouettes tassées sur elles-mêmes se tenaient au bar, discutant âprement des raisons de la défaite du FC Nantes face au PSG. Leur conversation provoqua un rictus nerveux chez Ribenne. Il exécrait le foot, ses hooligans et ses pseudostars.

Le client du milieu, à la tête en forme de pied de vigne, fit un clin d'œil à ses copains en apercevant le détective entrer, portant la goujaterie jusqu'à le saluer de la main comme si c'était un vieux pote de régiment.

— Tu bois un coup avec nous, Rouletabille ?

Aussitôt, ses deux compères éclatèrent de rire et tapèrent dans le dos de leur camarade pour l'encourager à en remettre une couche, mais Ribenne ne lui en laissa pas le temps. Il s'approcha du comptoir, le visage fendu d'un sourire carnassier, adoptant la démarche décontractée d'un vendeur d'aspirateurs ayant bouclé son chiffre d'affaires du mois.

— Jamais pendant le service, les gars. Mais vous pouvez peut-être me donner un coup de main. J'enquête sur trois enfoirés qui percent leur pognon dans l'alcool pendant que leurs bergères se font ramoner le vestibule. Vous ne les auriez pas vu passer par hasard ?

— Espèce d'enculé !

Pareil à un diable sortant de sa boîte, l'homme bondit sur ses pieds et se serait jeté sur Ribenne sans l'intervention de ses copains.

— Fais pas ça, la Souris, c't'enfoiré n'attend rien pour attendre.

Ribenne n'eut pas le temps d'apprécier la syntaxe de la phrase, car son auteur, un petit chauve aux oreilles démesurées, l'interpella vigoureusement :

— On a peut-être un peu bu, mais c'est pas une raison pour te foutre de notre gueule.

— Laisse-nous peinards, on ne fait de mal à personne, ajouta le troisième pour faire bonne figure.

En bougonnant, la Souris se rassit sur le tabouret et porta sa pinte à la bouche. Une veine épaisse saillait sur son front écarlate et le blanc de ses yeux était injecté de sang. La bière coula dans sa gorge avec le bruit d'une cascade tombant d'une falaise de vingt mètres. Puis il fit claquer le cul de son verre en le reposant sur le zinc et tendit un doigt tremblant vers le détective.

— Fais pas chier avec ta morale à deux balles. Crever de ça ou de leur putain d'amiante, moi je préfère encore avoir le plaisir de mourir bourré !

Puis les trois ouvriers se détournèrent de lui, l'air affecté et le front bas, et ne pipèrent plus un mot. L'évocation de la mort fit planer un nuage sombre au-dessus de leurs têtes. Ribenne observa leurs dos voûtés et leurs bras lourds de fatigue ; il s'en voulut d'avoir poussé la confrontation si loin. Il n'ignorait pas qu'un verre avec les copains, ça permet d'oublier les emmerdes de la vie après huit heures de boulot.

C'est vrai qu'à choisir entre une pleurite ou le foie en compote, lui non plus n'hésiterait pas une seconde. Tout en cherchant Élise du regard, Ribenne s'inquiéta de sa réaction disproportionnée et mit sa perte de contrôle sur le compte de la fatigue. La soirée, décidément, n'avait pas mis longtemps à virer du ciel bleu à l'orage.

En se dirigeant vers la cuisine, Ribenne évita la mère Carcaradec, pendue au bout du fil avec police secours. C'était une petite femme replète, montée sur dix centimètres de talons qui la faisaient arriver péniblement à la hauteur du plexus du détective. Trois rondelles de bourrelets lui ceignaient le ventre. Elle s'appelait Angélique. La sagesse voudrait parfois que l'on attende leur âge adulte pour donner des prénoms aux enfants…

Dans la cuisine, Élise se tenait penchée sur une assiette où ses doigts agiles disposaient des filets de harengs. Elle avait évoqué la fin de ses cours, mais Ribenne ne savait même pas lesquels, et se promit de l'interroger sur le sujet une prochaine fois.

Sentant une présence, elle releva la tête et écarquilla les yeux de surprise. La cuisine était interdite aux clients, et « surtout à Ribenne » lui avait expliqué la patronne le premier jour.

— Elle vous a vu passer ? demanda-t-elle, incrédule, mais secrètement réjouie.

— Deux catastrophes à gérer en même temps, c'est trop pour elle. Elle est au téléphone pour convaincre les flics de venir sauver sa terrasse.

Du menton, il montra l'assiette :

— Vous vous en sortez ?

— Celui qui mangera ça ne remarquera même pas mes efforts.

— C'est un ingrat.

— C'est ce que dit aussi la patronne. Et d'autres choses encore bien pires. Dites, vous n'êtes quand même pas venu ici juste pour l'emmerder ?

Ribenne sourit de la spontanéité d'Élise qui n'était jamais à court d'une bonne réplique. Elle avait de la répartie et ça lui plaisait. Il lui montra le creux de sa main. En y découvrant une petite croix et sa chaîne en or, la jeune femme porta instinctivement la main à son cou, palpa le haut de sa gorge et son visage s'éclaira d'un coup.

— Mince ! Je l'avais perdue et je ne m'en étais même pas rendu compte. Vous l'avez trouvée où ?

— Sur le pas de la porte.

— Elle n'a pas une grande valeur, mais c'est un cadeau de mon père. C'était un métallo, lui aussi, il l'a fabriquée après le boulot.

Ribenne sourit de la voir heureuse, puis tourna les talons et repassa dans la salle du bar. Mais au moment de franchir la porte, il stoppa sur le seuil et dit :

— S'il l'a faite pour vous, je crois au contraire qu'elle a une valeur inestimable.

Élise releva la tête pour le remercier, les yeux mouillés.

— Merci. Ça me touche vrai…

Mais il n'était plus là.

*

Au comptoir, les trois supporters n'avaient pas quitté leurs tabourets et suivaient d'un œil amusé les agitations de la Carcaradec en train de combattre une mouche à l'aide d'un torchon. Ribenne s'approcha et, parvenu à hauteur de la Souris, toussota pour attirer son attention. Lui et son compère de droite se retournèrent en même temps tandis que le troisième essayait d'écraser l'innocent diptère en tapant dans ses paumes à chacun de ses passages.

Ribenne posa une main pacifique sur l'épaule de la Souris en disant sur le ton de la confidence :

— Désolé, les gars, pour tout à l'heure. J'ai poussé le bouchon un peu loin. On fait la paix ?

Puis, en fixant sa victime, il ajouta avec un clin d'œil :

— Tout ce que tu dois aujourd'hui à la patronne, c'est pour moi.

Deux grosses billes remplacèrent les yeux fanés de la Souris, sa bouche s'ouvrit et se ferma plusieurs fois de suite sans émettre un son et son front large comme une aile d'Airbus se creusa de rides profondes. Son pote émit un petit sifflement d'admiration, puis poussa la Souris du coude pour le faire réagir.

— Alors, tu ne dis pas merci ?

La bourrade l'aida à retrouver ses esprits.

— Euh… merci. Là, tu m'en bouches un coin, Roulet… Ribenne.

— Moi, j'appelle ça la classe, ajouta l'autre.

Le métallo essuya sa main calleuse contre sa manche et la tendit au détective pour sceller leur réconciliation. Ribenne eut l'impression de serrer une planche pleine d'échardes.

— Je n'oublie jamais ce que je dois, prononça la Souris d'un ton sentencieux, l'index en l'air devant son nez.

— Alors, à charge de revanche.

Au même moment, un clignotement de lumières colorées venant de l'extérieur attira son attention et, en se retournant, Ribenne aperçut derrière les vitres un véhicule de police. Au signal, la patronne marqua la fin du safari volant d'une claque sur le zinc et retroussa ses manches pour aller au-devant de ses sauveurs. L'arrivée des flics sonna la retraite du détective.

Depuis le départ définitif de Leghorn, un mois plus tôt, de son poste de commissaire divisionnaire, Ribenne subissait la vindicte de son adjoint. Chaque rencontre entre les deux hommes se soldait par une engueulade. Le lieutenant de police Dorking, puisqu'il faut le nommer, cherchait toutes les noises possibles au détective pour lui faire payer sa disgrâce sous le règne de Leghorn dont il accusait Ribenne d'être responsable.

Celui-ci salua les trois métallos et grimpa les marches en direction de sa piaule. Le bois de l'escalier lança des gémissements insoutenables sous son pas rapide et la rampe mal fixée faillit céder pour de bon. Le Café Moderne aurait eu besoin d'un bon coup de rénovation, mais Ribenne s'en contentait en raison du loyer ridiculement bas exigé par la patronne.

Parvenu dans sa chambre, il claqua la porte du talon. Sous le choc, un morceau de plâtre se détacha du chambranle et tomba sur la moquette marron chinée. Ribenne l'envoya du pied sous la commode et se dirigea vers la fenêtre, l'ouvrit en tirant fort, puis se pencha pour observer le spectacle de la rue.

Guy Lestac et ses deux acolytes se tenaient assis côte à côte, leur mouchoir taché de sang sur le nez. La clameur dans la rue s'était éteinte et les bars se vidaient tranquillement. Le détective reconnut le lieutenant Dorking à sa calvitie bordée de boucles rousses. La peau grise de son crâne brillait d'un éclat mat. Le flic parlait en faisant de grands moulinets avec ses bras et donnait l'impression de nager la brasse.

N'en supportant pas davantage, Ribenne referma la fenêtre et se jeta sur le lit. Les couinements du sommier lui firent penser à Hélèna.

Il se contorsionna pour attraper le portable au fond de sa poche et ses doigts ramenèrent un petit bout de papier journal soigneusement plié. Il le reconnut et soupira. Depuis trois jours, il aurait dû appeler le numéro écrit dessus, mais décida de reculer l'échéance une fois de plus. Priorité à Hélèna pour l'instant.

Le téléphone sonna dans le vide et il allait raccrocher quand elle répondit enfin :

— Allô ?

— C'est Ribenne.

— T'as une drôle de voix.

— Tu me dis chaque fois la même chose.

— Ben, je n'aime pas ta voix au téléphone. On dirait que tu parles avec du scotch dans la bouche.

— Du scotch ? T'as déjà entendu quelqu'un parler avec du scotch dans la bouche ?

— Non, mais ça y ressemblerait.

— Dis donc, t'as pas autre chose à dire que ces âneries ?

— Je te ferais remarquer que c'est toi qui m'appelles, Rib ! Si t'as fini, raccroche, je suis en transit.

Dans leur jargon, ça signifiait qu'Hélèna était en route avec un client. Dans ce cas-là, son temps était précieux ; Ribenne le savait, le client est roi.

— J'ai besoin de toi, dit-il.

— Besoin ou envie ?

Il soupira. Parfois, discuter avec Hélèna lui donnait l'impression de remonter à la surface de la mer avec un bloc de ciment accroché aux pieds.

— T'es psychologue, maintenant ?

— Te fâche, pas, Rib, je n'aime pas ça. On dit 21 heures ?

— Je n'ai pas d'heure, quand tu peux, répondit-il pour couper court.

— Je suis arrivée, faut que je raccroche. Putain de métier !

— Métier de putain !

Ribenne lui répondait toujours la même chose et n'aurait jamais changé de formule, il était trop superstitieux pour prendre ce risque. Il n'avait pas non plus besoin de lui rappeler d'apporter l'enveloppe, Hélèna n'oubliait jamais.

Bon, d'ici 21 heures, il calcula que ça lui laissait assez de temps pour prendre une douche, donner quelques coups de fil et se goinfrer en bas d'une assiette de harengs à l'huile, minutieusement préparée par Élise. En songeant à la jeune serveuse, Ribenne se dévêtit comme à son habitude, c'est-à-dire en abandonnant ses fringues sales sur place, puis entra dans la douche en sifflotant l'Internationale. Le rituel était réglé comme du papier à musique : le premier couplet pour trouver la bonne température, le second pour se mouiller, le troisième pour se frotter, le quatrième pour se rincer, le cinquième pour le plaisir d'être sous l'eau, le dernier pour se sécher et vive la révolution !

*

Nu comme un ver, Ribenne repassa dans la chambre, s'assit au pied du lit et donna un premier coup de fil. Il s'agissait d'aider son amie Paulette, la buraliste qui lui vendait des Craven A à la belle époque où il fumait. Elle l'avait chargé d'une petite mission de confiance, le genre d'histoire que les maris n'ont pas à connaître, mais elle savait que Ribenne ne dirait rien. La réputation du détective d'être une tombe en affaires dépassait l'enceinte du tribunal et le cercle des avocats ayant recours à ses services pour cette raison précise.

Pour l'heure, il s'agissait de récupérer un message compromettant dans le tronc de l'église Saint-Gohard. Paulette y avait glissé le bout de papier croyant mettre un billet de cinq euros. Une fois rentrée au magasin, elle avait failli s'évanouir en constatant sa méprise et Ribenne, qui s'apprêtait à régler un achat, lui avait tendu les bras et promis de régler l'affaire.

On décrocha à l'autre bout, on bougonna une formule d'accueil ; Ribenne se présenta et posa sa question. En réponse, il dut subir la litanie du bedeau qui finit par lui avouer qu'il n'avait plus la clef du tronc depuis que le curé le soupçonnait de se servir au passage et que s'il voulait récupérer un message glissé dedans, il fallait s'adresser directement à l'officier divin et pas par téléphone, car il était à moitié sourd, mais qu'il pouvait passer au presbytère avant 10 heures ou après 19 heures. Ribenne en eut vite marre et raccrocha sans remercier. Il voulait bien rendre service à Paulette, mais de là à mettre les pieds dans une église, fallait pas pousser. Hors de question de jeter ses principes aux orties pour régler une affaire minable.

Pour passer le second coup de téléphone, celui qu'il reculait depuis trois jours, Ribenne se mit debout à la fenêtre pour admirer la vue imprenable sur Saint-Nazaire : au loin, l'ardoise des toits de la ville semblable aux écailles d'un monstre marin ; au milieu, la base allemande de sous-marins construite avec du béton américain avant que Pearl Harbor n'oblige l'*US Air Force* à tenter sans succès de la détruire sous des tonnes de bombes ; à ses pieds, le bassin de Penhoët où étaient armés les paquebots une fois sortis des chantiers navals. Enfin, à l'opposé, le *Kornilov*, un cargo russe décrépi, s'ennuyait le long du quai de Méan. Les douanes retenaient le bateau jusqu'au règlement des dettes dues au port par l'armateur, et quatre marins et leur capitaine attendaient à bord depuis des mois le fric de leurs salaires. Hélèna et sa copine Sylvia leur rendaient parfois visite. Les Russes étaient persuadés qu'elles bossaient pour une ONG. À Noël, Ribenne avait offert aux marins une bûche glacée à la vodka, mais sans obtenir le droit de monter à bord. Seuls les douaniers et les filles avaient ce privilège, si tant est que c'en fût un pour elles.

Ribenne posa les coudes sur le rebord de la fenêtre, déplia le bout de papier journal trouvé au fond de sa poche et composa le numéro griffonné dans un coin. Quand il devait passer certains coups de téléphone, il se mettait toujours face au port. Rien de tel que de regarder les bassins, les bateaux, l'estuaire au loin, pour ne pas trop s'attacher à la conversation. Là, il devait téléphoner à la femme d'un ancien collègue, décédé d'un mésothéliome malin primitif du péricarde, pour lui présenter ses condoléances. Ribenne avait appris sa mort en lisant un *Ouest-France* à Paulette. Régulièrement, la buraliste lui refilait les journaux de la semaine en magouillant le nombre d'invendus. Il refusait de comprendre comment elle faisait et chacun y trouvait son compte.

La veuve remercia chaleureusement Ribenne de son appel, lui fit un cours rapide sur la surmortalité masculine de 113 % pour le cancer de la plèvre en Loire-Atlantique, lui rappela que ce n'est qu'en 1997 que le gouvernement interdit l'importation et l'utilisation de l'amiante, puis lui apprit que le cancer de son mari était très rare et qu'il fallait attendre trente, voire quarante ans, avant de développer ce type de maladie professionnelle.

Les fesses à l'air, Ribenne plaçait des « bah », des « oui », des « non » quand il le pouvait. À la fin, la veuve lui dit que son Pierrot était enterré à Toutes-Aides, « mais attention, pas à côté des boches », et qu'elle trouvait gentil qu'il l'appelât plus d'une semaine après sa mort. Puis elle raccrocha. Ribenne jura contre Paulette pour lui avoir refilé un *Ouest-France* trop vieux, et du coup, il n'eut plus de remords de ne pas aller voir le curé de Saint-Gohard.

Puis il se retourna et se figea sur place, pétrifié.

Dimanche

II

Trois hommes se tenaient devant lui. Les trois métallos belliqueux. Des pansements décoraient leurs gueules cassées. Alignés près de la porte, ils fixaient le détective avec une moue embarrassée.

— Mais nom de Dieu de bordel de merde ! hurla Ribenne. C'est quoi ce cirque ? C'est pas les urgences, ici !

— Désolé, on a frappé. On t'entendait parler et on a cru que tu nous demandais d'entrer, se justifia Guy Lestac.

— Mais j'en ai rien à foutre de vos excuses ! Foutez le camp d'ici ! lança le détective en les chassant de la main. Vous avez vraiment l'air trop cons avec vos têtes de boxeurs déprimés.

— Et toi, t'as pas l'air con comme ça ? le railla Lestac, la mine étrangement hilare.

Ribenne réalisa qu'il était nu. Il n'accrochait jamais de serviette à sa taille après la douche. Personne n'entrait non plus chez lui à l'improviste.

— Je préfère avoir le cul à l'air que la gueule en compote, ne trouva-t-il rien de plus intelligent à répondre.

Et en bombant le torse, il passa dans la salle de bains pour s'habiller. À peine revenu dans la piaule, Lestac l'apostropha :

— On va te laisser tranquille, mais avant, on veut te parler de quelque chose. Le genre d'histoires dont raffolent les détectives.

L'allusion mit Ribenne en alerte, car il ne croulait pas sous le travail ces jours-ci. Son portable indiquait 20 heures. Encore une heure avant l'arrivée d'Hélèna et il n'avait toujours pas dîné. Il poussa un soupir d'exaspération, ouvrit la porte de la chambre et montra le couloir d'un doigt autoritaire :

— Sortez, on va parler en bas.

Élise connaissait par cœur les habitudes du détective. Les couverts, les plats et un café l'attendaient sur une table éloignée du comptoir de manière à lui permettre de manger dos à la salle et lui éviter le spectacle de la mère Carcaradec. En les entendant descendre, celle-ci essuya ses mains salies par l'eau de la vaisselle sur son large poitrail et la marque de ses doigts resta en surimpression sur le tissu. Un client de passage aurait pu se laisser abuser et croire qu'un homme venait juste de lui tripoter les mamelles, mais Ribenne n'était pas de passage. Comme tout le monde à Penhoët, il savait que le dernier mâle à avoir eu le privilège de vérifier qu'il était doté de mains minuscules, c'était son mari, Amaury Carcaradec, parti un dimanche matin, il y a cinq ans, faire le plein d'essence, et qui roule toujours à l'heure qu'il est. Refusant d'admettre cette fuite, la pauvre Angélique se faisait fort, depuis cette date funeste, de faire respecter à sa libido un jeûne expiatoire.

Ribenne s'installa à son aise face aux trois hommes assis de l'autre côté de la table. Ils se regardèrent pour savoir lequel allait se jeter à l'eau.

— On a une affaire sensible qui rentrerait dans tes cordes, se décida Lestac.

— Il n'y a que toi qui parles ? fit Ribenne en haussant les sourcils. Les autres ont perdu leurs dents dans la bagarre ?

— On lui fait confiance, c'est tout, répondit le plus maigre des trois. Je m'appelle Nicolas Mazés, ajouta-t-il en tendant la main par-dessus l'assiette du détective. Mais Ribenne l'ignora superbement.

Le troisième larron considéra que c'était à son tour de se présenter, mais quand il commença par *euh*, Ribenne le fit taire d'un geste d'exaspération.

— Bon alors ? Vous allez me dire ce qui se passe, oui ou merde !

— Avant, on veut savoir combien ça va nous coûter ? demanda Lestac.

C'était la question de trop. Ribenne prit sa mine des mauvais jours – et c'en était un – cessa de mâcher, immobilisa sa fourchette en l'air, puis la reposa délicatement, le regard vif. Devant sa réaction, les trois métallos reculèrent les fesses sur leur chaise pour se mettre à distance. Ribenne avait un visage très expressif quand la colère bouillait dans ses veines.

— Bien, on va mettre les choses au point, articula-t-il doucement pour se faire bien comprendre. Vous, quand vous allez bosser, vous savez à l'avance ce que vous allez faire, c'est toujours la même chose, la routine, quoi. Moi, je ne sais jamais sur quoi je vais tomber, combien de jours je vais passer à poireauter, si je vais devoir refiler des bakchichs, c'est l'aventure, le suspense, le mystère. Eh bien, moi, je ne sais pas mettre de prix sur tout ça. Je n'ai pas une belle pancarte avec le menu écrit dessus. Je facture à la carte, c'est compris ?

— C'est compris, lui renvoya Lestac, vexé d'être pris pour un gosse à qui on doit expliquer la vie. Mais prends-toi garde ! Si tu nous arnaques, j'en connais qui se feront un plaisir de te reprendre notre pognon.

La menace jeta un froid et Nicolas Mazés porta un regard inquiet en direction de la patronne. La Carcaradec se tenait appuyée au bar et fixait l'écran d'un poste de télévision accroché au-dessus de la porte d'entrée. Elle n'avait rien entendu de la conversation, concentrée à chercher une réponse intelligente à la question débile d'un animateur dégénéré.

De chaque côté de la table, Lestac et Ribenne se fixaient à la manière de deux lutteurs prêts à se jeter l'un contre l'autre. Finalement, le détective pointa son couteau huileux vers le métallo :

— Et moi, je n'aime pas tes menaces, Lestac, alors j'espère que tu tiens une bonne histoire.

— C'est pas moi, c'est Foulon, fit-il en désignant du menton son compagnon silencieux depuis le début. Gérard a entendu une drôle de conversation entre un contremaître et un sous-traitant.

Foulon acquiesça de la tête, mais laissa Lestac poursuivre :

— Il paraît qu'ils vont faire venir des gars de Roumanie ou des Grecs, on ne sait pas trop, pour faire le boulot à notre place. C'est pas normal, il y en a chez nous qui cherchent du travail et ils ne sont pas embauchés.

— Ouais, c'est pas juste, renchérit Nicolas Mazés.

Ribenne les fixa à tour de rôle et demanda, en prenant conscience de parler comme Hélèna :

— C'est pas normal ou c'est pas juste ?

— Tu cherches la petite bête, intervint Lestac, agacé.

— Sauf que c'est souvent la petite bête qui vient te piquer dans le dos, sans que t'aies le bras assez long pour te gratter.

La formule tomba comme une sentence et força le silence. Ribenne mâcha énergiquement sa dernière bouchée, repoussa l'assiette au milieu de la table et passa l'avant-bras sur son front pour enlever un voile de sueur.

— T'entends une discussion et tu crois tenir le scoop du siècle, railla-t-il en fixant le tatoué.

— Ils parlaient tout bas pour ne pas être entendus, se justifia Foulon.

— Tu les connais les types ?

— Bien sûr. Un chargé de production d'un sous-traitant et un contremaître.

— Et t'as pas cherché à les questionner pour en savoir davantage ?

— Ils ne m'avaient pas vu à ce moment-là, et ensuite, ils sont sortis. Je n'ai rien entendu d'autre.

Puis Foulon redevint silencieux et baissa la tête après avoir fait signe à Lestac de continuer.

Celui-ci, n'y tenant plus, se mit debout et contourna la table en maugréant. Planté devant la grande vitrine du bar, Lestac resta dos tourné à la salle, en réfléchissant en silence. Une colère froide dessinait un masque sur son visage. Après une longue minute, il revint vers la table, attrapa sa chaise, la planta sur le sol devant le détective et s'assit à un mètre de lui pour plonger ses yeux dans les siens.

— C'est quoi le problème, Ribenne, avec tes questions à la con ? Tu cherches à être à la hauteur de ta réputation de ne plus en avoir rien à foutre des gars ? T'as démissionné, alors ce qui se passe dans les ateliers, c'est plus ton affaire ?

Ébahis par le ton et la franchise de leur camarade, Foulon et Mazés retinrent leur respiration en attendant la réaction de Ribenne. À Penhoët, chacun savait que le détective n'était pas du genre à se laisser marcher sur les pieds ou menacer impunément. Mais à leur étonnement, il resta de marbre à soutenir le regard de Lestac. En fait, les trois métallos ignoraient que le détective repassait dans sa tête les fiches des types qu'il soupçonnait de véhiculer des ragots sur son compte, en imaginant le moyen de se venger d'eux.

Lestac flancha le premier et prononça d'un ton radouci :

— Tu veux savoir si ce n'est pas normal ou injuste ? C'est les deux, Ribenne. Ces mecs-là, ils ne seront pas payés comme nous, ça va coûter moins cher aux patrons.

— Dans ce cas-là, c'est une affaire pour l'inspection du travail, répliqua Ribenne du tac au tac.

— Seulement une fois que ces types seront arrivés en France.

— Alors, allez voir les syndicats.

— J'irai quand il y aura du concret, pour l'instant ça ne sert à rien.

— Si c'est un trafic d'êtres humains, faut filer ça aux flics.

— Ils ne peuvent rien faire pour l'instant, on n'a pas de preuves. Ils disent qu'une conversation, ça ne suffit pas. C'est eux qui nous ont dit de t'en parler.

D'un seul coup, le visage de Ribenne se vida de son sang. Il n'en croyait pas ses oreilles : ce connard de Dorking lui refilait le bébé et l'eau du bain avec !

— Si c'est une idée de Dorking, vous pouvez aller vous faire foutre. Salut.

Le visage fermé, Ribenne se redressa pour quitter la table, mais Lestac s'empressa de poser la main sur son bras en disant d'un ton apaisant :

— Non, c'est un de ses collègues qui nous a soufflé ton nom. Il avait l'air de t'avoir à la bonne.

— Qui ?

— J'en sais rien. Pendant qu'on me soignait, il m'a posé des tas de questions et a fini par m'avouer qu'il n'avait aucune marge de manœuvre pour tout ce qui se passait dans les chantiers, mais que toi, tu pourrais t'en charger.

Ribenne songea qu'il s'agissait moins de marge de manœuvre que de savoir quel était le crime ou le délit commis. Lui-même avait du mal à cerner l'entièreté du problème. Des étrangers, depuis l'origine, il y en avait qui bossaient dans la Navale. En quoi la situation était-elle différente pour inquiéter Lestac ? Le problème, posé en ces termes, lui semblait flou.

— Et vous vous êtes battus pour cette histoire ?

Lestac se garda de répondre. Il jeta un regard mauvais à Foulon, ratatiné sur sa chaise, et ses yeux sombres le dispensaient d'en rajouter. Leur contentieux n'était pas clos à l'évidence.

Nicolas Mazés profita du flottement pour intervenir, habitué à jouer les diplomates :

— On n'était pas d'accord sur la méthode. Gérard ne voulait en parler à personne.

— J'ai pas envie que ça me retombe dessus, je suis déjà dans le collimateur de mon chef, se justifia une nouvelle fois Foulon.

Ribenne haussa les épaules pour lui signifier à quel point il trouvait l'argument stupide, avala son dessert en silence et but son café froid dans la foulée.

Il ne savait pas sur quel pied danser. L'affaire ressemblait à un pot de pus qui ne donnait pas envie de mettre les doigts dedans. Mais une réalité bassement matérielle le ramena sur terre : à part l'enquête visant à retrouver un billet amoureux, son carnet de commandes était vide. Et il fallait bouffer et payer la Carcaradec.

— C'est quoi le nom de la boîte qui sous-traite ?

— Mécanistyl, je crois. C'est une entreprise parisienne. Elle a obtenu le marché de milliers de portes de cabines pour les trois navires. Ils ont installé un atelier sur la zone de Brais pour équiper les portes moulées en Chine qu'ils vont bientôt réceptionner. Mais tout se décide à Paris. C'est là-haut que les contrats se négocient, puis ils créent une société indépendante du siège à qui ils sous-traitent les marchés, avec l'autonomie juridique et tout le tintouin, comme ça, s'il y a quoi que ce soit, elle sert de fusible.

— Paris ? Ça va coûter cher.

— Tu vas y aller ? s'emporta Lestac à bout de patience. Ils ont ouvert une succursale dans la zone industrielle de Brais, j'te dis.

— T'occupes pas de mes méthodes de travail, j'ai déposé le brevet. T'attends quoi de moi, au juste, dans cette affaire ? À t'écouter, tu sais déjà tout.

— Non, je ne sais rien, je pressens. Des embauches d'étrangers, c'est pas récent, mais organiser de A à Z l'arrivée de dizaines d'ouvriers, c'est plutôt nouveau ici. Ça donne l'impression d'un réseau en bonne et due forme, et si ça prend de l'ampleur, 50 Roumains aujourd'hui, 50 Grecs demain et ainsi de suite, personne ne peut mesurer l'effet boule de neige sur l'emploi local.

— Bon, admettons, mais explique-moi un truc, alors. Pourquoi embaucher des étrangers alors que plein de gars ici sont prêts à faire le boulot ?

Lestac émit un petit rire sardonique.

— Tu te trompes, Ribenne, comme je me suis trompé au début. Il y a vraiment une pénurie de main-d'œuvre. Des soudeurs, notamment, mais pas seulement. Figure-toi que depuis que le carnet de commandes des Chantiers est à nouveau rempli, il n'y a pas moins de 500 boîtes sous-traitantes. Il vient des ouvriers de tous les coins de la France, pas seulement de Cherbourg et du Havre où les chantiers ont fermé. Le gâteau est énorme et beaucoup veulent y goûter, c'est normal.

— Eh bien alors, pourquoi s'affoler? Vive les Roumains, les Grecs ou les Turcs ! Ils vont nous sauver de la faillite ! s'exclama le détective.

Lestac fonça les sourcils.

— Tu me déçois. À ton avis, quand un Roumain qui gagne cinq fois moins dans son pays accepte de venir travailler en France, tu crois qu'il est payé comme nous ? La moitié de notre salaire suffirait à en faire un roi dans son village. Ils vont accepter des conditions de misère et au final, les patrons diront que c'est nous qui coûtons trop cher, qu'il faut qu'on travaille plus tout en gagnant moins pour sauver la Navale.

— Du chantage, résuma Ribenne.

— Pire, de la concurrence. Nous sommes ravalés au rang de marchandises. Les patrons font leurs courses dans le grand supermarché du monde et ils achètent à prix discount.

Ribenne hocha plusieurs fois la tête, puis se leva, l'heure tournait.

— Laisse-moi un numéro pour te joindre. Et toi, Foulon, tiens-toi à carreau, on n'aime pas le ramdam dans le quartier. T'as failli faire clamser la Carcaradec d'une attaque cardiaque en démolissant sa terrasse et je ne veux pas d'un nouveau proprio. Il s'empresserait de faire plein de travaux dans cette bicoque et doublerait mon loyer. Pigé ?

— Mais ils m'ont traité de traître ! éructa Foulon.

— Ta gueule ! lui répondirent en même temps Mazés et Lestac.

Mais Ribenne n'entendit pas. Il était déjà dans l'escalier. Hélèna n'allait plus tarder.

*

Hélèna était la fille qui empêchait Ribenne de tomber dans le vide. À chacune de ses visites, elle apportait l'enveloppe et tandis qu'elle utilisait le bidet de la salle de bains, Ribenne en profitait pour compléter les fiches des métallos avec les derniers potins récoltés dans la semaine.

Hélèna n'avait jamais rien demandé au sujet de l'enveloppe, pas un mot de curiosité, ni tenté de l'ouvrir. S'il n'avait rien à ajouter, Ribenne s'allongeait simplement sur le lit, posait le menton sur le dos de la main et admirait Hélèna par la porte entrouverte. Il la trouvait parfois un peu à cheval sur certains principes d'hygiène, défaut professionnel sans doute, mais dans l'ensemble, il ne se plaignait pas trop.

Hélèna avait de larges sourcils noirs qui accentuaient les arcades en saillie au-dessus de ses yeux exagérément écartés ; ils étaient noirs également. Les pointes bouclées de ses cheveux lui tombaient aux épaules. Quand elle était allongée sur lui, Ribenne aimait glisser les doigts dans leur abondance pour caresser la soie de son cou.

Débarquée d'un cargo en provenance d'Izmir, voilà quatre ans, elle avait quitté le Kosovo en guerre, à en croire sa déposition à la police du port, pour fuir la mafia serbe qui voulait lui mettre le grappin dessus. Et quand ces gens-là mettent la main sur une fille, ce n'est jamais pour la raccompagner chez ses parents. Alors, elle avait pris peur et, après trois jours d'errance sans manger, avait réussi à passer en Macédoine, à gagner Le Pirée, à rejoindre Istanbul, à se cacher dans un bateau, à rester en vie malgré les conditions du voyage puis à débarquer de nuit à Saint-Nazaire, mais c'est là que les choses avaient mal tourné, car les flics lui étaient tombés dessus. L'équipage l'avait découverte pendant la traversée puis dénoncée à l'arrivée malgré ses bons états de service à bord. La scène s'était déroulée sous les yeux de Ribenne, sur le quai des Charbonniers, un soir crachineux d'avril. Il avait assisté au débarquement mouvementé de la jeune femme en tenant les poings serrés au fond de ses poches pour ne pas être tenté de les aplatir sur la tronche des flicards. La violence policière lui donnait une variété de démangeaisons inconnues du laboratoire Pasteur.

Quelques jours plus tard, Ribenne avait pu lire la déposition de la jeune Kosovare grâce à Leghorn, et son histoire l'avait impressionné. Ribenne avait un faible pour les jolies veuves sans orphelin. Toujours prêt à s'émouvoir et à donner un coup de main, voire plus si affinités. Et les choses se passèrent plutôt bien, car Hélèna et lui s'en trouvèrent de nombreuses. Depuis, elle nourrissait à son endroit beaucoup de reconnaissance qu'il aimait prendre pour de l'amour, et lui pour son envers beaucoup d'amour qu'elle se limitait à prendre pour de la reconnaissance. Plus tard, à la demande de Ribenne, Leghorn s'était personnellement mouillé auprès du préfet pour régler la situation administrative de la jeune réfugiée et elle vivait maintenant tranquille dans le pays des droits de l'homme.

Hélèna était la seule personne qui ne frappait pas avant d'entrer. Ribenne guettait son pas dans l'escalier. Il aimait cette attente et les promesses qu'elle portait. Pour calmer son impatience, il esquintait sa vue à déchiffrer les lettres sur la proue des navires entrés au port pendant son absence.

À 21 heures pile, en ouvrant la porte, Hélèna découvrit Ribenne debout à la fenêtre. Contrairement à son habitude, il ne se retourna pas en ouvrant grand les bras. Perplexe, elle fouilla du regard les lieux pour y déceler un indice expliquant cette étrange ambiance. Le lit était plaqué contre le mur à gauche de la porte, face à l'entrée de la salle de bains. De chaque côté de celle-ci, une armoire et une table de travail envahie de papiers et de bibelots. Hélèna glissa l'enveloppe Kraft sur la commode et jeta son manteau sur le lit. Ribenne n'avait pas bougé.

Debout, il lui tournait le dos et ses omoplates saillaient sous sa chemise, témoignant de la tension de son corps. La peau de son crâne, entièrement rasé, était plus foncée que celle de sa nuque. Des plis marquaient la limite entre les deux. Hélèna s'approcha et colla son ventre contre son dos dans un silence de coton. Contre toute attente, il resta impassible.

— Ça ne va pas, Rib ?

Il ferma les yeux pour chasser de sa mémoire les événements de la soirée dont il était en train de retisser le fil. Les nombreuses zones d'ombre l'avaient totalement coupé de la réalité. La présence d'Hélèna lui sembla relever d'un sortilège, car il ne l'avait pas entendue entrer.

— Ne t'en fais pas, dit-il pour ne pas l'inquiéter, je suis juste un peu crevé.

— Tu ne veux pas le faire ? demanda-t-elle sans prendre de gants.

— Tu rigoles ! s'amusa-t-il en la soulevant par la taille pour la faire tomber sur le lit.

Il l'embrassa longuement, les lèvres simplement posées sur sa bouche à peine entrouverte. Chaque cellule de son corps se chargea d'une énergie intense. Hélèna finit par dégager un bras et montra du doigt la commode.

— J'ai apporté l'enveloppe.

— J'ai vu.

— Non… Pas comme ça, Rib, tu sais bien…

Il retira ses mains et roula sur le côté, le slip rempli de milliers de papillons en train de chercher la sortie. Il attrapa l'enveloppe et elle en profita pour filer dans la salle de bains. Dehors, la pluie se mit à tomber pour rafraîchir l'atmosphère caniculaire de la journée.

Depuis que Ribenne avait quitté Lestac, Mazés et Foulon, une sorte de prémonition lui taraudait l'esprit. Quelque chose lui disait qu'il allait trouver dans la fiche de Lestac les raisons de son trouble. Il les passa en revue d'un index fébrile.

Legou... Lepied... Lestac !

Il parcourut la fiche en diagonale : *Guy Lestac, 1958, chaudronnier, syndicat : démission en 1990.*

Cette dernière info lui fit comprendre pourquoi Lestac avait trouvé une excuse bidon pour ne pas avertir les syndicats. Le détective devina que si l'ancien militant devait malgré tout s'y résoudre, il ne le ferait qu'en dernier recours et celui-ci serait atteint quand lui-même aurait fini sa part du boulot.

Hélèna était revenue, splendidement nue. Allongée sur le lit, elle patientait en écoutant les gouttes de pluie s'écraser sur la vitre de la fenêtre. Elle avait appris à ne pas déranger le détective pendant l'inventaire de ses fiches. Il était comme une machine perfectionnée qui se grippe si on la brusque. Elle savait ça depuis longtemps et s'en accommodait en observant son visage.

Ribenne avait les yeux d'un gris sombre. Ils s'agitaient peu quand il pensait, trahissant une grande concentration que certains prenaient pour une marque de dédain. La dureté de son regard était adoucie par de petites pattes d'oie sur ses tempes qui ouvraient le bandeau lisse de son front. Parfois, ses joues étaient recouvertes d'une barbe mal rasée et Hélèna détestait se frotter à lui dans ces cas-là. Elle préférait enlacer ses épaules épaisses pour sentir toute la force de son armature ou coller la joue contre son dos pour écouter la mécanique lancinante de son cœur.

Hélèna sortit de sa rêverie en sentant la main de Ribenne se poser sur son sein. Il l'attira dans ses bras et ils firent l'amour au milieu des couinements du sommier maltraité. Après qu'ils eurent joui bruyamment, la Carcaradec frappa contre une cloison tout au bout du couloir et ils éclatèrent de rire en se serrant encore plus fort.

La pluie avait cessé pendant leur étreinte. Ribenne se leva pour ouvrir la fenêtre embuée et reçut sur le torse quelques gouttes glacées tombées du chambranle. Hélèna eut un frisson et se glissa sous les draps. Ils sentaient la peau de Ribenne, la chaleur de Ribenne, la fatigue de Ribenne. Elle adorait rester avec lui après l'amour. C'était le seul qui avait ce privilège.

En fait, son Rib avait beaucoup de privilèges. Il pouvait l'embrasser et l'emmener parfois à la plage, le dimanche, avant la virée chez les Russes. Mais elle avait son privilège, elle aussi, celui de pouvoir rester jusqu'au matin à dormir contre lui, blottie dans ses bras. Il avait ordre de ne pas les retirer. C'était la condition pour qu'elle dorme sans faire de cauchemars. Elle vivait ces nuits comme des jours de Noël.

Ribenne alla jeter la capote avant de se l'entendre demander et revint avec une bouteille de vodka. Il avait transformé la boîte à pharmacie en mini bar. Après avoir bu au goulot, il passa le reste à Hélèna, puis entra sous les draps pour se blottir contre ses fesses brûlantes. Il approcha la bouche de son oreille et posa un baiser délicat dessus, puis glissa une main sous son ventre et l'autre par-dessus son flanc moelleux. Hélèna serra ses bras épais contre elle en ronronnant.

*

Quand elle fut endormie, Ribenne ramassa la fiche de Lestac tombée du lit et ajouta deux ou trois lignes pour résumer les événements du jour. À part les noms de ses deux copains, il n'en savait pas beaucoup plus sur leur compte et décida d'occuper sa journée du lendemain à se renseigner sur eux. Son expérience lui avait appris que les premiers éléments d'une enquête trouvaient toujours leur source dans la personnalité ou l'entourage du commanditaire. En l'occurrence, ils étaient trois, ce qui augmentait ses chances d'avoir du grain à moudre.

Il se demanda si c'était pareil pour Hélèna. Tenait-elle à jour des fiches sur les manies de ses clients à la manière de Grisélidis Réal ?

Il ramena le drap sur les épaules d'Hélèna et embrassa ses cheveux. Pendant son sommeil, ses yeux sautaient sous ses paupières closes comme si de petits oiseaux étaient coincés dessous. L'image le fit sourire. Hélèna était un petit oiseau tombé du nid trop tôt et jeté tout cru dans la violence du monde.

Partie en pleine nuit pour rejoindre la frontière, elle avait tout laissé derrière elle, sans donner d'explication à ses parents. Elle savait que les Serbes s'en prendraient en premier lieu à sa famille. Ne pas les mettre au courant de son projet de fuite, c'était les protéger. Elle avait aussi abandonné à son sort, pour sauver le sien, un frère de 20 ans, nommé Avdo.

Il restait comme une icône au fond de son cœur. C'était lui sa principale inquiétude, avait-elle avoué à Ribenne un jour qu'il insistait pour la faire parler de son enfance, ajoutant qu'elle était contrariée de n'avoir même pas eu le temps d'emporter une photo de lui ou de ses parents.

Avdo… Hélèna…

En fait, Hélèna n'était pas son vrai prénom. Elle s'appelait Alèna Kassine, mais pour brouiller les pistes, elle avait changé de prénom dans chaque pays traversé pendant sa fuite. Evrije en Macédoine, Toula en Grèce, Monia en Turquie. Hélèna, elle n'avait pas cherché bien loin pour le trouver, c'était le nom du cargo amarré à côté du sien : *Hélèna Bay*. Même Leghorn n'y avait vu que du feu.

Elle s'épanchait si peu sur elle, gardant profondément enfouis tant de mystères et de secrets, que Ribenne avait parfois la désagréable impression de rester sur le pas de la porte de sa vie. Il avait plusieurs fois songé à inviter Sylvia, sa meilleure amie, pour partager des moments avec elles deux, mais il ne connaissait pas la jeune Espagnole ; Hélèna avait obstinément refusé de la lui présenter. Pour elle, Ribenne et Sylvia représentaient deux mondes différents bien que contigus. Mais deux mondes entre lesquels elle dressait une frontière infranchissable.

C'était un pacte entre eux. Ne jamais franchir la ligne jaune.

Ribenne effleura sa joue pour ne pas la réveiller, mais elle bougea et murmura :

— Allonge-toi contre moi. J'ai froid.

Nue et câline, elle avait le don de lui ôter toute envie de résister. Il entra plus profondément sous les draps et glissa un bras sur son ventre. Le contact de sa peau provoqua un long frisson.

— Tu ne dors pas, dit-il à son oreille.

— Il y a une chose qui me tracasse.

— S'il n'y en a qu'une…, s'amusa-t-il.

— Si tu savais Rib…

— Mais justement, c'est ce que je demande… Savoir, comprendre…

Elle força son sourire et pinça les lèvres pour prendre le temps de la réflexion. Il sentit aussitôt que quelque chose n'allait pas. Une boule d'angoisse se forma dans son estomac.

— Je ne sais pas comment commencer, murmura-t-elle dans un souffle.

— C'est si grave que ça ?

Elle enfouit sa tête sous le bras de Ribenne, comme si elle était menacée par un danger imminent.

— Ce n'est pas grave, c'est important, concéda-t-elle d'une voix ténue. Ça fait plusieurs jours que j'ai envie de t'en parler, mais j'ai trop peur de ta réaction.

La main de Ribenne se crispa sur son épaule et elle poussa un petit cri. Il prit une profonde inspiration pour se maîtriser, puis se força à dire, conscient de précipiter sa perte :

— Parle, dis un mot, ça viendra tout seul.

Hélèna hocha plusieurs fois la tête, et les larmes au bord des yeux, trouva enfin la force de prononcer :

— Rib… C'est fini entre nous. Je vais quitter Saint-Nazaire.

Dimanche

III

Aussitôt, Ribenne se figea, l'air hagard. Un souffle glacé circula dans ses veines, portant à chacune de ses extrémités, dans chaque tendon, une piqûre insoutenable. Devant la transformation de son visage, Hélèna se sentit coupable et reprit aussitôt la parole pour ne pas faire durer plus longtemps son supplice. Elle tendit la main vers sa joue, mais il se détourna.

— Je voulais t'en parler depuis plusieurs jours, mais je n'ai jamais trouvé le courage. Ce n'est pas une décision prise à la légère et je t'assure que ça n'a rien à voir avec toi.

Ribenne voulut intervenir, mais Hélèna posa un doigt sur sa bouche. Il avait les lèvres glacées.

— Non, laisse-moi parler, sinon je n'y arriverai pas. Je pars demain à Nantes et je vais tout changer. Tu te rappelles l'association qui apporte son soutien aux prostituées ? Nous nous retrouvions tous les mercredis soir, à Nantes. Depuis que je suis arrivée en France, je n'ai jamais raté une réunion, elles étaient pour moi une ouverture sur un autre monde. Pas de violence, pas d'obscénités à supporter. J'y allais aussi pour les cours de français, tu te souviens au début, tu m'aidais à apprendre. Grâce à ces femmes qui se dévouent pour nous, je suis devenue quelqu'un d'autre. Grâce à toi aussi, Rib. Tu as été ma bouée de tous les jours.

Hélèna chercha à capter le regard de Ribenne, mais il détourna la tête une nouvelle fois. Alors, elle ferma les yeux de longues secondes sur le noir de la solitude en train de se répandre en elle. Un froid intense brûla sa chair. Depuis leur rencontre, elle aimait réchauffer son cœur à l'amour de Ribenne. Elle prit conscience à cet instant qu'elle ne lui avait peut-être pas suffisamment expliqué à quel point il comptait pour elle, combien sa présence et sa voix lui donnaient la force de vivre chaque jour loin des siens. Loin d'Avdo, abandonné comme ses parents à un sort incertain.

Elle revit son visage de 20 ans, les boucles noires de ses cheveux ébouriffés et ses grands yeux curieux. Puis, sous la force des souvenirs, Hélèna sentit ses prunelles la brûler et elle pressa les poings dessus pour refouler les larmes.

Quand elle rouvrit les yeux, Ribenne sembla surgir devant elle d'un autre monde tant il semblait transformé. Ses lèvres formaient un trait dur et ses joues étaient creusées. Hélèna comprit qu'elle devait lui donner des explications pour ne pas le laisser dériver comme du bois flotté sur l'océan.

— Tu as déjà réfléchi au couple bizarre que nous formions ? Un détective et une pute. Un vrai cliché de cinéma. Mais grâce à toi, je suis restée une femme entière. Je retrouvais ma dignité dans tes bras. Tes caresses lavaient les souillures de mon âme. Crois-moi, Rib, ce n'est pas toi que je fuis en partant à Nantes. Je veux juste fuir mon passé. Je veux renaître sous une autre forme. Je ne veux plus être, Evrije, Toula ou Mounia, ces femmes en fuite devant des truands. Je ne veux plus être Hélèna, cette fille paumée, arrivée comme clandestine, réduite à faire des passes pour survivre au jour le jour. Alors, je voudrais qu'à compter de maintenant, tu m'appelles par mon vrai prénom, Alèna, celui d'une gamine heureuse vivant au Kosovo avant la guerre. Je veux effacer tous ces souvenirs noirs. Je suis une autre. J'ai lâché mon appartement, c'est Sylvia qui l'a repris. Depuis une semaine, je loge chez une bénévole de l'association, à Nantes.

Cet aveu – qui signifiait qu'elle avait pris sa décision depuis longtemps et mise à exécution sans lui en parler – donna un deuxième coup à Ribenne. Il n'avait rien vu, rien compris, rien senti. Son cœur se contracta comme une pomme sèche à l'idée qu'Hélèna habitât chez quelqu'un d'autre, même si jamais il n'avait envisagé qu'ils puissent vivre ensemble. Peut-être, Hélè… Alèna avait-elle attendu qu'il en parle, lui, le premier ? Peut- être espérait-elle à chacune de ses visites qu'il lui pose *enfin* la question ? Et il ne l'avait jamais fait…

Pourquoi ? Pourquoi ?

L'infinitude de la question foudroya Ribenne. Atterré, il se laissa retomber contre le haut du lit, les bras étendus de chaque côté comme deux branches mortes.

Alèna posa la main sur son torse, mais il n'eut aucune réaction. La douleur figeait son visage dans une attitude grotesque. Elle laissa passer quelques minutes dans un silence de mort. Elle n'avait rien à ajouter. C'était à Ribenne de parler, de crier, ou bien de l'engueuler, peu importe, elle supporterait tout, sauf de le voir tétanisé de la sorte.

— Réagis, Rib, dis quelque chose. Ton silence me fait peur, le pressa-t-elle en cherchant à croiser son regard.

Sa voix sortit de sa gorge dans un feulement d'émotion.

— Tu vas faire quoi à Nantes ?

— La permanente de l'association veut passer la main. Elle m'a demandé de la remplacer et j'ai accepté. Je vais commencer une nouvelle vie. Je vais aider toutes ces filles comme on m'a aidée. Je vais donner un sens à ma vie pour que tu sois fier de moi.

Il se redressa et la toisa d'un regard sévère :

— Mais qu'est-ce que tu racontes ? Être fier de toi ? s'exclama-t-il. Mais je t'aime pour ce que tu es, pas pour ce que tu rêves de devenir. Une pute et un détective, dis-tu ? Mais je m'en fous du regard des autres. Tu as voulu ériger des barrières entre chacun de tes mondes, je ne connais même pas Sylvia, ta meilleure amie, et j'ai toujours respecté ton souhait de ne pas chercher à la voir. Le détective n'a jamais mis les pieds dans le monde de la pute, il s'est tenu à distance, par respect, par amour. Mais finalement, ce fut peut-être mon erreur. Les lignes jaunes sont faites pour être franchies. J'en sais quelque chose.

Il se tut. Alèna le couva d'un regard attristé, émue par cette douleur sourde visible dans les plis de son front, tétanisée devant la force de sa révolte. Et de son amour aussi. Un nouveau Ribenne venait de naître devant elle, un homme capable de mettre des mots sur des sentiments intimes, un homme qu'elle aurait tant voulu découvrir plus tôt.

— Calme-toi, fit-elle d'un ton apaisant. Je comprends ce que tu ressens, mais ma décision est prise. Ce n'est pas toi que je quitte, c'est une nouvelle vie que je rejoins.

— T'as fait de sacrés progrès en français pour parler comme ça ! ironisa-t-il en détournant le regard.

Alèna se sentit atteinte par la flèche, mais la laissa filer.

— L'enveloppe, je ne l'ai jamais ouverte…

— Je sais, tu n'as pas besoin de me le dire.

— C'est ton monde, pas le mien. Je n'en ai jamais forcé la porte, moi non plus.

Ribenne ne put réprimer un sourire amer en constatant comment Alèna venait de lui retourner son argument. Il fixa son visage dont il aimait caresser le velours de la peau. Il songea qu'ils avaient agi l'un envers l'autre d'une manière identique parce qu'ils étaient faits du même bois.

— Mais toi, au moins, tu as connu le seul ami que j'ai.

— Leghorn ? Oui, c'est vrai.

— Un autre cliché quand on y pense, la pute, le détective et le flic. Tu vois, c'est drôle, mais je n'ai jamais pu le remercier pour tout ce qu'il a fait pour toi.

— Leghorn n'est pas le genre de type à attendre des *mercis*, je crois.

— Tu as sans doute raison, mais sans lui, ma vie n'aurait jamais été la même.

— Et la mienne, Rib ? Et la mienne... Je suis consciente de ma dette envers vous deux.

— Tu ne me dois rien. Je ne veux pas t'entendre dire ça.

Elle ne répondit pas, mais glissa sa poitrine sur son torse pour rapprocher son visage du sien.

— Je t'en prie, ne m'en veux pas. Il n'y a que toi qui peux me comprendre. Je vais avoir besoin de ton soutien.

— Laisse-moi un peu de temps... Un peu de temps, répéta-t-il en la serrant entre ses bras pour ne plus être sous le feu de son regard.

Elle se laissa faire, l'oreille collée à son torse, consciente que le temps était une arme en sa faveur, ayant fait maintes fois l'expérience de sa capacité à adoucir les souffrances. Il ne les effaçait jamais, mais en lissait les bords les plus tranchants. Ribenne en passerait par là et son seul objectif pour le moment était de ne pas le laisser seul à la dérive. Ses sentiments pour lui restaient entiers et il lui avait fallu une grande force de caractère pour prendre la décision de changer sa vie du tout au tout. Depuis le début, Alèna en connaissait le prix à payer.

C'était Ribenne.

*

— J'aimerais aller me promener, dit-elle dans un souffle après un long moment de silence.

En sortant de la pension sans faire de bruit, ils respirèrent l'air frais de cette nuit d'été, et dans le parfum de la pluie, ils longèrent les quais en direction du port.

Soudain, Ribenne s'arrêta et se retourna d'un coup, provoquant la stupeur d'Alèna.

— Chut ! On dirait qu'il y a quelqu'un.

Il resta aux aguets de longues secondes, mais n'entendit rien de suspect. Alors, il prit Alèna dans ses bras pour la serrer contre lui.

— Depuis qu'on a quitté la pension, j'avais l'impression d'être suivi.

Sans rien ajouter, ils se dirigèrent vers le Petit Maroc, le quartier historique de Saint-Nazaire, construit sur un rocher à l'embouchure de la Loire. Une fois parvenue à hauteur de l'écluse est, Alèna montra du doigt le Building, un imposant immeuble dont la forme massive se découpait dans le magnifique cercle roux de la pleine lune. Son mouvement la rapprocha de Ribenne qui attrapa son bras pour la retenir contre lui.

— Faisons comme si on ne se quittait pas, mais que je partais en voyage, murmura-t-elle. Quand on part en voyage, on revient toujours chez soi, un jour.

— Un jour… répéta-t-il sans y croire.

Ils marchèrent ainsi pendant une heure, main dans la main, insensibles à la beauté de la mer sous la lune rousse, sourds aux lamentations de la nuit. Puis, sans qu'un mot ne soit nécessaire, ils décidèrent de revenir sur leurs pas pour rejoindre l'antre de Ribenne, portés par le même désir.

En passant la porte de la chambre, ils eurent l'impression d'y entrer pour la première fois. Tout leur sembla nouveau, même le matelas ramolli au milieu. Devant cet espace vierge ouvert à leur désir, un sentiment de conquête les envahit en même temps et ils se laissèrent porter par lui. La lutte de leurs corps fut sans pitié, chacun à son tour victime et bourreau, transportés par une frénésie d'instincts inhabituels. Leur fougue était décuplée par la tension accumulée et trouva dans cette étreinte animale une façon bruyante de s'exprimer. Ribenne planta ses doigts dans la chair d'Alèna ; elle lui griffa les épaules. Il entra en elle comme on plante un couteau ; elle referma ses cuisses comme pour l'étouffer. À la fin, il ne retint pas son cri ; elle hurla dans son cou.

À peine retombés l'un contre l'autre, Alèna roula sur le côté, prit appui sur un coude et observa Ribenne. La sueur collait les poils de son torse et brillait sur son ventre. Elle promena un doigt de la pomme d'Adam au nombril, et ensuite le porta à sa bouche. Manger Ribenne, boire Ribenne, pour s'enivrer de son amour. Il lui attrapa les poignets et l'attira contre lui. Ses lèvres s'écrasèrent contre sa bouche tiède.

Puis d'un bond, il sauta hors du lit et quand il traversa la pièce, elle n'eut d'yeux que pour ses fesses. Il entra dans la salle de bains et réapparut avec une nouvelle bouteille de vodka à la main. Il tourna le bouchon et but au goulot une rasade brûlante, debout au pied du lit. Alèna promena le regard sur son corps avec l'impression qu'il lui était étrangement inconnu. Comme si elle en découvrait l'entière nudité pour la première fois. Pourtant, jamais elle n'avait autant caressé le corps d'un homme que le sien. Il lui tendit la vodka en souriant.

— Si tu comptes me saouler, il va t'en falloir des bouteilles, fit-elle en glissant le goulot entre ses lèvres.

Ribenne s'allongea à côté d'elle.

— Tu m'aimes ?

Depuis le début, elle redoutait cet instant. Elle ferma les paupières pour répondre, trouvant la question déplacée après la décision qu'elle lui avait annoncée.

— Ce n'est pas le sujet, Rib.

— Dis un chiffre entre un et six.

Étonnée, elle s'arrêta de boire et se tourna vers lui. Il avait les yeux concentrés sur ses larges mamelons et ses tétons solides.

— C'est quoi cette blague ?

— Ne t'en fais pas. Dis un chiffre entre un et six. Vas-y, insista-t-il.

— Quatre.

Ribenne glissa la paume de sa main sur les poils du sexe d'Alèna. L'os du pubis était proéminent et formait un dôme noir. Ses doigts glissèrent dans le pli des lèvres. Puis, à la limite de la pilosité, juste à la verticale du nombril, Ribenne en saisit un et l'arracha. Elle ne put retenir un cri de stupeur.

— Tu m'aimes… récita Ribenne en déposant le poil dans le creux du plexus d'Alèna.

Il recommença, mais en tirant cette fois-ci sur un poil isolé près de l'aine, là où la peau est fine.

— Un peu…

Alèna se recroquevilla en gémissant. Ribenne chercha une zone plus sensible et elle se laissa faire. Elle guida même sa main un peu plus bas entre les cuisses. Elle acceptait le jeu en se mordant les lèvres pour ne pas crier.

— Beaucoup…

La douleur fut piquante, mais brève. Elle se surprit à aimer cette tension qui l'assaillait tandis que Ribenne choisissait sa cible avec soin. Elle sentait ses doigts passer de l'un à l'autre, tirer légèrement dessus, et ceux qui résistaient trop, il les laissait en paix. Elle tendit ses muscles pour prévenir le picotement sur la peau. La sueur coulait entre ses cuisses et elles se refermèrent d'un coup une fois arraché le quatrième échantillon.

— Passionnément…

En souriant, Ribenne déposa la dernière preuve de l'aveu d'Alèna. Quatre petites torsades noires et fines gisaient maintenant entre ses seins. Il embrassa ses mamelons et laissa glisser sa bouche contre son ventre, puis passa le bout de sa langue à chaque endroit où un petit point rouge était apparu, pour apaiser le feu de la peau. Alèna lui caressa les cheveux pour qu'il aille jusqu'au bout de son idée.

— Tu ne m'as pas menti, finit-il par dire en se couchant sur elle.

Alors, Alèna tourna la tête sur le côté, les yeux dans le vide, et prononça d'une voix désincarnée :

— Oui, je t'aime, Rib, mais ne cherche pas l'impossible…

Lundi

I

Le départ d'Alèna obligea Ribenne à reconsidérer les priorités de sa vie. Immobile devant la fenêtre de la chambre, le regard accroché aux nuages teintés des couleurs de l'aube, il jugea inutile de tergiverser : autant se jeter corps et âme dans l'enquête sur Mécanistyl s'il voulait mettre de côté la douleur causée par la décision d'Alèna de le quitter.

Les premières notes jetées par le poste de radio de la Carcaradec le firent revenir sur terre. Pour fuir ce supplice, il se précipita sous la douche et réapparut une demi-heure plus tard, propre et habillé, dans le dos de la Ténardière, appuyée sur son balai espagnol. En se retournant, elle eut un hoquet de peur et jeta un cri strident en écho à ceux de Patachou dont la voix beuglait dans le poste de radio ce monument de la poésie française :

Ah ! Ah ! Ah ! Disait l'escalier C'est moi qu'on monte en premier.

Ah ! C'est moi qui monte en premier, disait la mariée.

Ohé ! C'est moi qu'on monte en premier, disait l'escalier.

La Carcaradec recula et son talon vint heurter le seau plein d'eau saumâtre dont le contenu s'étala sur le sol. Elle ne savait plus où donner de la tête : surveiller Ribenne, dont l'apparition matinale relevait nécessairement d'un sortilège maléfique, ou se jeter sur la serpillière pour réduire l'étendue de la flaque. Cernée par deux ennemis à la fois, elle restait tétanisée au milieu de la pièce, victime de hoquets faisant vibrer les plis de ses chairs comme une vieille chambre à air qui se dégonfle.

— Vous m'avez foutu la frousse ! D'habitude, vous dormez encore à cette heure-là.

— Pas tout à fait. D'habitude, à cette heure-là, je me cache sous mon oreiller pour ne pas entendre votre musique de dingue ! rectifia-t-il.

— Musique de dingue ! Patachou, une musique de dingue ? Elle, au moins, elle raconte des histoires qu'on comprend.

— C'est ça, expédia Ribenne d'un geste de la main. On prendra le temps de faire l'exégèse des paroles de vos stars préférées un autre jour. Je suis pressé. Servez-moi mon café.

Refusant de s'en laisser compter, la Carcaradec se planta devant lui, les mains sur les hanches :

— Quoi ? J'exagère sur les paroles des stars ?

Ribenne fronça les sourcils d'incrédulité.

— Mais non, vous n'exagérez pas. L'exégèse, c'est... comment dire... l'étude, l'analyse des textes.

— Mais de quoi vous parlez ? Je suis en train d'écouter tranquillement ma musique, vous arrivez dans mon dos et vous me flanquez une frousse du tonnerre. Et en plus, vous me parlez d'étudier les textes qui passent à la radio ?

La Carcaradec se détourna d'un large mouvement de hanche et s'éloigna vers le comptoir en lançant d'un ton excédé :

— Franchement, si la musique adoucit les mœurs, chez vous, ça les excite !

— Mais putain de merde ! hurla Ribenne en réponse, debout au milieu de la salle vide du Café Moderne, agitant les bras autour de lui comme s'il voulait prendre des gens à témoin. Mais je m'en fous de votre musique à la con ! Je vous demande juste de me foutre la paix et à la place, je me retrouve à devoir faire des discours sur une putain de chanson des années 40 ! Mais votre musique, c'est de la musique de collabos ! Vous me faites tous chier, à la fin.

Et Ribenne quitta le bar en claquant la porte dans son dos, un volcan de mauvaise humeur grondant dans la poitrine. Il ignorait que le reste de la semaine serait bien pire encore.

*

S'il y avait bien une personne capable de le renseigner sur un habitué de Méan-Penhoët comme Lestac, c'était Paulette Simoni, la buraliste de L'Épuisette, le bar-tabac-presse-pmu-loto-carterie-dépôt-de-pain qu'elle tenait avec son mari Matéo, un Corse repenti. Véritable institution du quartier, L'Épuisette était la plaque tournante des potins, rumeurs, ragots et commentaires en tout genre et Paulette ne pourrait pas lui refuser un petit service, à lui, le détective sur qui elle comptait pour sauver son couple.

Paulette avait la cinquantaine colorée : des mèches roses, un rouge à lèvres écarlate, un débardeur fuchsia, un soutif jaune paille et des ongles violets. Quand elle aperçut le détective entrer de si bonne heure, son cœur fit un bond dans sa poitrine, car elle espérait de bonnes nouvelles concernant le fameux billet glissé par erreur dans le tronc de l'église Saint-Gohard.

— Alors, du nouveau, M. Ribenne ? lui glissa-t-elle à mi-voix pour ne pas alerter son jaloux de mari. Vous savez combien c'est important pour moi.

Et Ribenne de lui annoncer que le tronc de Saint-Gohard était régulièrement ouvert pour en récolter le produit, et qu'à l'heure qu'il était, Dieu seul savait, ainsi que son ministre des cultes, où était le billet amoureux la compromettant. Paulette ne formulait pas le désir, précisa-t-elle, de récupérer le message, mais elle voulait avoir la certitude qu'il n'était pas tombé entre des mains criminelles. Son nom et celui du destinataire étaient écrits noir sur blanc sur le papier. Il serait alors facile pour un être indélicat d'en faire usage à des fins de chantage. Ce à quoi Ribenne rétorqua que le bedeau n'avait plus accès au tronc et que le seul à avoir eu le billet entre les mains, le curé lui-même, pouvait sans aucun doute être écarté de toute suspicion, eu égard aux engagements moraux préalables à l'obtention de la charge d'une cure. Mais Paulette ne l'entendit pas de cette oreille ! Elle poussa des gloussements d'oie sur le point d'être gavée, prétextant que les engagements sacerdotaux n'étaient en rien un rempart au vice comme l'avait montré l'actualité récente en révélant les actes criminels d'hommes en soutane. Et de montrer aussitôt quelques couvertures de magazines qui illustraient ses propos par des titres racoleurs. Ribenne n'insista pas, comprenant que ses paroles ne feraient qu'alimenter le moulin de la buraliste, et trancha l'air devant elle du plat de la main pour la faire taire.

— Rien de neuf encore, je vous le répète ! Mais l'affaire est bien engagée. Je vous ai dit que je m'occupais du message, je m'en occupe, laissez-moi faire, c'est tout.

Paniquée par le ton de sa voix, Paulette jeta furtivement un regard vers Matéo, son berger nationaliste.

— Pas si fort, voyons, il entend tout.

Ribenne haussa les épaules, puis poignarda la femme du regard. Elle recula, apeurée, en portant une main à son cou.

— Encore une chose : arrêtez de me donner des *Ouest-France* périmés. Je suis passé pour un con avec la femme de Pierrot. Il était déjà enterré quand je l'ai appelée.

— C'est parce que vous lisez les journaux en retard, si je puis me permettre, minauda la buraliste pour se défendre. Et puis, ils sont gratuits, c'est quand même pas rien.

— Je sais, je sais… Bon, encore une petite question. Lestac, ça vous dit quelque chose ?

— Bien sûr. C'est un fumeur et un bon client. Et très aimable, en plus. Il achète des revues, celles-là, en haut, vous voyez ce que je veux dire ? fit-elle en désignant d'un ongle long comme un jour de pluie l'étagère dans le dos du détective.

Il se retourna et balaya les revues du regard. *Union*, *Lui*, *Playboy*, *Le Revenu français*, *La Vie financière*. Il imaginait mal le métallo en gestionnaire de portefeuilles.

— Je vois, oui. Il vit seul ?

Au même moment, une voix puissante traversa la boutique. C'était Matéo, toujours à surveiller Paulette du coin de l'œil au cas où des clients feraient un peu de grabuge. Et puis aussi parce que le sang qui coulait dans ses veines tournait à dix mille tours minute quand un loup s'approchait de sa brebis.

— Votre café refroidit, détective.

— J'arrive, Matéo, le rassura Ribenne d'un geste de la main. J'ai un dernier petit service à vous demander, fit-il à Paulette d'un ton confidentiel. Les revues de Lestac, vous pouvez m'en mettre de côté, dans un sac discret, ce serait gentil.

Il se sentit obligé d'ajouter devant sa mine surprise :

— C'est pour une enquête. Je vous mets dans la confidence, mais n'en parlez surtout à personne.

— Je vous prépare ça, M. Ribenne. Et promis, je ne vous mets pas de vieux numéros, ajouta-t-elle, l'œil malicieux.

Ribenne éclata de rire, car s'il y avait des revues dont il se moquait bien de la date, c'était précisément celles de Lestac, la playmate aux gros seins du mois de juin valant bien la playmate aux gros seins du mois de mai.

*

La rue au bord de laquelle se dressait la maison de Nicolas Mazés était dominée par les cheminées des Forges de Trignac, érigées en 1879 au bout d'un chemin en ligne droite menant aux Chantiers navals. Le charbon importé du pays de Galles assura aux Forges un profit confortable pendant plusieurs années, mais entre les deux invasions germaniques, elles connurent des hauts et des bas pour finir par s'éteindre en 1947. Puis, grâce à la crise mondiale de l'acier et au coût de l'énergie, l'Europe jugea utile de relancer la filière et les fonds Feder firent le reste pour rebâtir, il y a dix ans, une usine flambant neuve sur les vestiges rouillés de l'ancienne.

En fait de rue, il s'agissait davantage d'un terrain humide bordé d'une dizaine de maisons construites autrefois par la direction des Forges pour les ouvriers les plus méritants. Deux pièces au rez-de-chaussée, deux à l'étage, un caveau extérieur, une cour minuscule.

Nicolas Mazés habitait au 12 avec son père. La façade était recouverte d'un lierre envahissant ; des pots de géraniums en plastique balisaient le chemin jusqu'au perron. Ribenne grimpa les trois marches et la porte s'ouvrit sur un vieil homme un peu voûté, tenant un bol en Pyrex marron rempli de café. Ribenne l'observa en tentant d'adopter une mine agréable pour le mettre en confiance. Le bonhomme était sans doute moins âgé qu'il semblait l'être, mais la peau terne des joues, la courbure des épaules et sa silhouette perdue dans un bleu de travail trop grand pour lui, le vieillissaient de dix ans.

Tout à coup, une masse touffue se faufila entre leurs jambes.

— Pof ! Viens-là ! Qu'est-ce que vous voulez ?

Le ton du bonhomme trahissait la fatigue. Les yeux gris et boursouflés également. Les poches sous les paupières mangeaient le haut de son visage.

— Parler à Nicolas, se contenta de répondre Ribenne, méfiant.

— Il n'est pas là. Il a fait une connerie ?

— Je ne sais pas. C'est dans ses habitudes ?

— Flic ? Pof ! Lâche ça !

— C'est quoi comme chien ? demanda Ribenne en repoussant du pied le clébard qui s'attaquait à son bas de pantalon.

Il se moquait totalement de la réponse, ayant décidé de vouer depuis son enfance une parfaite indifférence à la race canine, mais il était prêt à toutes les hypocrisies pour arriver à ses fins.

Le vieux regarda l'animal de la même façon qu'un étron déposé sur son paillasson.

— J'en sais rien. C'est celui de Nicolas, mais il n'est jamais là pour s'en occuper. Si vous le voulez, je m'en débarrasse.

— Du chien ? Je loge à l'hôtel.

— Il y en a un autre qui doit s'y croire à l'hôtel. À son âge, il n'est même pas capable de ranger ses affaires. Alors, vous êtes flic ou quoi ? insista le vieil homme en redressant sa carcasse.

— Non, rassurez-vous. J'ai rencontré Nicolas hier soir et je voulais juste lui poser deux ou trois questions. Vous avez le temps d'y répondre ?

Le bonhomme but une gorgée bruyante en observant son visiteur par-dessus le rebord du bol, opina du chef et lui fit signe d'entrer. Les occasions de rencontrer du monde dans le quartier ne se présentaient pas souvent au père Mazés et Ribenne ne lui inspirait pas de méfiance particulière. Il s'était même intéressé au chien, ce dont personne ne pouvait se vanter avant lui.

Une odeur de café bouilli et de vieille poussière saisit Ribenne à la gorge. Il toussota en prétextant un vilain rhume pour ne pas vexer son hôte. Une table occupait le centre de la pièce, servant tout à la fois de plan de travail, de bureau et d'établi en fonction des heures de la journée. Une ampoule habituée à la visite de mouches diarrhéiques pendouillait au bout d'un fil entortillé sortant du plafond ; ses faibles rayons n'auraient pas permis de différencier un hippopotame d'un crocodile. Ribenne remarqua également un buffet encombré et un lit défait plaqué contre le mur opposé.

Le père Mazés tira une chaise, ôta les journaux empilés dessus, et fit signe à son visiteur de s'asseoir. Sans rien demander, il posa une tasse devant lui et la remplit de café.

— Ça ne va pas fort en ce moment du côté de l'acier. Même dans l'est, ça dégraisse sec. C'est moi qui l'ai forcé, mon Nicolas, à entrer aux Chantiers. Des bateaux, il en faudra toujours.

— De l'acier aussi, non ?

— C'est ce qu'on se dit pour se remonter le moral. Bon, vous lui voulez quoi à Nicolas ? demanda Mazés sur le même ton désolé.

— Nicolas s'est battu à la débauche, hier soir. À mon avis, il doit avoir la tête de votre chien à l'heure qu'il est.

Le père Mazés fixa Pof, recroquevillé entre le lit et le buffet, et grimaça. Il passa la main sur son visage pour chasser un mauvais souvenir.

— C'est pas facile de vivre sans femme à la maison. Sa mère est morte quand il avait 15 ans. On dira ce qu'on dira, mais un père, ça n'élève pas pareil un gosse. Mais bon, tant qu'il ne vole pas et ne tue pas, j'me dis que je n'ai pas tout raté. N'est-ce pas la mère ? lança-t-il vers le plafond d'une voix tremblante.

Instinctivement, Ribenne leva les yeux en même temps que le père Mazés levait les siens pour implorer sa défunte. La peine du bonhomme émut le détective qui cacha son trouble en avalant son café. La tristesse de ses semblables lui faisait toujours peur, car il ne savait jamais comment réagir.

Puis le vieil homme s'inquiéta :

— Il est salement amoché, vous dites ?

— Rien de bien grave, n'ayez crainte. Il n'est pas épais, mais solide.

— Pour sûr, c'est une marque de famille ! Au fait, je ne connais même pas votre nom.

— Ribenne.

— C'est quoi votre métier pour perdre du temps avec un vieux comme moi ?

— Détective privé.

Le père Mazés se recula pour l'examiner.

— C'est un métier, ça ? Et quel rapport avec Nicolas ?

— Il est venu me voir hier avec deux collègues. Vous les connaissez peut-être, Gérard Foulon et Guy Lestac ?

— Lestac, oui, je connais, il est déjà venu manger ici. L'autre, je ne veux pas le voir, c'est un jaune.

— Nicolas les fréquente depuis longtemps ?

— Écoutez… Moi, je veux bien répondre à vos questions, vu que vous n'êtes pas flic, mais faudrait pas que ça cause du tort à mon Nicolas. J'ai qu'un fils, et même si je râle après, c'est le seul que j'ai. Qu'est-ce que vous lui voulez à la fin ?

— Rien de méchant, je vous promets. Mais quand je commence une enquête, j'aime bien savoir qui me la confie. Ils sont venus tous les trois hier, après la débauche, pour que je me renseigne sur un sous-traitant des Chantiers. Foulon a entendu dire qu'elle allait faire venir de la main-d'œuvre étrangère pour travailler à la place des gars d'ici.

— Faut se méfier de Foulon, c'est un jaune. Même en 1992, il n'a pas fait grève.

La table brinquebala sous la puissance du plat de la main du père Mazés, assénée pour illustrer son dégoût. Il regarda Ribenne droit dans les yeux, sûr de son jugement, puis enchaîna d'un ton plus calme, presque innocent :

— Il y a un syndicat pour les détectives ?

Ribenne sortit sa carte sans cacher le logo et résuma son parcours. Le père Mazés n'eut pas besoin de cligner des yeux pour la reconnaître. Il avait eu la sienne trente ans plus tôt avant même d'avoir le permis de conduire, de chasse et de pêche.

— Tuyauteur aux Chantiers, puis détective privé, c'est pas courant comme histoire. Pourquoi avoir choisi d'être privé, ça n'existe pas, détective public ?

— Si, c'est flic, mais je ne suis pas un jaune. Merci pour les renseignements, je vais vous laisser. Ne dites rien à Nicolas, c'est pas la peine.

— Qu'est-ce que je dirai de toute façon, y a que moi qu'ai causé.

— Allez, bonne journée, M. Mazés.

Ribenne remit sur la chaise les *Ouest-France* déplacés par son hôte pour lui céder la place, en se disant que tous les vieux font la même chose : monter de grandes piles de journaux pour se donner l'impression d'avoir vécu longtemps. Ça rassure en attendant les soins palliatifs. Ensuite, Ribenne serra la main aride du bonhomme. Il tenait encore son bol en pyrex.

Pof se mit à tourner autour de Ribenne en train de regagner sa voiture, l'empêchant de mettre un pied devant l'autre en cherchant à agripper ses lacets. En d'autres lieux, Ribenne lui aurait refilé un coup de pied au cul, mais il sentait le regard du père Mazés le suivre de loin.

Il l'entendit soudain crier :

— Eh, Ribenne, c'est sûr, vous n'en voulez pas du clebs ?

Le siège émit des couinements de chat écorché quand le détective se laissa tomber dedans. Il agrippa le volant et poussa un profond soupir pour évacuer la tension accumulée. Il voulait décamper au plus vite et ne plus sentir dans son cou l'ombre froide des cheminées des Forges. Elles dressaient sur les champs alentour leurs hautes silhouettes comme des croix dans un cimetière.

Et les morts viendraient bien assez vite pour ne pas précipiter les événements.

*

Une fois quittée la voie rapide de Trignac, Ribenne prit la direction de l'entrée de Méan-Penhoët, au pied du pont de Saint-Nazaire, et focalisa son esprit sur le compteur pour penser à autre chose. Il en avait marre du malheur des autres. Hier soir, celui d'Alèna, ce matin, celui du père Mazés.

Soudain, une main glacée lui caressa le dos quand il vit l'aiguille flirter avec les quatre-vingt-dix kilomètres à l'heure. En pleine ville ! S'il était flashé, il savait que Dorking n'aurait pas la même largesse d'esprit que Leghorn pour passer l'éponge, bien au contraire, et ce n'était pas le moment de se mettre le coquelet de la basse-cour à dos. Ribenne ferma les yeux pour chasser de ses pensées le visage du flic.

Quand il les rouvrit, une vision d'horreur le vida de son sang.

Trente mètres devant lui, une femme se tenait en plein milieu d'un passage piéton et le fixait sans esquisser un geste de fuite, tétanisée par la peur, les mains arquées sur la poignée d'une poussette. Ribenne fonçait droit dessus et elle ne bougeait pas. Dans un formidable réflexe, il écrasa le frein de tout son poids, une grimace barrant son visage affolé.

Un silence de mort succéda à l'arrêt du véhicule, à deux mètres de la poussette, un silence comme on ne peut en entendre que dans les morgues. Le moteur cala et Ribenne retomba sur le siège avec le poids d'un mammouth chutant d'un gratte-ciel. Ses mains ne pouvaient plus se défaire du volant et ses bras s'agitaient tout seuls. Une abondante sueur aigre ruisselait dans son dos. Il vit les badauds commencer à rappliquer vers la femme tombée à genoux et, lentement, il se redressa pour voir au-delà du capot si elle était toujours en vie. En tout cas, si elle était morte, ses cris étaient bien imités.

Sans être tout à fait conscient de ses actes, Ribenne réagit à l'instinct. D'un geste vif, il tourna la clef de contact, fit rugir le moteur et d'un coup de volant contourna l'attroupement. Au même moment, une main claqua le carreau de la vitre, mais il ne se retourna pas, l'œil fixé sur la ligne blanche de la route. Ensuite, au premier carrefour, il bifurqua pour s'éloigner le plus vite possible. Tout ça parce qu'il avait trop pensé à Dorking !

— Nom de dieu de bordel de merde, lieutenant de mes deux ! Tu me fais chier ! hurla-t-il pour vider sa carcasse du stress accumulé.

Incapable de se calmer, il roula droit devant lui, les yeux exorbités de colère, et c'est en réalisant être arrivé à Saint-Marc-sur-Mer, le quartier balnéaire de Saint-Nazaire, qu'il eut une folle envie de se baigner avant d'aller casser la croûte. Il se gara sur le parking désert d'une crique peu fréquentée, et se dirigea vers la plage. La mer était haute et les vagues venaient mourir à quelques mètres de la falaise en abandonnant des lianes d'algues. Un coup d'œil à gauche, un coup d'œil à droite, personne en vue, il se mit à poil. L'océan était aussi plat qu'un hérisson écrasé par un tank, donnant l'impression de n'avoir jamais connu de vagues. Sans perdre une seconde, Ribenne s'enfonça dans l'eau froide en serrant les dents, puis plongea d'un coup, ressortit quelques mètres plus loin et s'allongea sur le dos, les oreilles sous la surface de l'eau.

Nager dénouait les nœuds de son organisme mieux que toute autre activité et il venait là très souvent se retirer loin de ses semblables. Il aimait abandonner son corps aux mouvements du liquide et couper toute relation sensitive avec le monde extérieur pour entrer en résonance avec les échos intimes de son esprit. De cette manière, il se débarrassait de ses plus sombres pensées, des déchets de son âme. Comme depuis des millénaires, la mer était le grand dépotoir des hommes, Ribenne n'avait aucun scrupule à y déverser les rebuts de sa propre vie. Et sans faire aucun tri sélectif.

Lundi

II

Plus tard, Ribenne gara la Punto de location sur le boulevard Albert-Ier, le long du front de mer. L'immeuble où résidait Foulon avec sa femme et ses enfants était cossu, en retrait de la rue, derrière des rangées d'arbres bouchant la vue sur Port-Désiré et ses bouées de plaisance. Franchement, habiter face au bleu de la mer et se cogner les yeux sur le vert de grands platanes, ça faisait rire Ribenne. Pour rien au monde, il n'aurait cédé sa chambre et sa vue sur le port. En plus, il n'aimait que les bateaux de commerce, les tankers, les vraquiers, tous ces navires qui ont une âme. Les coques de noix ou les voiliers le laissaient de marbre.

En s'approchant de l'immeuble, il songea aux propos du père Mazés sur Foulon. Traiter un ouvrier de jaune, c'était une sacrée insulte et il se dit qu'entre Lestac, viré du syndicat, et Foulon, casseur de grève, le jeune Nicolas avait de drôles de fréquentations pour son âge.

Dans l'interphone, Ribenne baragouina deux trois explications et la femme du métallo finit par lui ouvrir. Il gravit les marches quatre à quatre, décidé à ne pas y passer la fin de la journée.

La porte de l'appartement était entrebâillée et il la poussa quand on lui en donna l'ordre. Il passa d'abord la tête, puis entra en jetant des coups d'œil à droite et à gauche, un peu gêné de ne voir personne. Il s'avança sur la pointe des pieds, mais se figea sur place en passant la porte du salon : Cécile Foulon l'attendait au milieu de la pièce, assise dans un fauteuil roulant. Une longue chevelure couleur jais encadrait son visage et dissimulait la moitié de ses joues.

— S'il vous plaît, ne faites pas de bruit, les enfants travaillent à côté.

Ribenne serra la main de la femme. Ses doigts froids et menus lui donnèrent l'impression de tenir un chaton à peine né. Mais non dépourvu de griffes comme il allait en faire l'expérience. Impassible d'abord, elle lui rendit son sourire après avoir pris le temps de l'observer.

— Si vous connaissiez Gérard, vous n'auriez pas été surpris de me trouver dans ce fauteuil. Tous ses collègues sont au courant.

Puis, sans lui laisser le temps de dire un mot, elle ajouta en changeant de ton, gênée :

— Excusez-moi pour cette entrée en matière, monsieur je-ne-sais-pas-encore-le-nom, mais à votre réaction, j'ai cru que vous alliez vous apitoyer sur mon sort. Je déteste la fausse pitié et les sentiments de convenance. Notre monde dégouline de charité mielleuse. C'est insupportable.

— Détective Ribenne. Je ne m'apitoie jamais sur le sort d'inconnus. J'ai suffisamment à faire avec quelques personnes de mon entourage.

Cécile Foulon écarquilla grand les yeux et Ribenne fut surpris de lui voir un sourire aux lèvres. Il adoucissait les angles aigus de ses traits et creusait deux petites rides de chaque côté de sa bouche.

— Votre sincérité est étonnante. D'ordinaire, les gens me parlent comme si j'allais mourir devant eux. Et mon mari ne fait pas exception à la règle. Vous pouvez vous asseoir.

— En tout cas, vous n'avez pas l'air d'aimer beaucoup ses collègues, fit Ribenne en prenant place au bord du canapé.

— Ah ! L'interrogatoire commence. En effet, je les exècre. Bon, veuillez ne pas tourner autour du pot, cher monsieur, dites-moi pourquoi vous voulez me parler de Gérard.

— J'enquête sur une boîte sous-traitante des Chantiers à la demande de votre mari. Je veux juste le connaître un peu plus. J'aime bien savoir qui sont mes clients avant d'accepter une affaire.

Cécile Foulon s'apprêtait à remettre ses cheveux en arrière, mais elle retint son geste et tendit le cou vers Ribenne, les yeux écarquillés de surprise.

— Vous pouvez répéter ? Mon mari vous a confié une enquête ? C'est une blague, dites-moi ?

— Rien de plus sérieux, au contraire.

— Et une enquête sur quoi, précisément ?

— Je vous l'ai dit, sur une société des Chantiers navals. Quant au reste, je suis tenu au secret, madame.

Le visage de Cécile Foulon s'empourpra et son fauteuil s'ébranla sous la force de sa colère :

— Vous allez vous moquer de moi longtemps ? Vous êtes tenu au secret, mais vous venez m'interroger comme si Gérard n'allait pas être au courant. Parce que vous comptez me demander de garder le silence sur notre conversation, c'est ça ?

— En effet, j'allais vous le demander. Ma visite n'a rien de secret, mais je préférerais que votre mari n'en soit pas informé. Mes clients ont toujours du mal à comprendre cette démarche auprès de leur entourage.

Furieuse, Cécile Foulon déplaça son fauteuil jusqu'à la porte-fenêtre et ouvrit le battant. Un courant d'air frais entra dans la pièce et Ribenne en sentit l'effet sur son crâne perlé de sueur à cause du stress. Il prit une profonde inspiration, maudissant la terre entière de porter sur son dos des personnes aussi désagréables que cette femme ou la mère Carcaradec. Il arrêta là l'énumération des emmerdeuses patentées, mais se promit d'actualiser la liste à l'occasion.

— Venez voir, M. Ribenne.

Il se leva et s'approcha du balcon. Les arbres cachaient moins qu'il ne l'aurait cru la vue sur Port-Désiré, mais ça ne valait quand même pas le panorama de sa chambre d'hôtel. Cécile Foulon pointa un doigt en contrebas et, tirant sur la manche de Ribenne, l'obligea à se pencher :

— Vous voyez la pêcherie, en bas à gauche, avec le toit noir et blanc ? C'est celle de mon mari. Nous ne sommes pas divorcés, mais nous vivons séparés. Il passe ses soirées et ses week-ends dans cette cabane. Si vous voulez comprendre Gérard, rendez-lui une petite visite un soir. Ça vaut tous les discours. Maintenant, aidez-moi à rentrer, voulez-vous ?

Ribenne obtempéra et referma la porte vitrée. Cécile Foulon sourit pour le remercier et il se surprit à la regarder pour la première fois d'un œil différent, moins distant, au point de lui trouver une certaine classe. Il reprit place dans le canapé, remonta son pantalon et croisa les jambes. Il n'en avait pas fini avec ses questions.

À cet instant, le son d'une corde de violon parvint jusqu'à eux depuis le bout du couloir.

— Elles allaient répéter quand vous êtes arrivé.

— Combien d'enfants avez-vous ?

— Ça fait partie de l'interrogatoire ?

— Tout ce que vous direz pourra être retenu contre vous, plaisanta-t-il pour faire retomber la tension. Je ne souhaite me mêler, ni de près ni de loin, de vos affaires ni de celles de votre mari. Mais des enfants se font à deux. Si vous ne voulez pas me parler des vôtres, parlez-moi des siens.

— J'apprécie votre tour de passe-passe pour arriver à vos fins. Il a deux filles, des jumelles. Anne et Charlotte.

À cet instant, le violon émit des lamentations grinçantes comme une illustration sonore de leur tête à tête.

— Cessons de tourner autour du pot… Parlez-moi de Gérard, pour m'aider à me faire une idée plus précise, argumenta Ribenne pour convaincre Cécile Foulon d'être plus bavarde.

Devant son insistance, celle-ci soupira d'exaspération et serra les mains l'une contre l'autre, prête à lui montrer la sortie, mais se retint à temps.

— Écoutez bien, monsieur le détective, parce que je ne me répéterai pas. Avec Gérard, nous sommes ensemble depuis seize ans, mais j'ai l'impression d'être seule depuis qu'un accident m'a clouée dans ce fauteuil. Toute ma vie a basculé d'un coup, il y a un an. J'en viens même à regretter d'avoir des enfants. Des jumelles, je vous l'ai dit. Mon mari vit et dort dans sa pêcherie depuis mon accident. Comme j'ai interdit aux filles d'aller dans cette cabane infâme, il vient parfois passer une heure avec elles ici. Il n'y a que le foot qui le fait rester une soirée entière. Que dire de plus ? Ah si, il ne m'a pas touchée depuis six mois, mais ce n'est pas étonnant, n'est-ce pas ? Vous coucheriez avec une femme dans mon état, vous ?

D'un geste brusque, elle retira la couverture de ses genoux, offrant au regard du détective les deux prothèses en plastique qui remplaçaient ses jambes à partir des rotules. Ribenne esquissa un geste de défense malgré lui.

— Écoutez, Mme Foulon, dit-il pour se justifier, n'appréciant pas du tout la tournure de la conversation, je crois que nous sommes partis du mauvais pied.

Il se redressa d'un coup en comprenant le double sens de ses paroles, et s'empressa de rectifier :

— Je suis désolé, c'est juste une expression, je n'ai pas fait attention.

Cécile Foulon détourna le visage et serra les poings contre sa poitrine. Les sanglots agitèrent sa gorge puis un hurlement creva l'air :

— Foutez le camp ! Foutez le camp, salaud !

*

— Lestac, à ton tour ! maugréa Ribenne en martelant le volant.

Le visage fermé, il roulait en direction du Café Moderne pour rejoindre sa piaule et se calmer, car la tension accumulée pendant l'entretien avec Cécile Foulon pesait encore sur ses épaules. Cette rencontre lui restait en travers de la gorge et il voulait passer très vite à autre chose pour effacer ce souvenir désagréable. Le meilleur moyen était de s'attaquer à l'ancien permanent syndical pour savoir une bonne fois pour toutes à qui il avait affaire. Le coude posé sur la portière, Ribenne se remémora l'histoire de Lestac en visualisant la fiche remplie à son nom.

Avant sa démission du syndicat, Lestac comptait dans le paysage local et son départ avait fait du bruit dans le Landerneau. Il avait quitté son mandat syndical après la mort d'un ouvrier, gravement accidenté par un camion qui avait forcé un piquet de grève. Lestac était en désaccord depuis le début avec ce mouvement, mais par loyauté, il avait suivi la décision du syndicat de durcir le ton. Depuis, il se sentait responsable de la mort du type. Il avait démissionné pour marquer son désaccord avec les méthodes de plus en plus dures du syndicat. En face, on l'avait accusé de profiter de l'accident pour régler des comptes en interne.

La Punto traversa le port avant d'arriver devant le Café Moderne où Ribenne pila net face à l'ancienne entrée de service qu'il emprunta pour monter au premier étage sans avoir à passer par la grande salle. Dans sa piaule, il récupéra la fiche de Lestac dans l'enveloppe laissée par Alèna et cachée sous le matelas. Le souvenir de la jeune femme lui pinça le cœur et pour ne pas se laisser submerger par l'émotion, Ribenne se plongea dans la relecture de la fiche pour l'éplucher en détail et ne rien oublier.

Ensuite, il descendit dans la salle du bar et quand elle le vit apparaître, la Carcaradec s'empressa d'aller vers lui en minaudant d'une voix haut perchée :

— Un monsieur vient juste de passer vous voir. Il s'appelle Spectacle, je crois. Drôle de nom quand même… Il m'a laissé cette enveloppe pour vous.

La Carcaradec tendit le bras pour donner le pli au détective qui le lui arracha des mains. L'enveloppe contenait une carte de visite, mais elle n'était pas au nom de Lestac.

Gaspard Joutd
110 Rozé
Saint-Malo-de-Guersac

D'une écriture hachée, droite et rapide, Lestac avait noté dessous «notre dernier pirate malouin».

Ribenne lut et retourna le carton plusieurs fois, intrigué. Il goûtait fort peu les devinettes.

— Il vous a donné ça, sans rien dire ?

La Carcaradec se rapprocha, imitant l'ignorance d'un dictateur devant la Déclaration des droits de l'homme. Elle avait parfaitement entendu la question, mais voulait lorgner la carte de visite pour déchiffrer le message. Ribenne comprit la manœuvre et la glissa dans sa poche de chemise.

— Alors ? répéta-t-il, sans changer de ton.

— Je vous l'ai dit, il est passé, m'a donné l'enveloppe et a disparu. J'aurais dû lui demander quelque chose ?

— Surtout pas ! Ne vous occupez pas de mes affaires, compris ?

Puis Ribenne tourna les talons. D'un pas rapide, il sortit du Café Moderne et décida d'appeler le métallo sans se rendre compte qu'il avait traversé le rond-point de Penhoët et se tenait debout en son centre, gesticulant avec le portable vissé à l'oreille.

— C'est Ribenne. À quoi tu joues, Lestac ?

— Eh ! Prends-toi garde, détective ! C'est plutôt à moi de te poser la question. Ça rime à quoi d'aller chez tout le monde comme ça ? Le père de Nicolas, la femme de Foulon. C'est nous les suspects dans l'affaire, ou quoi ? Si Gérard l'apprend, il va vouloir te démolir le portrait.

Ribenne expira bruyamment.

— O.K., ça va, j'ai compris. Je me rencarde toujours sur mes clients avant de commencer une enquête. C'est ma méthode et on ne la discute pas. Trois mecs qui se foutent sur la gueule et viennent ensuite me confier leurs états d'âme, ça mérite quelques explications.

— Et t'as appris quoi, hein ? Cécile m'a dit qu'elle t'a foutu dehors et le père Mazés t'a radoté ses histoires de forges. Quelle belle enquête, Ribenne !

— C'est à prendre ou à laisser. Si ça ne te plaît pas, file l'affaire aux flics, à l'inspection du travail, aux syndicats, à qui ça te chante, et fiche-moi la paix.

Un silence pesant s'installa, puis la voix du métallo se fit entendre à nouveau :

— L'affaire est à toi, on ne revient pas là-dessus. Maintenant, laisse-moi bosser.

— Encore une minute !

— Magne-toi, Ribenne. Gutzeit ne va pas tarder à rappliquer.

— Tu as dit Gutzeit ?

— Oui. C'est mon chef d'atelier.

Il s'agissait de Long Nez. Ribenne ignorait que Lestac avait rejoint son équipe, sinon ça aurait fait une paye qu'il lui aurait demandé des renseignements sur son compte. Mais il changea aussitôt de sujet, histoire de ne pas alerter Lestac, se disant qu'il valait mieux qu'il ignore pour l'instant son amitié avec Long Nez. Toujours garder une bonne carte dans son jeu pour l'abattre le moment venu.

— C'est qui ce pirate ? J'ai horreur des jeux de piste.

— Ah, le détective reprend du service. Je n'ai pas envie de répondre à tes questions, c'est tout. Si tu veux savoir un certain nombre de choses me concernant, va voir Gaspard. Il m'a élevé quand j'avais 10 ans, après la mort de mes parents. Gaspard est celui qui me connaît le mieux.

*

Rozé rassemblait une dizaine de pavillons construits dans les années 1980 à 700 € mensuels remboursables sur vingt ans. Le genre d'endroit où Ribenne s'imaginait mal habiter et encore moins finir ses jours.

Le numéro 110 était entouré d'une haie sauvage, colorée de fleurs de chèvrefeuille. Un jardin potager occupait le côté du pavillon, laissant un prunier défraîchi orner la façade. Ribenne sonna plusieurs fois dans le vide. Aucun bruit depuis la maison et la rue elle-même resta silencieuse. Ce n'est qu'au bout de plusieurs minutes qu'un glougloutement lointain monta dans l'air chaud depuis l'arrière du pavillon. Sans chercher à éviter les plantes et les légumes encombrant les allées, Ribenne décida d'entrer pour suivre l'étrange plainte jusqu'au fond du jardin.

À peine dépassé l'angle de la bâtisse, il stoppa net en découvrant une scène stupéfiante. Dans une vaste baignoire tenue droite par quatre parpaings au milieu des hautes herbes, un vieillard était allongé dans l'eau jusqu'au cou. Ribenne retint un rictus de dégoût en constatant que la surface du bain était entièrement recouverte de lentilles d'eau.

Gaspard Joutd tourna la tête en l'entendant s'approcher et lança d'un ton menaçant :

— Qui que tu sois, étranger, sache que le dernier qui a foulé cette terre est reparti avec deux coups de pied au cul ! C'était un fonctionnaire des impôts venu me réclamer cinq années de redevance télé. Je n'ai jamais eu la télé de ma vie, je lui ai dit, mais comme ce monsieur ne voulait rien entendre, je lui ai montré le chemin du retour à ma façon. Alors, réfléchis avant de me déranger, un homme averti en vaut deux !

Ribenne ne répondit pas aussitôt, nullement impressionné par les menaces du bonhomme, mais plutôt étonné de la fraîcheur de sa voix. Elle cadrait mal avec le visage buriné émergeant au-dessus du plat de lentilles. Le vieux avait chaussé une paire de lunettes aux carreaux ronds et fumés qui achevait de lui donner un air de grenouille myope posée sur une feuille de lotus.

— Je ne travaille pas aux impôts, M. Joutd, finit par répondre Ribenne. C'est Guy Lestac qui m'envoie.

Le nom du métallo fit réagir le vieillard qui sortit le buste hors de l'eau. Des lentilles restèrent accrochées aux poils blancs de son torse.

— Nom d'un chien ! Et ce bougre d'imbécile qui ne me prévient même pas de votre visite. Donnez-moi cette serviette, maugréa-t-il en montrant du doigt un fil à linge distendu entre deux poteaux plantés de travers.

Ribenne lança la serviette au vieux qui sortit de la baignoire en s'enveloppant dans le linge. Il se sécha au milieu des herbes folles et les lentilles d'eau tombèrent en confettis à ses pieds. Ribenne lui aurait bien demandé la raison de ce bain, mais Gaspard Joutd avait décidé de lui fournir des explications sans attendre d'être interrogé :

— *Wolffia arrhiza*. Cette lentille d'eau est la plus petite plante à fleurs d'Europe, mais on ne la trouve pas en France. Ne me demandez pas comment je fais pour la cultiver, je ne vous le dirai pas. Un bain quotidien d'eau froide mélangée à cette plante minuscule vous garantit une peau de gamin. Regardez-moi, dit-il, les index pointés sur son torse, je suis ce régime depuis vingt ans. Le type des impôts faisait la même tête que vous en ce moment. Je ne sais pas ce qu'il raconte sur mon compte à l'heure qu'il est, mais il doit sans doute me traiter de fou imbécile ! C'est bien ce que je suis pour vous, n'est-ce pas, monsieur… ?

— Ribenne. Pour tout avouer, je ne dirai pas imbécile. Un fou n'est jamais un imbécile.

Gaspard Joutd sourit de la réponse et porta un regard bienveillant sur son visiteur.

— Vous ne vous en tirez pas mal pour l'instant. Je pense que vous avez raison. Folie n'est pas stupidité. Folie n'est que poésie sans rime. C'est pour ça que personne ne la comprend.

Après lui avoir adressé un sourire, le vieil homme s'accroupit au milieu d'un massif pour le nettoyer des mauvaises herbes. Il faucha deux ou trois touffes et tendit sa récolte à Ribenne.

— Vous en aurez assez ? demanda-t-il en se redressant, une faucille dans une main et les herbes dans l'autre.

— Mais de quoi ?

— Bien, voyons, de ces plantes médicinales ! Vous pensiez que je les coupais pour le plaisir ?

— Désolé, mais vous vous trompez sur mon compte, cher monsieur. Lestac m'a demandé de venir vous voir pour parler de lui. Je ne suis pas ici pour la cueillette des bleuets.

— *Centaurea Cyanus*… Bah, laissez tomber, lâcha le vieil homme, découragé par l'ignorance crasse de son visiteur.

En le voyant débarquer, Gaspard Joutd l'avait pris pour un de ces adeptes des médecines nouvelles, à la recherche d'une plante rare, d'une recette magique, d'un tour de main de farfadet, bref, de ces conneries de bonnes femmes qui lui permettaient de mettre un peu de beurre dans ses *Spinacia oleracea* en les vendant très chers comme antiscorbutiques et antianémiques.

— Quel est votre métier pour vous intéresser à Guy ?

— Je suis détective privé et…

— Foutaise ! Charlatan ! le coupa le vieux en agitant les mains comme s'il chassait un essaim d'abeilles. Ce n'est pas un métier, à la rigueur un passe-temps. Tout le monde peut être détective. Moi le premier, rien de plus simple.

Il pointa un doigt vers Ribenne à la manière d'un maître s'adressant à un élève :

— Arrêtez-moi si je me trompe. *Primo*, vous êtes venu à pied et vous avez marché longtemps. *Secondo*, avant de rencontrer Lestac, vous ne connaissiez ni mon nom ni l'adresse de cette maison dans laquelle vous venez pour la première fois.

Ribenne le fixa sans laisser deviner ses sentiments.

— O.K. ! O.K. ! Je vous explique, reprit le vieux. Votre col est mouillé. Il faut avoir transpiré longtemps pour tremper un col en tissu si épais. D'ailleurs, le bout du mouchoir qui dépasse de votre poche est humide également. Vous vous êtes essuyé le crâne avec. Enfin, je n'ai pas entendu le moteur d'une voiture. J'en conclus que vous êtes venu à pied de très loin. CQFD.

— J'ai garé ma voiture au début de la rue et vous aurez remarqué que nous sommes en été, ironisa Ribenne pour justifier d'être en nage.

Le vieux balaya l'argument de la main.

— Ma seconde hypothèse, celle que vous ne connaissiez ni cette maison ni mon nom, se trouve confirmée par la présence d'une carte de visite dans la poche de votre chemise dont le tissu est devenu transparent avec la transpiration. Preuve que j'ajoute aux deux premières pour justifier votre déplacement. Pour la carte de visite, je la reconnais, c'est la mienne. Un homme qui sait où il va n'emporte pas avec lui l'adresse et le nom de son hôte. CQFD bis.

— Lestac me l'a donnée, concéda Ribenne en touchant la poche de chemise qui l'avait trahi. Heureusement que tous mes clients n'ont pas votre logique déductive. Alors, disons que nous sommes deux enquêteurs, chacun à notre façon, et l'affaire est classée. Passons maintenant aux choses sérieuses.

Ribenne aurait voulu lui tendre la main pour sceller un pacte de non-agression entre collègues, mais Gaspard Joutd tourna les talons.

— Allons à l'intérieur, puisque vous ne supportez pas la chaleur, grinça-t-il.

Ils traversèrent le jardin et pénétrèrent dans la maison en passant par l'arrière-cuisine. Une odeur de pot-pourri saturait l'atmosphère. Sur des étagères, des dizaines de bocaux étaient alignés le long des murs. Ribenne les scruta en secouant la tête d'incompréhension. Plantes, pierres, herbes, feuilles, animaux séchés, les remplissaient à moitié. Il lut des noms latins et ne fit pas l'effort de les déchiffrer.

Joutd le poussa dans le dos en le voyant ralentir son allure.

— Avancez, monsieur. J'ai cru comprendre que toutes ces choses ne vous intéressaient pas.

— Si ces pots ont un rapport avec Lestac, je suis prêt à apprendre le latin, maugréa Ribenne en tapotant un bocal rempli de liquide saumâtre.

D'un haussement d'épaules, Joutd lui signifia son dédain.

— Dans quel bourbier Guy a-t-il bien pu se mettre pour vous envoyer ici ?

— Aucun, aucun. J'ai pour simple habitude de mieux connaître les gens qui me confient une enquête. Lestac a refusé de répondre à mes questions et m'a donné votre nom à la place. C'est bien vous le « dernier pirate malouin » ?

— C'est le surnom dont il m'affublait gamin. Rapport à la faucille que j'ai toujours à la main et qui me donne un air de capitaine Crochet. Ça m'est resté et ça plaît aux touristes que je trimballe sur les canaux du marais.

— Épargnez-moi les anecdotes pour Parisiens, l'interrompit Ribenne, impatient. C'est Lestac qui m'intéresse.

— Et il ne vous est pas venu à l'esprit que pour mieux le connaître, il fallait en savoir un peu plus sur moi ? Guy, je l'ai élevé quand il avait 10 ans. Je suis toute sa famille. Pas de femme, pas d'enfant, ou alors, il les cache, aucun autre parent. L'homme qu'il est devenu, c'est un peu grâce à moi. Alors, vous parler de lui sans causer un peu de moi, c'est impossible. Si vous ne comprenez pas ça, changez de métier. Vous manquez cruellement de psychologie, détective.

Une fois dans la cuisine, Gaspard Joutd ouvrit la porte basse d'un buffet et sortit une bouteille de liqueur. Il remplit deux petits verres à ras bord et tapota le sien contre celui de son hôte.

— Allez, intelligence ! Parce que la santé, on l'a déjà !

— Psychologie ! répondit Ribenne avant de descendre son verre d'un trait.

— Sauf si vous avez décidé de vous inviter à dîner, je crois qu'il serait temps que vous me posiez vos fichues questions, non ?

Ribenne décida d'entrer tout de suite dans le vif du sujet, mais comprit, à la manière dont les traits du visage de Gaspard Joutd se crispèrent, que le vieillard ne s'attendait pas à la question. Il la répéta :

— Pour quelles raisons Lestac a-t-il quitté le syndicat ?

Ribenne voulait connaître la version du bonhomme. Celui-ci le fixa, puis baissa les yeux sur son verre, et finalement se leva pour ouvrir un placard où étaient entassées des piles de journaux. Il les tapota du plat de la main. Des particules de poussière s'envolèrent dans la pièce.

— Vous trouverez là-dedans toutes les réponses que vous cherchez.

— Je ne veux pas les lire, mais vous entendre. Je ne suis pas là pour juger Lestac, mais pour mieux le comprendre. Quelque chose m'échappe et je ne sais pas ce que c'est. Ils sont trois métallos à m'avoir demandé de mener une enquête sur un sous-traitant des chantiers qui prévoit de faire venir de la main-d'œuvre étrangère payée trois francs six sous. Je n'ai rien obtenu du côté des deux autres. Je suis persuadé que Lestac peut me donner ces explications. Alors, comme il refuse d'en parler, vous seul pouvez m'aider.

Le visage du vieux pirate se durcit et son regard alla se perdre au plafond.

— Expliquer Lestac... Comme si un homme pouvait se résumer à une équation dont il suffirait de faire la démonstration pour le comprendre. CQFD et on n'en parle plus. Je ne crois pas que les actions d'un homme puissent résumer ce qu'il est. Faire n'est pas être, cela la vie me l'a enseigné à maintes reprises. Passez six mois à bord d'un navire et vous en serez convaincu. J'ai vu des hommes, hantés par la solitude ou apeurés dans des situations extrêmes, faire des choses que leur propre morale aurait refusé d'admettre chez autrui. En quittant le syndicat, Guy a respecté ses convictions profondes. Peu d'individus sont capables de tout lâcher du jour au lendemain. Après avoir quitté son poste, il aurait pu choisir la politique comme d'autres font. Mais elle est à ses yeux par essence imparfaite. Combien de lois ont-elles été prises en faveur des salariés sans rien changer à leur situation ? Combien de lois doivent être défendues chaque jour par des milliers de militants comme Guy ? Suite à la mort d'un type sur un piquet de grève dont il était responsable, il a décidé de poursuivre son engagement en dehors du syndicat. D'autres à sa place auraient composé plutôt que partir. Pas lui. Aujourd'hui, il continue son combat d'une autre manière, et en vous confiant cette enquête, il espère que vous l'aiderez à défendre le travail des métallos. Voilà, monsieur le détective, ma réponse à votre question.

Elle ne vaut que ce qu'elle vaut à l'instant où je vous parle. Hier, je vous aurais sans doute fait une réponse toute différente. Mais je vous demande de vous contenter de celle-ci.

Grâce au récit de son père adoptif, Lestac se révélait à Ribenne sous un autre jour. Il menait son combat militant d'une nouvelle manière et comptait sur le détective pour l'aider. Gérard Foulon et Nicolas Mazés étaient de la partie parce qu'ils étaient ses amis. Sans Lestac, ils n'auraient sans doute pas bougé. Mais pour l'ancien permanent syndical, c'était impensable de rester les bras croisés devant la menace dont Foulon avait eu vent.

Une fois de plus, la méthode de Ribenne avait porté ses fruits. En se renseignant d'abord sur ses clients, il avait tiré le premier fil de la pelote de cette affaire inhabituelle. Il allait pouvoir s'attaquer maintenant à Mécanistyl.

La voix du vieux bonhomme le tira de ses pensées.

— Allez, trinquons.

Ribenne leva son verre plein d'alcool.

— Psychologie ! lança Joutd.

— Respect ! répliqua Ribenne.

*

En voyant que l'heure de la débauche était passée, Ribenne comprit qu'il était trop tard pour aller prendre ses quartiers devant le terre-plein de Penhoët pour la sortie des métallos. Il bifurqua en direction de la zone de Brais pour repérer les bâtiments de Mécanistyl. Comme il s'y attendait, l'entreprise était fermée. Il aurait bien voulu faire le tour du propriétaire pour compléter sa géographie des lieux, mais le bâtiment ne s'y prêtait pas sans courir le risque d'être repéré. Alors, il prit le temps d'en étudier la face visible depuis la rue en songeant que si la nouvelle de l'arrivée d'ouvriers étrangers se répandait déjà aux Chantiers, c'était bien le signe que la façade cachait des activités peu louables.

Au bout d'un quart d'heure, il décida de rentrer et, la vitre ouverte, huma l'air salé de l'estuaire. À force de penser à toutes ces choses qui font la vie, il se remémora sa dernière balade avec Alèna, la nuit précédente, sur le port et au Petit Maroc. Une idée lui vint à l'esprit : et si le moment était venu d'aller frapper à la porte de Sylvia pour parler avec elle ? Alèna n'était plus là pour s'opposer à leur rencontre. Mais Ribenne refusa de céder à la tentation, car il ne se sentait pas tout à fait prêt pour franchir la ligne jaune.

Quand il entra dans le Café Moderne, le bar somnolait au rythme du bourdonnement des ventilateurs accrochés au plafond. Trois enveloppes étaient posées en évidence à son attention, au bout du comptoir. Il les attrapa en passant, mais au moment d'attaquer la première marche de l'escalier, il entendit :

— Eh, M. Ribenne ! Pas si vite !

C'était le cri haut perché de la Carcaradec sortant de la cuisine.

— Tout le monde veut vous voir aujourd'hui, on dirait. Mme Simoni a laissé ça pour vous.

Elle lui tendit un sac plastique épais de cinq centimètres et clos par du gros scotch marron. Ribenne comprit qu'il s'agissait des revues de Paulette, ou plutôt de Lestac, pour être précis. Il les coinça sous son bras et repartit à l'assaut de l'escalier en se disant que la buraliste avait eu raison d'en cacher le contenu par un emballage à toute épreuve.

— Attendez, c'est pas fini !

La Carcaradec venait de s'accrocher au bras de son locataire pour le retenir près d'elle.

— Quoi encore ? demanda celui-ci, en secouant la main pour la faire lâcher prise.

— Un autre monsieur est passé. Il m'a posé des questions sur vous. Mais je n'ai rien dit !

— Il a laissé son nom ?

— Dites donc, faudrait voir à ne pas me prendre pour une girouette ! grogna la femme, offusquée. Tout à l'heure, vous m'avez demandé de ne pas m'occuper de vos affaires, alors ne me reprochez pas de ne pas lui avoir demandé son nom !

Ribenne eut soudain une folle envie de donner deux baffes à sa logeuse. Il habitait la pension du Café Moderne pour sa vue sur le port, certainement pas pour la qualité de l'accueil. Leur différend remontait au jour où la Carcaradec avait vu pour la première fois Hélèna entrer avec Ribenne. Connaissant sa réputation, elle avait compris qui était la jeune femme et il avait dû négocier pour la faire monter dans sa piaule, en jurant ses grands dieux qu'il n'était pas proxénète, qu'il s'agissait de sa consommation personnelle et qu'il se portait garant de la bonne tenue de la demoiselle. Quand il y repensait, Ribenne s'en voulait d'être entré dans son jeu, et si c'était à refaire, il lui filerait deux claques pour la calmer. La même envie lui démangeait les doigts à cet instant.

La femme soutint son regard avec morgue et il se força à respirer un grand coup pour retrouver son calme.

— Je ne vous fais pas de reproche, je vous pose juste une question !

— Ah bon, je préfère, minauda la bonne femme en tortillant les doigts. Non, je ne l'avais jamais vu dans le coin. Mais avec tous ces métallos qui viennent de partout et de nulle part, on dirait bien qu'on n'est plus chez nous. Voilà ce que je dis, moi.

Pour avoir tenu de pareils propos, Ribenne ajouta mentalement dix claques à son compteur et s'engouffra dans l'escalier pour mettre le plus de distance possible entre elle et lui. Dans sa piaule, il jeta les lettres et le sac soigneusement scotché sur le lit, s'empressa de prendre une douche froide, puis revint s'allonger les fesses mouillées vers le plafond pour lire le courrier.

Dans la première enveloppe, sans surprise, la facture du mois. Il retourna la seconde, curieux de voir dans le coin le tampon du Café Moderne. Ça ne ressemblait pas au style de la Ténardière de lui donner deux enveloppes quand elle aurait pu tout mettre dans la même. Ribenne la déchira et déplia le papier. Ses yeux s'agrandirent comme la couche d'ozone en découvrant une seconde facture. De son écriture couchée, la Carcaradec avait ajouté « en votre aimable règlement, pour la Souris ».

La Souris !

Ribenne sauta hors du lit d'un coup de reins formidable, enroula une serviette à sa taille, ouvrit la porte qui alla cogner contre le mur en laissant un trou dans le plâtre. Il dévala l'escalier, tenant l'enveloppe devant lui comme un étron trouvé dans sa chaussure. La colère l'empêcha de remarquer la tête ébahie d'Élise, amusée de son apparition en dieu grec, le torse luisant et la taille ceinte d'une serviette cachant à peine l'essentiel.

— C'est quoi cette connerie, Mme Carcaradec ?

Celle-ci écarta les doigts devant les yeux pour évaluer le danger avant de baisser les mains pour de bon.

— C'est la facture de tout ce que me devait la Souris.

— Et qu'est-ce que j'en ai à foutre, hein ? Il boit, il paie ! Je ne vous dois que sa tournée d'hier, rien d'autre.

— Je m'excuse, M. Ribenne, se risqua la pauvre femme, mais vous lui avez dit que vous payiez tout ce qu'il me devait. Il était en retard de deux mois.

— Mais j'ai dit que je payais sa tournée et celle de ses copains, pas ses dettes !

— Je m'inscris en faux ! Je m'inscris en faux ! s'emporta la femme, vexée de voir sa probité mise en cause.

Ribenne aurait voulu la faire taire, ne supportant pas cette expression ringarde qu'elle lançait sur le ton outré d'une nonne subissant l'assaut pressant de son confesseur, mais préféra déchirer la facture en lançant les petits bouts de papier en l'air.

— Je vous jure que vous l'avez dit, M. Ribenne. J'ai des témoins ! Trois en plus ! Ne payez pas, mais je dirai tout à la Souris.

Arcboutée au zinc du comptoir, la logeuse était en train de reprendre du poil de la bête, car son argent durement gagné était en danger. Ribenne se retint de l'agonir d'injures, et d'un geste impérial se détourna pour remonter les marches sans ajouter un mot. Une sortie de scène vaut parfois mieux qu'une mauvaise réplique. La porte de la chambre claqua dans son dos. Une applique en forme de bougie se détacha du mur dans le couloir.

Fatigué, il s'allongea sur le lit et, apercevant par terre le paquet préparé par Paulette, le ramassa et se mit sur un coude pour l'ouvrir. Le réconfort était à portée de mains. À peine le scotch déchiré, plusieurs revues glissèrent, étalant leurs couvertures glacées.

D'un coup, le visage de Ribenne devint blanc de surprise, puis jaune de dépit. Il se laissa tomber à la renverse, les bras hors du lit, la poitrine tendue vers le plafond et lança un ultime cri de rage :

— Lestac ! Pauvre con !

Et Ribenne balança d'un coup de pied les numéros de *La Vie financière* à travers la chambre.

Mardi

I

À la troisième sonnerie, Ribenne se mit sur un coude et repoussa le drap pour trouver son portable caché entre les plis. Il n'avait aucune idée de l'heure. Les rideaux laissaient filtrer un simple rai de lumière sur le sol. Il réprima un bâillement en se concentrant sur la voix pour identifier son interlocuteur, mais sans succès.

— Ribenne ?

— Qui le demande ?

— Jamais foutu de répondre à une question ! Faut toujours que tu biaises, hein ?

Le détective laissa retomber sa tête sur l'oreiller en reconnaissant le lieutenant Dorking. Se faire réveiller par le plus con des flics de cette ville égalait les sept plaies de l'Égypte.

Devant son silence, le flic enchaîna :

— C'est Dorking, à l'appareil ! Il est 9 heures ! Tu te crois dimanche pour roupiller comme ça ? Pendant que tu ronfles, il y a des chiens qui se font écraser dans cette ville et tu n'es même pas là pour retrouver les coupables. Quel dommage quand même pour ta carrière !

Ribenne reconnut l'esprit du Dorking des grands jours. Con, bête, sans humour et méchant. Il décida de jouer un peu avec lui.

— Pour les chiens écrasés, mon pote Leghorn me disait toujours : « J'ai un lieutenant au poil pour ça. Il a le flair d'un cocker et la gueule d'un bouledogue. En plus, il me rapporte le journal. »

— Espèce de connard de détective ! Je t'interdis de me parler comme ça. Je vais te faire coffrer un de ces jours pour outrage à officier de police. Et c'est pas Leghorn qui pourra quelque chose pour toi vu où il est en ce moment. Son remplaçant est arrivé hier et elle n'a pas l'air de prendre des pincettes pour parvenir à ses fins.

Les derniers mots transpercèrent la poitrine de Ribenne. Il se redressa et rapprocha le portable pour parler.

— C'est une femme ?

— Ben oui, comment t'as deviné ? Et pas une facile, on dirait. Elle va te mater le cul. Finis tes petits arrangements avec le patron.

Avant de répondre, Ribenne se mit debout, s'approcha de la fenêtre, puis se gratta une fesse.

— Et les tiennes, Dorking ? Tu veux qu'on en parle avec elle, de tes petites magouilles ?

Un silence électrique s'installa à cet endroit de la conversation, le temps pour le lieutenant de peser les propos du détective. Ce n'était pas la première fois que Ribenne le menaçait de la sorte en disant tenir le tuyau de Leghorn. Faut croire qu'il visait juste, car Dorking prenait peur à chaque fois.

— C'est du bluff, ton truc. J'y crois pas une seconde. T'as rien contre moi.

— Alors, pourquoi je sens d'ici que tu transpires comme un faon devant une meute de loups ?

— Je vais te casser, Ribenne, ne tombe jamais entre mes mains.

Celui-ci s'éloigna de la fenêtre pour aller pisser tout en continuant d'exciter le flic.

— Rassure-moi, l'État ne paie quand même pas un policier de ton talent pour réveiller les honnêtes citoyens ?

— T'as quoi comme voiture en ce moment ?

— Elle n'est pas à vendre.

— Mais j'en ai rien à foutre, bon Dieu ! Elle n'est même pas à toi.

Concentré sur la trajectoire de sa miction virile, Ribenne ricana :

— J'ai deviné. T'as cassé la tienne et tu cherches l'adresse d'une bonne agence de location, c'est ça ?

— Si tu ne réponds pas une bonne fois pour toutes à mes questions, j'envoie une patrouille t'embarquer !

— Ah oui ? Pour quel motif ? Envoie tes gars, je serai prêt dans cinq minutes.

— Tu me fais chier, Ribenne. Je vais te dire, moi, de quelle couleur est ta voiture. C'est une Punto blanche. Alors écoute bien ce qui va suivre. Un cinglé de chauffard a failli écraser une mère et son gosse à Méan, hier, et parmi tous les témoins de la scène, il y en a un qui t'a reconnu. Il a même tapé sur ta vitre, mais t'as déguerpi comme un lâche.

Une peur rétroactive glaça le dos de Ribenne. Il se rappelait parfaitement une main frappant son carreau, mais n'aurait jamais cru être reconnu. Un sixième sens lui conseilla de la jouer en douceur sur ce coup. Dorking était peut-être un con de classe mondiale, mais il restait un flic.

— T'es tombé dans les pommes ou tu cherches déjà un avocat dans les Pages Jaunes ? s'impatienta le lieutenant.

— Je t'écoute, je t'écoute, mais je ne vois pas de quoi tu parles. Tu te trompes, je n'étais pas à Méan hier.

— Tu dis que mon témoin ment, c'est ça ?

— Je dis qu'il a dû se tromper de bonhomme. Des Punto blanches, il y en a des dizaines dans cette ville.

— Bon, je vais en reparler à mon témoin. Tu ne veux pas savoir qui c'est ?

Ribenne prit le temps de réfléchir. Dire oui, c'était reconnaître implicitement les faits, et dire non, c'était se priver d'un renseignement pour la suite. Il décida de biaiser.

— Vas-y, donne-moi son nom. Tu sais aussi bien que moi que son témoignage ne vaut rien. Comment pourrait-il reconnaître un chauffard ? Par définition, le mec roulait comme un bolide. D'ailleurs, si tu étais si sûr de toi, tu m'aurais déjà convoqué au commissariat. C'est du bluff, mais je t'écoute.

— Mon témoin est une témoin, Ribenne. C'est la commissaire Brakel. La remplaçante de Leghorn.

Une boule noua l'estomac du détective. Pas parce que le témoin était un flic. Mais parce que la commissaire l'avait reconnu alors qu'ils ne s'étaient pas encore rencontrés. Ça voulait dire que dès son premier jour, elle avait étudié son dossier et vu sa photo. Pourquoi tant d'empressement ? Il se persuada sur-le-champ que Dorking n'était pas pour rien dans cette affaire. Le flic avait dû lui dresser le portrait des empêcheurs de tourner en rond et Ribenne était dans le lot. Si la nouvelle commissaire était à la hauteur de sa réputation, il devina qu'il allait manger du pain noir. Dorénavant, il lui faudrait marcher sur du velours.

Mais pour l'heure, la priorité était de se débarrasser du flic.

— Tu sais, Dorking, Leghorn avait raison. Pour les chiens écrasés, t'es vraiment le meilleur ! Ouaf ! Ouaf !

*

Une demi-heure plus tard, les joues rasées de près, l'haleine fraîche et les gonades emballées dans un slip propre, le détective apparut dans la salle du Café Moderne, prêt à passer aux choses sérieuses. Et elles avaient un nom : Mécanistyl.

Élise était en train de ranger les tables suite au rush de l'embauche. Ribenne trouva son sourire enjôleur et le reste de sa personne à l'avenant.

— Alors, vous n'avez pas encore mis votre projet à exécution ? glissa-t-il en passant à côté d'elle.

— J'attends encore une semaine pour gonfler mon bas de laine et ensuite, je lève l'ancre avec mon copain. Tenez, on a reçu ça pour vous, tout à l'heure.

Élise lui tendit une carte postale représentant le sous-marin *Espadon*, premier bâtiment français à avoir traversé le pôle Nord sous la glace et transformé en 1987 en musée à Saint-Nazaire.

— Pour moi ?

— Si vous vous appelez bien Ribenne, c'est pour vous. Si vous n'en voulez pas, je piquerai le timbre pour mon copain et j'accrocherai la carte avec les autres à côté de la caisse. Ça changera des paires de fesses bronzées qu'envoient les habitués pendant leurs vacances.

Ribenne retourna la carte et fronça les sourcils en découvrant le nom de l'expéditeur : Leghorn ! Éberlué, il lut à voix haute le texte écrit en pattes de mouche, marque de fabrique indubitable du commissaire.

Salut, Ribenne, pour être sûr de trouver une carte postale, je l'ai achetée avant de partir. De toute façon, t'es comme moi, tu détestes ces simagrées de touristes. Alors, j'arrête là. Leghorn.

Pas un mot sur son voyage, le temps ou les paysages, mais des considérations aimables sur ses semblables. Et surtout, un timbre péruvien en haut à droite attestant l'origine de l'expédition de la carte postale, malgré une oblitération illisible.

— Elle vient du Pérou, dit Élise en montrant le timbre avec l'ongle. Je peux vous demander quelque chose ?

— Bien sûr.

— Mon copain collectionne les timbres. Je suis sûr qu'il n'a pas celui-ci. Vous voulez garder la carte postale ?

— La carte, oui, mais pas le timbre, je vous le donne, répondit-il en s'emparant d'une paire de ciseaux posée près de la caisse pour découper le coin de la carte.

— Merci. C'est super gentil.

Puis la jeune femme glissa le bout de carton dans la poche arrière de son jean et retourna travailler. Ribenne prit la poudre d'escampette en imaginant son pote Leghorn en train de danser la marinera avec un bonnet en poils de lama sur la tête. Mais à peine eut-il mis un pied dehors que son portable vibra. Il décrocha et la voix de Cécile Foulon résonna dans son oreille. Il en reconnut tout de suite la tinte métallique, légèrement sifflante en fin de phrase. L'appréhension le figea sur place en l'écoutant parler.

— Détective Ribenne ? Cécile Foulon à l'appareil.

— Bonjour.

— Je vais être brève. Je voudrais vous parler en privé, hors de chez moi.

Il prit le temps de soupeser la proposition avant de répéter :

— En privé, c'est ça ?

— Oui, seuls, en tête à tête. Ça vous dérange ?

— Non, non, pas du tout. Je ne m'attendais pas à cette demande après la façon dont nous nous sommes quittés hier, c'est tout.

— Vous êtes rancunier, c'est ça ? Une femme vous fiche à la porte et c'est votre amour propre qui s'en trouve blessé ?

— Vous vous trompez, temporisa-t-il pour éviter un nouvel incident diplomatique. Je m'en veux encore d'avoir été grossier.

— J'ai du mal à le croire. Un détective doit en voir de toutes les couleurs et sans doute bien pires que celle-là. Quant à en faire, je n'en parle même pas.

— C'est vrai. Mais ce n'est pas dans mes habitudes de m'en prendre à une femme sans défense.

— Sans défense, dites-vous ? Je suis handicapée, certes, mais je suis encore capable de me défendre. C'est justement de ça dont je voudrais vous parler. J'ai commandé un taxi, il ne va pas tarder. Je dois me rendre à l'église pour participer à un groupe de prière. Rejoignez-moi au plus vite à Saint-Gohard, vous voulez bien ? Nous y serons tranquilles.

Saint-Gohard ! L'information fit à Ribenne l'effet d'un coup de gourdin sur le crâne. Il grimaça en réalisant qu'il allait devoir mettre sous silence ses propres convictions pour entrer dans l'église, mais l'idée de n'avoir plus Paulette sur le dos à chaque fois qu'il prendrait son café, était à prendre en compte. Cependant, il trouvait plutôt légère l'excuse de Cécile Foulon pour exiger un tête à tête, son engouement pour la matière religieuse cadrait mal avec son style et son tempérament ; mais Ribenne se ravisa en songeant que, par définition, les chemins du bénitier étaient empruntés par toutes sortes de grenouilles.

Malgré lui, son cerveau se mit en alerte rouge.

— Il vous arrive quelque chose de grave ? fit-il, les muscles du dos tendus à l'extrême.

— J'ai tué mon mari.

Mardi

II

Le cœur battant la chamade depuis la révélation de son crime par Cécile Foulon, Ribenne se gara devant l'église Saint-Gohard et tira férocement sur le frein à main. Sans un regard pour la façade blanche ou le clocher pointu, il avala les quelques degrés menant à la double porte en bois, mais à l'instant où sa main allait pousser le battant, un homme jaillit devant lui, manquant de le renverser. Le type s'excusa en anglais avant de sauter les marches d'un seul bond, de se glisser entre les voitures garées en épis, d'échapper aux roues d'un bus en traversant le boulevard pour disparaître au premier coin de rue. Puis Ribenne entra.

L'odeur entêtante de l'encens et de la cire encaustique emplit aussitôt ses narines, l'obligeant à se pincer le nez, puis une sensation de froid mêlée à l'humidité des murs se glissa sous sa peau. Le souvenir qu'il gardait de l'église où ses parents le traînaient quand il était môme n'avait pas pris une ride. Pour les uns, c'était la preuve de l'intemporalité du message évangélique ; pour les autres, c'était celle de son décrochage avec la société ; Ribenne, lui, s'en tamponnait le coquillard comme de l'an quarante.

Il cilla pour habituer ses yeux à la pénombre. Cécile Foulon avait placé son fauteuil au bout d'une rangée de chaises accrochées ensemble par les barreaux, à droite de la nef, à proximité d'un confessionnal. Ses cheveux étaient remontés en chignon démodé sur le sommet de son crâne, son profil sec se découpait en ombre chinoise sur le mur et ses mains tenaient un missel en équilibre sur le dossier de la chaise devant elle.

À cet instant, un vieux curé sortit du confessionnal, l'air hagard et la mine défaite. Son pas semblait mal assuré, comme s'il venait de faire plusieurs tours sur lui-même à la façon d'une toupie. Sans vraiment distinguer les traits de son visage, Ribenne devina une grande angoisse dans sa manière de tordre les lèvres. L'homme s'arrêta à hauteur de

Cécile Foulon et lui chuchota quelques mots, la main en coquille près de l'oreille. Elle acquiesça de la tête, en silence, et le curé tourna les talons sans avoir retrouvé son équilibre normal.

Ribenne attendit de le voir disparaître pour s'avancer vers elle. Elle l'apostropha aussitôt :

— Avez-vous croisé un homme en entrant ?

— Oui. Il a failli me renverser. Vous le connaissez ?

— Pas le moins du monde. Mais le Père Immelman est complètement chamboulé d'avoir entendu sa confession. Il m'a juste dit que c'est un Américain. Je n'avais encore jamais vu le curé dans cet état auparavant.

— Il y a peut-être plus urgent à régler comme problème, vu ce que vous m'avez annoncé, grinça Ribenne, surpris de la voir se préoccuper d'abord du curé.

Elle fronça les sourcils et pinça la bouche.

— Je vous ai fait venir car vous êtes le seul capable de m'aider. Je suis dans la merde ! lâcha-t-elle à mi-voix en détournant la tête. Je suis sûre d'avoir tué mon mari.

Prononcé une deuxième fois en un quart d'heure, l'aveu eut le même effet sur Ribenne. Les mots prirent la force d'un avion s'écrasant au sol. Une chape de plomb tomba sur ses épaules. À côté de lui, Cécile Foulon restait impassible, la tête penchée sur le plaid recouvrant ses jambes, les lèvres pincées et le menton tremblant. Dans un élan mimétique inconscient, Ribenne bascula le buste d'avant en arrière, hésitant sur la conduite à tenir devant pareille révélation. Jamais jusqu'à ce jour, il n'avait recueilli l'aveu d'un semblable crime, et il n'avait aucune idée de l'attitude à adopter face à une criminelle de cet acabit. Il lui sembla que Cécile Foulon, tout en ayant commis un meurtre bien banal, ne présentait pas les dehors d'un assassin ordinaire.

— Vous l'avez tué de sang-froid ? finit-il par demander avec difficulté.

— Non, j'étais en légitime défense. Et il avait bu.

Le détective laissa échapper un soupir de soulagement.

— Il vous a attaquée, c'est ça ?

— Tout est allé très vite, s'emporta-t-elle en repoussant un coin de la couverture. Il voulait me prendre par le cou, j'ai eu peur, j'ai attrapé ce qui me tombait sous la main, c'était un couteau, et je l'ai frappé

— Combien de fois ?

Elle haussa les épaules.

— Combien de fois ?

— Une seule.

— Vous êtes sûre ?

— Vous êtes détective ou procureur ? persifla-t-elle.

Il la fixa sans répondre. C'était bien là toute la question.

— Et vos filles ?

— Elles étaient à l'école quand ça s'est produit. Laissez-les en dehors de tout ça, vous entendez ?

— Je pose seulement des questions. Où est le corps ?

— Je ne sais pas.

Ribenne ne put s'empêcher de la fixer, incrédule. Depuis le début, Cécile Foulon répondait sur ce même ton détaché, distant, neutre. Aucune de ses paroles ne semblait sortir de sa gorge avec difficulté, même les plus dramatiques. Elle donnait l'impression de s'être mise à distance des choses, de les avoir poussées sur un coin de table pour ne plus les avoir devant les yeux.

— Vous pouvez répéter ? demanda-t-il, doutant toujours de la réponse entendue.

— Je-vous-ai-dit-que-je-ne-sais-pas-où-est-le-corps-de-mon-mari.

— Mais c'est impossible ! s'exclama Ribenne, les mains ouvertes devant lui en signe d'incompréhension.

Sa voix résonna dans la nef, faisant tourner la tête à deux vieilles dévotes qui chuchotèrent entre elles.

— Pas si fort, on va nous entendre, le gronda Cécile Foulon.

— Mais c'est impossible, répéta Ribenne plus bas. Pour qu'il y ait meurtre, il faut un cadavre.

— Mon mari s'est enfui aussitôt et je ne l'ai pas revu. Je ne sais pas où il est à l'heure où je vous parle.

— Mais il n'est peut-être pas mort, alors ? Il a sans doute trouvé refuge quelque part.

— C'est vous le détective, à vous de me le dire. Moi, j'ai donné un coup pour le tuer, le reste ne me concerne pas.

— Pour le tuer ou vous défendre ?

— Ne cherchez pas à me coincer, Ribenne. Je n'aime pas vos sous-entendus. Je vous le répète, pour me défendre. Je me moque de savoir où il est.

— Mais comment pouvez-vous dire ça ? On parle de votre mari, Mme Foulon, pas d'un inconnu.

— Si, justement, il m'est devenu inconnu. Quand je l'ai vu se diriger vers moi, les yeux rouges et fixes, j'ai vraiment eu peur. Ce n'est pas mon mari qui me regardait avec ces yeux inquiétants, mais une bête.

Puis elle pencha la tête et répéta, de manière presque inaudible :

— Oui, une bête.

Le silence se fit entre eux, un silence épais, palpable, coupant les doigts si on prenait le risque de le briser. Ribenne laissa filer plusieurs minutes pendant lesquelles il convoqua la mémoire du commissaire Leghorn à la rescousse, et quand une idée traversa enfin son esprit, il se prit à croire aux miracles.

— Et la pêcherie ? Il est sans doute caché dans sa pêcherie ?

— Je vous ai fait venir pour que vous me disiez quoi faire, pas pour subir un interrogatoire. Dois-je aller à la police ? Me dénoncer par téléphone ? Ne rien dire serait immoral, n'est-ce pas ?

Ribenne ne l'écoutait plus. Il imaginait la fuite désespérée de son mari, blessé à…

— Au fait, vous l'avez touché où ?

— Au ventre.

… blessé au ventre, pour essayer de deviner où il avait pu trouver du secours. Puis d'une main lasse, il frotta son crâne lisse et la laissa retomber sur sa cuisse.

— Je vais aller jeter un coup d'œil à la pêcherie, il n'a pas pu aller plus loin, lâcha-t-il sans conviction.

— Vous allez perdre votre temps. Du salon, j'ai une vue plongeante sur cette cabane immonde et le cadenas est encore sur la porte. Je ne vois pas comment il aurait pu le remettre de l'intérieur.

— Mais il est forcément quelque part ! Qu'allez-vous dire à vos filles ?

— Je vous ai demandé de les laisser en dehors de tout ça.

— C'est impossible. Imaginez qu'elles le découvrent avant nous.

L'idée fit passer un voile de terreur sur le visage étroit de la femme.

— La vérité, articula-t-elle difficilement. Leur père était saoul, il a voulu m'étrangler, je me suis défendue.

— Vous ne pouvez pas leur dire ça. Je ne vous comprends pas, madame. Que vous ayez du ressentiment à l'égard de votre mari, je le conçois, mais vos jumelles ne doivent pas en pâtir. C'est ce que je crois, en tout cas.

— Quand j'aurai besoin de conseils sur l'éducation de mes filles, je vous ferai signe, répliqua Cécile Foulon en balayant l'air d'un revers de main dédaigneux. Je vous ai appelé pour me sortir de ce merdier. Alors, aidez-moi. Un détective doit savoir comment faire dans ce genre de circonstances, non ? Je me dénonce ou j'attends que Gérard le fasse ?

— Vous pensez qu'il en serait capable ?

— Je ne pense plus rien. J'attends vos lumières.

Ribenne reporta son regard sur le fond de la nef et se concentra sur la fuite de Foulon. S'il n'était pas dans la pêcherie, il avait forcément trouvé refuge ailleurs pour se faire soigner. Un médecin, peut-être.

Soudain, la solution lui traversa l'esprit, évidente après coup, la seule capable d'expliquer qu'il ait pu disparaître si vite malgré une profonde blessure : Gaspard Joutd !

— J'ai une idée pour votre mari, dit-il en se penchant, un sourire non dissimulé accroché aux lèvres. Vous savez, le père de Lestac est une sorte d'herboriste, de guérisseur, un truc dans le genre. En sortant de chez vous, votre mari a appelé Lestac qui est venu le chercher en vitesse pour le faire soigner à la campagne, ni vu ni connu.

— Je me moque de l'endroit où se trouve Gérard. Je vous répète que je veux savoir ce que je dois faire, moi, maintenant.

— Votre mari ne vous dénoncera pas. Il est entre de bonnes mains. Je prendrai de ses nouvelles en sortant. Vous, vous ne dites rien, vous ne bougez pas, vous faites comme s'il ne s'était rien passé.

Les derniers mots arrachèrent un petit rire nerveux à la femme. Ribenne esquissa un geste pour se lever, mais elle le retint en posant une main sur la sienne.

— Merci. Vous savez garder votre sang-froid et vous êtes de bon conseil. Tout le contraire de moi. Je n'étais pas comme ça avant l'accident, je veux dire, je n'avais pas ce caractère. Parfois, je ne me reconnais plus moi-même. Lunatique, froide, autoritaire. Je me maudis ! Je fréquente cette église depuis six mois dans l'espoir d'y trouver le réconfort qu'elle promet. J'attends toujours. Mais bon, ça me sort un peu. Je l'ai choisie parce qu'elle n'est pas dans mon quartier, je suis sûr au moins de ne rencontrer personne.

— Je dois partir. Je dirai à Lestac de faire téléphoner Gérard à ses filles.

Ribenne se leva, prit la main que Cécile Foulon lui tendit et la serra doucement. Dans son dos, le Père Immelman revenait dans le confessionnal où une vieille femme vêtue de noir l'avait précédé. Le détective se retourna pour le regarder faire, hésita quelques secondes, puis se jeta à l'eau :

— Pourriez-vous me rendre un service à votre tour ? demanda-t-il d'un ton gêné en se penchant vers Cécile Foulon.

— Comment pourrais-je bien vous aider dans ma situation ?

Ribenne résuma en quelques mots choisis la mésaventure de Paulette et lui demanda de s'assurer que le curé avait bien retrouvé le billet destiné à son amant.

— Il s'agit d'une de vos enquêtes, n'est-ce pas ? Vous faites vraiment un métier passionnant, Ribenne, ironisa-t-elle.

*

Au téléphone, Lestac confirma au détective avoir reçu un coup de fil affolé de Foulon, l'obligeant à quitter son boulot en catastrophe, s'engueulant au passage avec Gutzeit qui voulait connaître la raison de ce départ inopiné. Le métallo avait refusé de s'expliquer, s'attirant la promesse de mesures de rétorsion à son retour.

Foulon attendait Lestac, plié en deux, la veste souillée de sang, dans un coin discret du jardin de l'immeuble. Il avait le visage blême et la bouche grimaçante, mais avait refusé que Lestac l'emmène à l'hôpital, le suppliant de le conduire chez son père dont il connaissait la réputation de guérisseur. Lestac dit à Ribenne qu'il avait cédé, mais que si Gaspard s'était révélé impuissant à soigner la blessure, il aurait emmené Foulon de gré ou de force à l'hôpital. Finalement, en découvrant la plaie, Gaspard avait rassuré les deux hommes. Le couteau avait entaillé le côté du ventre sur trois centimètres à l'endroit où la chair est épaisse. Le sang était abondant, mais la blessure sans gravité. Lestac ajouta que Foulon était dans un état psychique fragile, conscient que ses torts dans cette affaire étaient aggravés par l'usage de l'alcool et qu'il ne s'était toujours pas remis du grave accident de Cécile. Foulon avait fait un récit des faits quasi similaire à celui de sa femme, mais avait refusé de la dénoncer.

— O.K., on reparlera de tout ça à la débauche, là j'arrive à Mécanistyl, trancha Ribenne pour mettre fin à la conversation.

L'entreprise avait en charge la fabrication en série des 4 632 portes en plastique de cabines de paquebots. Elles étaient moulées en Chine pour être équipées ensuite en France. La première livraison était imminente, ce qui expliquait que l'unité de Brais tournait avec une trentaine de salariés dont deux tiers d'intérimaires. Garé devant, Ribenne passa une bonne heure à ressasser les soucis qui lui taraudaient l'esprit, le départ d'Alèna et ses engueulades avec la Carcaradec.

Vers 11 heures, un car déboucha dans la rue derrière lui, mais il n'y prêta pas garde sur le moment. Ce n'était pas le premier à passer. Il s'agissait d'un car de tourisme, prévu pour les longs parcours avec toilettes, télé et climatisation. Dans le rétro extérieur, il le regarda rouler dans sa direction et une fois arrivé à sa hauteur, il reprit la lecture d'un *Ouest-France* de Paulette.

Quand Ribenne ferma le journal et redressa la tête, il ne comprit pas tout de suite ce qui se passait.

Le car était arrêté sur le côté de la rue, devant lui, en double file. Ribenne crut au début qu'il ne pouvait plus avancer en raison d'un encombrement au rond-point. Il promena son regard sur l'arrière du bus et s'amusa à déchiffrer les slogans écrits sur la carrosserie dans une langue étrangère. Puis ses yeux passèrent sur la plaque d'immatriculation. Le symbole lui sauta aux yeux : RO. Roumanie. Il se redressa aussitôt, les mains serrant nerveusement le volant. La présence d'un car de tourisme dans cette zone industrielle qui n'abritait aucun hôtel lui parut d'un seul coup étrange.

Soudain, le véhicule se remit en marche, mais plutôt que de poursuivre sa route, il tourna à droite et s'engouffra dans le parking bitumé de Mécanistyl. Les intérimaires étaient sortis des hangars et attendaient en fumant, appuyés contre le côté ombragé de la façade métallique du bâtiment. L'un d'entre eux s'avança au milieu de la cour et moulina l'air de ses bras pour aider le chauffeur à manœuvrer. Quand le moteur fut éteint, le chauffeur ouvrit la porte avant et laissa close celle de l'arrière. Il sortit au soleil, suivi de ses compatriotes.

Ribenne les compta au fur et à mesure de leur descente : quarante-huit. Leur premier geste fut de mettre la main en visière pour se protéger du soleil, le second d'allumer une clope, le troisième de pisser contre une haie.

Aucune femme ne complétait le groupe. Ils avaient tous des têtes de déterrés, une barbe de trois jours et des vêtements froissés. Certains restèrent plantés au milieu de la cour, d'autres se mirent à tourner en rond pour se dégourdir les jambes, sous le regard des employés de Mécanistyl discutant entre eux.

À cet instant, un homme sortit des bureaux et se dirigea vers le groupe d'un pas athlétique. Le jeune cadre dynamique dans toute sa splendeur. Costume Armani, cravate Paul Smith, chaussures Jourdan, sourire de faux-cul, compte épargne-temps. Il serra la main du chauffeur et ils échangèrent quelques mots. Aux Roumains postés à deux mètres de lui, le cadre ne dit ni merde ni bonjour. Ribenne le vit hocher plusieurs fois la tête après la lecture d'un papier tendu par le chauffeur et jeter des regards rapides vers le groupe d'hommes silencieux. À la fin, il fit signe aux intérimaires de retourner bosser tandis qu'à l'un d'eux, il signifia de s'approcher avec un carton vide dans les bras. Sur un nouvel ordre du cadre, l'employé passa devant chaque Roumain qui déposa dans le carton un objet pris dans sa poche sans que Ribenne ne puisse voir ce que c'était. Une fois la collecte finie, le responsable de Mécanistyl prit la boîte, en examina le contenu et rentra dans les bureaux avec. Pendant ce temps, les types reprirent mollement leurs cent pas, un mégot aux lèvres, s'éparpillant autour du car, sans un mot entre eux ni à l'adresse du chauffeur.

Après plusieurs minutes d'attente, le cadre reparut et donna l'ordre à tout le monde de remonter dans le car. Pour la première fois depuis leur arrivée, certains Roumains se mirent à parler au chauffeur qui balaya l'air devant lui d'un geste d'impatience leur indiquant de monter dans le bahut sans traîner. Les derniers à obtempérer brûlèrent la fin de leur cigarette en une seule fois, jetèrent le mégot, puis rentrèrent la tête basse au moment où le cadre s'excitait sur le klaxon de sa Mercedes. Le chauffeur lui fit de grands signes d'excuses, puis la Mercedes démarra et le car sortit de la cour derrière elle. Ribenne lança aussitôt le moteur de la Punto, décidé à leur filer le train, et prit place dans la circulation en ayant soin de laisser deux véhicules de distance.

Une fois sorti de la zone industrielle de Brais, l'envie le prit de partager son plaisir avec quelqu'un. Depuis le début de l'affaire, c'était la première fois qu'il se passait quelque chose en rapport avec Mécanistyl, et une forme d'excitation puérile agitait tout son corps. L'enquête prenait corps et ça le rassurait. Il appela Lestac pour le tenir au courant.

Après deux coups dans le vide, il l'eut en ligne.

— Ribenne à l'appareil. J'ai attrapé un poisson.

— Gros comment, le poisson ?

— Gros comme un car rempli de cinquante ouvriers bien dociles qu'on conduit au bercail.

— Putain, ils n'ont pas perdu de temps ! Ça veut dire que la livraison ne va pas tarder. Et t'es où, là ?

Ribenne plissa les yeux quand un rayon de soleil vint frapper le pare-brise, l'obligeant à changer le portable d'oreille.

— On a quitté la zone de Brais. On va arriver à un rond-point. J'ignore où on va.

— Ne le lâche surtout pas, il faut savoir où logeront les gars, et je…

— Merde ! jura Ribenne.

Il lâcha le portable, fit semblant de se gratter l'oreille, mais un gendarme sorti de nulle part lui signifia de se ranger sur le bas-côté. Le véhicule réglementaire était caché dans un chemin perpendiculaire.

— Écoutez, je suis désolé, gémit Ribenne à l'adresse du militaire quand celui-ci s'approcha de la vitre baissée. Vraiment désolé. Dressez-moi une amende, je ne conteste pas les faits, qu'on en finisse, je suis pressé.

À l'instant où il prononça ce dernier mot, Ribenne comprit son erreur. La règle de base quand on se fait alpaguer, lui avait un jour expliqué Leghorn, c'est de ne pas montrer d'impatience. L'homme en uniforme est un contemplatif. Il cajole le temps qui passe. Son autorité ne prend pas racine dans le ton de sa voix, sa posture, son uniforme, mais dans le temps qu'il prend pour s'occuper de sa victime. Son autorité n'a de sens que si elle dure.

Au bout d'un quart d'heure, Ribenne sortit du fourgon, lesté de 35 euros et de deux points de permis. Il remonta en voiture et reprit la route tranquillement, puis une fois les petits points bleus disparus dans le rétro, il écrasa le champignon, mais sans réussir à rattraper le car. Trop de temps s'était écoulé ; le chauffeur avait pu aussi bien continuer tout droit que tourner à un croisement. Fou de rage, Ribenne hurla par la vitre restée ouverte pour libérer l'énergie contenue dans ses nerfs, roula une bonne demi-heure dans l'espoir de tomber sur le car au hasard d'une route, puis fit demi-tour pour rentrer au bercail, la queue entre les jambes.

Il se décida à rappeler Lestac pour lui annoncer la mauvaise nouvelle. Est-il nécessaire de préciser que l'idée d'arrêter la Punto ne lui vint même pas à l'esprit ?

Ribenne hurla au téléphone :

— Je me suis fait gaulé par les gendarmes et j'ai perdu la trace des Roumains, bordel de merde !

— Bah, laisse tomber. On saura bien un jour ou l'autre où ils crèchent.

Ribenne n'eut pas le temps de répondre qu'un flic se jeta au milieu de la chaussée cinquante mètres devant la Punto pour lui intimer l'ordre de se rabattre. Il éructa tel un âne en comprenant qu'il était en train de se faire alpaguer au même endroit que tout à l'heure. Un 4×4 garé sur le bas-côté lui avait caché la voiture des flics stationnée dans le même chemin perpendiculaire.

Le brigadier-chef Hervé écarquilla les yeux d'étonnement en reconnaissant sa proie.

— Détective Ribenne ! Quelle surprise ! Vous vous ennuyiez de la maison poulaga, c'est ça ?

— J'aimerais bien, mais je n'ai pas le temps. C'est que je bosse, moi, chef.

— Je dois le prendre comment, le « moi », à la fin de votre phrase ? se vexa le flic.

— Comme un hommage, ironisa Ribenne avant de détourner la conversation. Dorking m'a dit que la remplaçante de Leghorn était une pro de chez pro. C'est vrai ?

— C'est ce qu'on pourrait appeler une femme qui en a. Je sais que Dorking lui a parlé de vous, il s'en est vanté toute la journée, mais aucune idée de ce qu'il a dit.

Le flic s'accouda à la Punto en lorgnant son collègue penché sur une carte étalée sur le capot avant du 4×4 avec deux touristes autour.

— Ne vous fiez pas aux apparences, détective. On bosse nous aussi, même si on n'a pas besoin de se décarcasser sur cette route. Ça tombe tout seul. Excès de vitesse, portable, ceinture… Vous savez comment on l'appelle ce tronçon ? L'Eldorado, parce que l'État y fait de l'or ! Vous vous rendez compte, le coin plaît tellement qu'on a dû passer un accord avec la prévôté.

Chacun son tour, à raison d'un roulement toutes les quatre heures. Au fait, on fait comment pour votre téléphone ? On dit que vous appeliez Leghorn et on passe l'éponge ? À propos, vous avez de ses nouvelles, vous ? Moi, je n'arrive pas à l'imaginer en train de crapahuter dans les montagnes du Pérou.

La remarque fit revenir Ribenne sur terre.

— Pourquoi vous n'y croyez pas ?

— Parce que Leghorn, je l'ai toujours imaginé prendre sa retraite dans une île irlandaise, assis à l'avant d'un quatre mètres, en train de passer ses journées à pêcher. Ou alors, c'est parce que je fais un transfert.

Ribenne fronça les sourcils, trouvant le brigadier-chef Hervé bien étrange. Le flic avait les paupières grises, les yeux vitreux, les lèvres blanches. Il était plus près de l'arrêt de travail que de la médaille du Mérite.

— Un transfert ?

— Mais oui, vous savez, quand on projette chez les autres des trucs qu'on voudrait pour soi.

— Eh bien, détrompez-vous, il m'a envoyé une carte postale du Pérou.

— Ah bon. Ben, je transfère alors.

À cet instant, son jeune collègue les interrompit en plaçant la carte routière devant eux. Ni Ribenne ni Hervé ne l'avait entendu s'approcher. À l'écart, les deux touristes s'affairaient autour de leur 4×4 en grillant furieusement leurs cigarettes. Ribenne les observa de loin, mais rentra la tête dans l'habitacle quand son regard croisa celui du plus petit, franchement mal aimable.

— Chef, vous connaissez une ferme pédagogique dans le coin ? Il paraît qu'elle n'est pas très loin d'ici, mais moi, je suis trop neuf et ça ne me dit rien du tout, ajouta le jeune flic avec un accent fleurant bon le périphérique de la porte de Montreuil.

— C'est pour tes clients ? Ils n'ont pourtant pas la tête de touristes écolos.

— Ils ne sont pas écolos, ils viennent de Croatie, c'est la mode depuis la chute du mur. Oh, et puis merde, grogna le flic en repliant la carte, je ne suis pas le bonhomme Michelin, moi. Je rate des ventes pendant ce temps-là !

Intrigué, Ribenne intervint :

— Qu'est-ce que deux types comme eux peuvent trouver d'intéressant à une ferme pédagogique pour enfants ? Ils ont vraiment dit qu'ils étaient Croates ?

Devant le silence du brigadier-chef, son collègue se retourna et fixa Ribenne avec le regard d'un boucher auscultant une pièce de bœuf pour la débiter en steaks.

— C'est votre client et vous avez l'air de le connaître, alors je ne dis rien, reprit le jeune flic, mais je préfère quand chacun reste à sa place. C'est mieux pour tout le monde, lâcha-t-il à l'adresse de son collègue avant de s'éloigner sans regarder Ribenne.

— Ah putain, la jeune génération, grogna le brigadier-chef Hervé, c'est vraiment des casse-couilles. Vous ne savez pas, Ribenne, votre bonheur de jouer en solo. Au fait, je vous ai envoyé des types récemment. Vous les avez vus ?

— Oh que oui ! Et nous, si on se promettait de se voir une autre fois. Je vous jure de ne plus jamais téléphoner au volant, proposa le détective en regardant le 4×4 prendre le large.

— C'est bien parce que c'est vous. Mais en attendant, évitez Dorking ou les jeunes recrues, c'est tous des malades !

Ribenne le remercia d'un geste amical sans oser lui dire d'aller tout de suite s'allonger sur le divan d'un psy, puis appuya sur l'accélérateur afin de rattraper le 4×4 et ses passagers. Un septième sens l'avait mis en alerte en apprenant la nationalité des touristes. Roumains, Croates, il sentait la piste des travailleurs étrangers prendre forme.

Au détour d'un virage, Ribenne reconnut la voiture roulant à vive allure une centaine de mètres devant lui, et tout en restant à bonne distance, il accéléra pour pouvoir lire la plaque minéralogique. Plusieurs choses lui parurent d'emblée bizarres : la voiture était immatriculée à Paris, un autocollant portait le nom d'une compagnie de location et le passager n'arrêtait pas de se retourner pour l'observer.

Ribenne comprit trop tard qu'il venait d'être repéré. Le 4×4 pila devant la Punto dans un hurlement de pneus. Les deux Croates sautèrent de leur véhicule avant même que Ribenne n'ait eu le temps d'arrêter le sien. Sous l'effet de la peur, une sueur acide se mit à couler dans son cou et il se maudit d'avoir pris des risques inutiles.

La portière s'ouvrit et une poigne de fer attrapa son bras, puis il fut tiré dehors sans ménagement. L'homme qui l'avait arraché de son siège le plaqua contre la carrosserie ; c'était celui dont il avait croisé le regard un instant plus tôt. Petit, les cheveux noirs coupés courts, son visage était marqué de rides profondes qui lui donnaient un air féroce. Il maintint Ribenne contre la voiture pour permettre à l'autre de la fouiller. Tout cela exécuté sans un mot.

Le détective comprit sur l'instant qu'il avait affaire à des pros, capables du meilleur, mais surtout du pire.

— Oh là, tout doux, les gars ! Qu'est-ce que j'ai fait ? plaida-t-il sans conviction.

Le Croate ne broncha pas ni ne bougea un cil ; à peine serra-t-il un peu plus fort la main autour du biceps de Ribenne, mais celui-ci n'avait pas besoin de ça pour savoir qui était le plus fort. Puis l'homme plongea ses yeux noirs dans les siens pour le faire taire.

— Ce n'est pas une bonne idée de suivre les gentils touristes, dit-il avec un fort accent étranger. Je vous ai vu nous observer tout à l'heure. Je vous retrouve à nous suivre. J'espère que nous ne serons pas amenés à nous revoir une troisième fois.

Tandis qu'il parlait un très bon français, un sourire triste troubla sa bouche qui mit Ribenne mal à l'aise. L'homme montrait une maîtrise professionnelle de ses émotions et de sa puissance. Ça ne devait pas être joli quand il se décidait à passer à l'action. Puis, comme le second Croate lui fit signe qu'il n'avait rien trouvé de suspect dans la Punto, il relâcha le bras de Ribenne, fit quelques pas en arrière sans le quitter des yeux, puis rejoignit le véhicule en claquant des doigts. Son acolyte laissa le coffre et les portes de la Punto grand ouverts, puis il monta dans le 4×4 dont le moteur se mit à rugir au démarrage.

C'est à cet instant que Ribenne comprit le petit détail qui le mettait mal à l'aise depuis le début : l'homme avait le même accent qu'Alèna.

Mardi

III

Allongé dans sa piaule, Ribenne n'arrivait pas à trouver le sommeil. Les événements de la journée, la confrontation avec les Croates, la manière dont Lestac lui avait parlé de la main-d'œuvre étrangère et présenté la méthode de Mécanistyl, le turlupinaient. Grâce à son expérience, Lestac avait compris ce qui se tramait. Si Mécanistyl avait ouvert la boîte de Pandore et que d'autres sous-traitants s'engouffraient dans la brèche, c'était qu'on les autorisait. Ce n'était plus un cas isolé, mais une méthode bien rodée. Pour Ribenne, il apparut évident qu'une main invisible tenait le stylo des sous-traitants. Jamais des petites boîtes du coin n'auraient été capables de monter des dispositifs de la sorte pour faire venir des étrangers. Si Mécanistyl pouvait le faire grâce à son staff juridique, d'autres, de plus petite envergure, devaient forcément être aidées.

Plus il réfléchissait et plus la nécessité d'accélérer son enquête s'imposa à lui comme une évidence. Un plan d'attaque se dessina dans sa tête et l'impatience de le mettre à exécution électrisa ses nerfs.

Concrètement, son plan nécessitait d'agir de nuit et Ribenne décida de ne pas attendre davantage. À 1 heure du matin, il attrapa son portable, certain de se faire engueuler par Lestac. Mais il voulait l'avertir de ses intentions au cas où les choses ne tourneraient pas comme prévu.

— Lestac, c'est encore Ribenne… Non, ne crie pas, tu ne rêves pas, je t'appelle bien à 1 heure du matin.

Il recula le téléphone pour ne pas entendre l'autre brailler, puis lança tout de go pour le faire taire :

— Ferme-la ! Je sais bien que tu étais en train de dormir. Je t'appelle pour te dire que c'est ce soir que je passe au plan B.

— Ah bon, parce que tu avais un plan A ?

— Je suis sérieux, Lestac. Je vais passer à la vitesse supérieure cette nuit. Faut que tu me promettes une chose avant.

— Attends ! Attends ! Tu joues à quel jeu, là, Ribenne ? C'est quoi ton plan B ?

— Crocheter, fouiller, voler.

Lestac comprit en un éclair.

— Tu déconnes ? Et si tu te fais gauler ?

— C'est pour ça qu'il faut que tu me promettes quelque chose avant. Je veux avoir la conscience tranquille.

— Oh là, tout doux ! On reprend depuis le début. Qui, quoi, quand, comment ?

— Qui ? Moi tout seul, c'est mon job. Quoi ? Les bureaux de Mécanistyl. Quand ? D'ici une heure. Comment ? Je ne divulgue jamais ma méthode.

— Tu vas tout foutre en l'air si t'échoues, tu le sais ?

— Merci pour ta confiance. Évidemment que je connais les risques, mais si je trouve des preuves, ce sera banco !

— Et tu t'attends à tomber sur quoi ?

— Je n'en sais rien, mais je me dis que la venue de cinquante étrangers, ça ne s'improvise pas. Il doit y avoir des papiers, des contrats de travail. Rappelle-toi ce que tu m'as dit, c'est légal de faire venir de la main-d'œuvre étrangère. Alors, pourquoi Mécanistyl cacherait des documents légaux ? Non, je suis sûr de mon coup, la pêche va être bonne.

— Mais c'est une effraction, c'est illégal !

— Bravo ! répliqua Ribenne avec ironie. C'est mon job, laisse-moi faire. Je veux juste que tu acceptes quelque chose pour moi si ça tourne mal. Dans le tiroir du haut de ma commode, chez la mère Carcaradec, j'ai mis des affaires personnelles et une grande enveloppe Kraft. Je veux que tu la brûles sans l'ouvrir. Promets-le.

— Promis. Mais prends-toi garde, putain…

— Sans l'ouvrir ! Promis ?

— Oui, promis ! Sans l'ouvrir.

— Le reste, tu l'enverras à une femme, Alèna Kassine… J'ai écrit son adresse sur une carte.

— Je ferai ce que tu veux, Ribenne, mais…

Lestac fit une pause, la bouche empêtrée de mots qui ne voulaient pas sortir.

— Et Hélèna ? osa-t-il enfin, l'air gêné.

— Je m'en suis déjà occupé, mentit Ribenne pour n'avoir pas à expliquer qui était Alèna Kassine.

*

Trois quarts d'heure plus tard, la Punto retrouva son pin parasol préféré. Ribenne coupa le contact et attendit dans la pénombre en écoutant la nuit. La zone de Brais respirait silencieusement. Dans les ténèbres, seules quelques fenêtres lumineuses au loin trahissaient une activité humaine nocturne. En tout cas, aucune ne donnait sur Mécanistyl. Les lampadaires publics éclairaient mal la cour et moins encore la façade des bâtiments. Ribenne n'excluait pas le passage régulier d'une société de gardiennage et cette hypothèse le rendait nerveux. Il se fixa un temps de présence maximal dans les locaux d'une quinzaine de minutes. Au-delà, il savait que les risques d'être repéré étaient multipliés par deux.

Ribenne escalada facilement le grillage ceinturant la cour puis marcha sur le gazon pour ne pas faire résonner ses pas sur le bitume. Les fenêtres des bureaux étaient pourvues de barreaux et les rideaux tirés. Il glissa le long des murs, ayant choisi d'éviter d'entrer par les ateliers potentiellement encombrés de matériels qu'il aurait risqué de déplacer dans l'obscurité. De même, la poussière sur le sol pouvait révéler son passage. Accroupi devant la porte des bureaux, Ribenne sortit un passe-partout et entendit le verrou sauter. Il se glissa à l'intérieur, avec la souplesse et la discrétion d'un chat, puis referma la porte et patienta dans la pénombre, toujours accroupi.

Une fois certain d'être passé inaperçu, il se mit debout, loin des fenêtres, et balaya la pièce du faisceau d'une lampe minuscule. Ensuite, il passa dans le bureau suivant, dépourvu d'ouvertures. L'éclat de la lune tombait du toit à travers le plexiglas sale d'un puits de lumière. Il referma la porte et alluma les néons. Les murs étaient quasiment vides de toute décoration, à l'exception d'un plan de coupe de paquebot auquel il ne comprit rien du tout. Il réussit juste à lire le nom du navire : *Royal Isis*. Une grande table de travail coupait la pièce en deux, jonchée de feuilles, de livres techniques, de plans. Une odeur de vieille poussière stagnait dans l'air. Dans le cendrier posé sur un coin du bureau, des cigarettes fumées à moitié formaient un mikado hautement cancérigène.

Ribenne souleva le coin des plans étalés tout en évitant de déplacer quoi que ce soit, puis fouilla d'un œil curieux la poubelle. Le ménage ne devait être fait qu'une fois par semaine, car des journaux vieux de cinq jours traînaient à côté. Il fit le tour du bureau pour s'asseoir dans le fauteuil en cuir usé afin d'avoir un autre point d'observation sur la pièce. Bien lui en prit, car il aperçut un objet dans le mur, sans le reconnaître d'abord, et il lui fallut s'accroupir devant pour comprendre. Il s'agissait d'un coffre à numéro, encastré dans le bas de la cloison, et dissimulé en partie par des cartons vides. Il reconnut celui que le cadre avait fait circuler parmi les Roumains.

Déçu, Ribenne frappa d'un poing rageur la porte du coffre. Il savait qu'il n'avait aucune chance de trouver la combinaison et qu'il était inutile de perdre du temps à essayer de l'ouvrir. La déduction lui sembla évidente : si Mécanistyl cachait un coffre derrière des cartons négligemment posés sur le sol, c'est que ce coffre recelait des secrets. Cette logique le conforta dans l'idée que son plan B était le bon. Seule la cible avait été mal choisie.

Avant de repasser dans le premier bureau, il prit soin de remettre les cartons à leur place et d'éteindre la lumière. Sans plus de difficulté qu'à l'aller, il rejoignit la clôture où il fit une pause le temps de s'assurer que la route était libre, puis il entreprit de l'escalader. Il se tenait à califourchon sur le grillage, prêt à sauter, quand deux phares blancs surgirent sur la route. Un souffle de panique remonta sa colonne vertébrale. Il ne prit pas la peine de réfléchir, sauta sur le trottoir et roula en boule contre un véhicule à l'arrêt. Un bruit mat accompagna sa cabriole et une vive douleur traversa son bras gauche, l'obligeant à serrer les dents pour ne pas crier.

À plat ventre sur le trottoir, il regarda passer les roues du véhicule par dessous le châssis de la voiture le dissimulant. Elles tournaient au ralenti, attestant que le conducteur observait l'usine, et le temps lui parut traîner en longueur. Puis, soudain, à l'instant où il s'apprêtait à se redresser, Ribenne entendit la portière s'ouvrir au-dessus de lui et il se sentit soulevé de terre par la ceinture. Son bras blessé l'empêcha de se débattre et il se retrouva à genoux sur le siège passager. La poigne d'une main de fer avait suffi à le hisser à bord. Le conducteur lui maintint la tête baissée, le temps que le véhicule de surveillance s'efface au loin, puis le relâcha.

— Surtout, ne dis pas merci ! cria l'inconnu.

— Laisse-moi d'abord compter mes vertèbres, tu me les as broyées ! répondit Ribenne en se massant la nuque.

— Ça fait deux fois que l'agent de sécurité passe en cinq minutes. Je pense qu'il a repéré ta bagnole.

— Ce n'est pas ma voiture, c'est un véhicule de location que je me suis fait voler cette nuit à Penhoët.

— Eh bien, tu ne mets pas longtemps à retrouver tes esprits, toi, et à t inventer un alibi.

Lestac mit le moteur en route et tourna sur la chaussée pour faire demi-tour.

— Je suis un pro, ne l'oublie pas, dit Ribenne.

— Ben, ça ne saute pas aux yeux, se moqua le métallo en regardant le détective tenir son bras endolori.

— Pourquoi m'as-tu suivi ?

— Je n'avais pas envie d'envoyer un paquet mortuaire à Hél… Bon, bordel de merde, on va tourner longtemps autour du pot ou je te tords l'autre bras pour te faire causer ?

Ribenne siffla entre ses dents, puis s'exécuta.

— Tous les papiers sont dans un coffre fermé. Ils ne laissent traîner que des plans et des documents techniques. C'est bon signe.

— C'est bon signe, mais c'est la fin de ton plan B. T'as aucune preuve.

— Pas du tout. Si une filière est en train de se mettre en place, elle doit profiter à d'autres sous-traitants, on va leur rendre une petite visite.

Lestac le fixa d'un œil incrédule.

— Tu déconnes, j'espère ?

— J'en ai l'air ? Regarde donc ta route.

Lestac jura en remettant d'un coup de volant le véhicule dans l'axe de la rue.

— Tu vas t'introduire dans toutes les boîtes qui ont embauché des étrangers ?

— Tous les sous-traitants n'ont quand même pas un coffre dans leurs bureaux. Mais s'il le faut, on les visitera tous.

— T'es devenu cinglé.

— Quand je commence une enquête, je vais jusqu'au bout et je me donne tous les moyens pour réussir.

— En tout cas, ne te trompe pas de cible, Ribenne. Tous les sous-traitants ne sont pas des escrocs ni des salauds. Ils font avec le système. Ils plient ou ils rompent. Certains sont des pros et en profitent comme Mécanistyl, mais c'est une exception.

— Avis partagé.

— Tant mieux, alors. Comment vas-tu faire pour la voiture ?

— J'irai déclarer le vol demain matin. Merde ! J'aurais dû fracturer la portière pour faire plus réaliste.

— Et c'est toi le pro ? railla Lestac, se concentrant sur la route pour ne pas rire.

— Mon job, c'est débusquer des voleurs, pas voler ! répliqua Ribenne d'un ton sec. Au lieu de faire de l'esprit, cherche donc si tu connais d'autres sous-traitants.

— Moi aussi, je suis un pro dans mon métier, monsieur le détective. On est arrivés !

D'un coup de frein brutal, Lestac gara sa voiture devant un bâtiment métallique à l'entrée de la ville, près de la gare. Par le carreau embué, Ribenne lut le nom de l'entreprise. Elle était spécialisée en second œuvre. Il inspecta les alentours en faisant une mine ennuyée, s'attardant sur les façades des maisons. Lestac s'en rendit compte et s'inquiéta :

— Quelque chose ne va pas ?

— Tu n'avais pas une adresse directement sous le nez des flics, à tout hasard ? Regarde cette maison dans l'angle. Tu vois la petite fenêtre, en haut ? La lumière s'est allumée juste après notre arrivée. Et cet immeuble, au coin ? Tout le dernier étage donne sur la façade, le côté et la cour de cette boîte. Si quelqu'un se réveille et jette un coup d'œil dehors, il aura droit aux actualités en direct. Laisse tomber, on va ailleurs.

Vexé, Lestac soupira bruyamment, mais se retint d'exprimer le fond de sa pensée. Il démarra en trombe. En dix minutes, il arriva au rond-point Océanis, sur la route de Pornichet. Une entreprise de climatisation et de chauffage lançait la lumière de ses néons bleus sur la chaussée. Ribenne approuva de la tête quand Lestac lui demanda « si cela convenait à monsieur ».

— Toi, tu restes dans la voiture, lui ordonna le détective en ouvrant la portière.

— Mais je n'avais aucune envie de venir. Je t'attends sagement.

Ribenne lui claqua la porte au nez en grimaçant. La douleur remontait le long de son bras, depuis le poignet.

Il fit le tour du bâtiment, crocheta la porte arrière baignée de pénombre et suivit les petites flèches marquées « bureaux » en empruntant un long couloir sonore. Trois postes de travail occupaient l'espace administratif aux fenêtres avec vue sur la cour. Des calendriers dignes de cabines de routiers ornaient les murs avec dessus le nom de l'entreprise en lettres capitales. Il passa en revue les bureaux et fouilla les corbeilles à courrier. Il ouvrit les tiroirs d'un secrétaire, feuilleta sans conviction un paquet de factures et, finalement, poussa un soupir d'aise en lisant sur la tranche d'un classeur « Dossier Chantiers ». D'une main fébrile, Ribenne l'attrapa et l'ouvrit. Il sut en lisant un papier à en-tête qu'il avait gagné.

— J'ai trouvé ! Démarre ! hurla-t-il, en s'engouffrant dans la voiture de Lestac, un paquet de feuilles dans la main et un rouleau sous le bras.

— Raconte !

— Tu ne vas pas en croire tes yeux !

— Je ne te demande pas de me montrer, mais de me raconter.

— Tu n'en croiras pas tes oreilles non plus, insista Ribenne qui n'arrivait pas à se calmer. Va à Penhoët, on va ouvrir une bouteille chez la Carcaradec pour fêter ça.

— Tu vas la réveiller à cette heure-là ?

— Tu rigoles, elle gâcherait ma joie. On va se servir. Allez, appuie sur le champignon.

Pour s'arrêter devant l'hôtel, Lestac s'amusa à donner un coup de frein puissant qui décolla Ribenne de son siège.

— Mais fais moins de bruit, tu vas réveiller le pot de gelée !

Puis, il massa son bras. Le rouleau roula.

— C'est quoi ? Un plan ? demanda Lestac en se penchant pour le récupérer.

Promptement, Ribenne plongea la main sous le siège et attrapa le rouleau avant lui.

— T'occupe pas, c'est ma récompense.

Ils entrèrent sans faire de bruit par la porte de service de l'hôtel et Ribenne alluma les petites lumières au-dessus du zinc en demandant à Lestac de parler à voix basse. Il attrapa deux verres et une bouteille de rhum pendant que l'autre commençait la lecture des feuilles volées dans le classeur.

Au début, le métallo toussa légèrement, puis de plus en plus fort. Les lignes défilaient sous ses yeux ahuris.

Comme vous le savez, notre politique de réduction des coûts nous pousse en permanence à trouver des axes de progrès. Un de ces axes se nomme « Montage exotique », c'est-à-dire apport de main-d'œuvre en provenance de pays à faible coût. Nous avons identifié quelques pays, etc., etc.

En reposant les documents sur le zinc, il lâcha une bordée de jurons.

— Nom de dieu ! Les Chantiers ont écrit ça ?

— Tu lis leur signature comme moi.

— Nom de dieu de putain de merde ! Et ils appellent ça un… (il tourna une page) un « montage exotique » !

— Ça explique pourquoi les petites boîtes ont réussi elles aussi à embaucher des étrangers. Avec un mode d'emploi écrit noir sur blanc par le donneur d'ordres, c'était du gâteau. Faut vraiment que les Chantiers aient les jetons de ne pas tenir les délais de livraison pour en être arrivés à monter un dispositif pareil.

— On ne tient pas encore l'allumette qui mettra le feu aux poudres, mais ça, ça vaut son pesant de cacahuètes.

— Allez, j'ai sommeil, lâcha Ribenne pour ne pas avouer avoir mal au bras. On en reparle demain.

— T'as été bon sur ce coup-là, détective. Mission accomplie avec brio. N'oublie pas de porter plainte pour le vol de ta voiture.

— Et toi, n'oublie pas mon pognon. Je ne me nourris pas de pâquerettes comme certains.

— À ce propos, je demanderai à Gaspard une potion magique contre la douleur. Allez, j'y vais. Prends-toi garde, Ribenne.

Sur le pas de la porte, les deux hommes échangèrent une solide poignée de main en se fixant d'un regard complice. Ensuite, Ribenne revint éteindre les lumières du comptoir, l'oreille attentive aux bruits de la nuit. Seuls les ronflements d'une baleine en apoplexie lui parvinrent depuis l'étage ; la Carcaradec dormait comme un bébé.

Arrivé dans sa chambre, Ribenne déplia le rouleau et accrocha le calendrier volé dans l'entreprise sur le mur face à son lit. Puis en se déshabillant pour dormir, il adressa un large sourire à une certaine Mélissa qui l'observait d'un regard langoureux en lui offrant les détails de son anatomie.

Mercredi

I

En ouvrant la fenêtre, Ribenne vit un nuage de goélands se déplacer dans le ciel à la remorque des chalutiers de retour de pêche ; il suivit des yeux leurs larges ailes blanches, envieux de leur liberté. La matinée s'annonçait belle comme un jour de paye. Il ignorait à cet instant les mauvais tours que lui jouerait le destin. Pour l'heure, il devait aller au commissariat déposer plainte pour le vol de la Punto.

— Entrez !

Un flic poussa la porte devant le détective, masquant le nom de l'occupant, et la referma après son passage. Une odeur rance engluait la pièce aux murs recouverts d'affiches délavées et salement décorée de vieux meubles. Ribenne ne retint pas une grimace de dégoût en reconnaissant le flic assis derrière un bureau encombré de dossiers entrouverts et de restes de casse-croûtes rassis. Le lieutenant Dorking posa les coudes devant lui et fit se toucher le bout de ses doigts comme s'il allait faire une prière.

— On m'a dit que tu voulais porter plainte. J'ai aussitôt voulu me charger de cette affaire, minauda le flic.

Avant de répondre, Ribenne prit le temps de savourer l'entrée en matière de ce lèche-cul de Dorking. Le ton était fielleux et la façon dont il avait coutume de jouer avec ses mains provoquait chez le détective l'envie de les écraser dans un étau, d'en brûler la pulpe sur une plaque chauffante et de lui enfoncer des cure-dents sous les ongles.

Dorking était un flic aigri par l'arrêt brutal de sa carrière que sa mère avait forcément rêvée digne du Quai des Orfèvres. Il occupait chacune de ses journées à essayer de faire oublier à ses supérieurs le ratage catastrophique d'une enquête sur le meurtre de deux sœurs dans le phare du Commerce, une vingtaine d'années plus tôt. Cet échec lui avait valu de ne plus bouger de Saint-Nazaire depuis cette date et il avait vu tous ses camarades de promotion prendre du galon et se faire muter dans des villes convoitées. Lui était resté scotché à son fauteuil à la manière d'un insecte collé sur un ruban tue-mouche.

— Il ne fallait pas te donner cette peine, Dorking.

— Lieutenant de police Dorking ! rectifia celui-ci en ajustant sa cravate constellée de pellicules ou de miettes, ou peut-être même des deux.

— Lieutenant ? Je te croyais déjà commissaire.

Tel un crapaud recevant une décharge de mille volts, Dorking explosa hors du fauteuil, incapable de contenir sa bile, pointant un doigt menaçant.

— Ne fais pas le malin, tu entends !

— Garde ton sang-froid. On m'a volé une voiture de location. Je veux juste déposer plainte.

Le flic reposa ses fesses au fond du fauteuil et fit jouer un sourire narquois sur ses lèvres.

— Mais je t'écoute, détective de basse-cour.

— Lieutenant Dorking... articula lentement Ribenne comme s'il réfléchissait à quelque chose de grave. Ne m'insulte pas. Ma nuit a été courte et je voudrais partir d'ici au plus vite.

— Je t'écoute, Ribenne, rectifia Dorking sans changer de ton.

— Bien. Voilà les faits. Hier soir, je suis sorti avec un ami, dans le quartier de la base sous-marine. Je dis ça pour te permettre de vérifier. Nous avons passé un bout de temps ensemble, puis je suis rentré à l'hôtel. Ce matin, en voulant prendre ma voiture, je me suis rendu compte qu'elle avait disparu. On me l'a volée, il n'y a aucun doute.

— Aucun doute, dites-vous ?

Stupéfait, Ribenne se retourna pour voir qui avait répété ses mots. Les bras croisés sur la poitrine, une femme d'une quarantaine d'années se tenait dans l'embrasure de la porte qu'elle avait ouverte sans bruit. Son regard métallique était posé sur le détective et il se sentit mal à l'aise d'être observé de la sorte. La flic était plutôt grande, d'allure athlétique, les pommettes et le nez décorés de taches de rousseur. Un solitaire turquoise brillait à son index gauche.

— Vous ne me connaissez pas, mais je sais qui vous êtes. Détective Ribenne, n'est-ce pas ? Grâce au lieutenant Dorking, je vous ai même reconnu en train de faire des misères à une pauvre femme avec sa poussette. J'avoue que vous m'avez prise au dépourvu ce jour-là.

Elle s'avança dans la pièce tandis que Dorking se redressait en époussetant son poitrail. Le stress faisait transpirer le haut de son crâne. Ses doigts jaunis par le tabac tremblaient au bout de ses mains blêmes.

Ribenne sauta sur ses pieds. La femme lui serra la main avec fermeté. Ses doigts étaient du même métal que ses yeux.

— De qui ai-je l'honneur d'être connu ? s'enquit-il en fixant la flic pour ne pas céder un pouce de terrain.

— Je remplace votre bon copain, le facétieux Leghorn. Vous connaîtrez mes états de service en lisant la presse demain, je sors d'un rendez-vous avec les journalistes, alors épargnons-nous ces formalités. Il paraît que c'est une tradition ici de mettre dans les journaux la tête des officiers de police et des pompiers quand ils arrivent. Charmante province. Mon nom est Sultane Brakel. Si vous oubliez mon prénom, nous pourrons discuter en toute confiance.

— Considérez que je ne l'ai jamais entendu, commissaire Brakel, répondit Ribenne.

Elle poussa un dossier pour poser ses fesses sur un coin du bureau.

— Lieutenant Dorking… Je vous ai interrompu dans votre conversation. Continuez, je vous en prie, dit-elle sans le regarder, les mains croisées sur les cuisses, le visage effrontément tourné vers Ribenne.

— Euh… Bien… Voilà…

Exaspérée d'attendre, elle haussa les sourcils et le détective s'amusa de voir le lieutenant entre ses griffes. Il glissa son regard du visage de Brakel vers celui de Dorking, et lui offrit son plus beau sourire en l'observant se dépêtrer du piège tendu par sa supérieure.

— Il me semble que M. Ribenne vous disait qu'il n'avait aucun doute, trancha Brakel.

— Euh… Oui… bafouilla Dorking en essuyant son front humide à l'aide d'une serviette en papier récupérée autour d'un sandwich au thon. Des petites miettes brunes restèrent collées à ses sourcils.

— Avez-vous des doutes, vous, Dorking ? minauda la commissaire, l'air faussement curieux.

Ribenne savourait l'échange. La remplaçante de Leghorn parlait à son subalterne comme une maîtresse d'école au cancre de la classe.

Elle lui fut soudain encore plus sympathique. Dorking transpirait comme une éponge. On pouvait presque voir grossir les ronds de sueur sous ses bras.

Il balbutia un début de phrase auquel elle mit fin d'un ton autoritaire :

— Bien, je vois. Le mieux est sans doute de vous laisser un peu de temps pour y réfléchir. Venez, Ribenne, allons poursuivre cette conversation dans mon bureau.

— Avec plaisir, lança-t-il en montrant son majeur bien droit à Dorking, profitant que Brakel ait le dos tourné.

Aussitôt, le flic se leva, poussé par la crainte de voir sa proie lui échapper.

— J'allais enregistrer la plainte de Ribenne, commissaire.

— Une plainte ? s'étonna-t-elle au moment de sortir.

— On a volé ma voiture, se justifia le détective en haussant les épaules pour signifier toute la banalité de la chose.

— Vous allez me raconter cette merveilleuse aventure. Suivez-moi, ordonna-t-elle. Bonne journée, Dorking.

Ribenne suivit Brakel dans le couloir sans la lâcher du regard, subjugué par son caractère et sa silhouette. Arrivés à destination, Brakel poussa la porte sans s'excuser de passer la première. C'était l'ancien bureau de Leghorn, complètement remis au goût du jour. Elle avait remplacé les meubles démodés des années 1970 par du mobilier ultra moderne. En face d'une longue table en verre fumé où cinq dossiers, un cadre, un porte-plume et un téléphone étaient alignés mieux que des petits soldats de plomb, elle avait fait disposer un coin salon ultra moderne dont Ribenne ne réussit pas à distinguer la table basse des sièges. Il attendit qu'elle prenne place pour s'asseoir sans se tromper.

— Merci, commissaire. Vous m'avez tiré d'un mauvais pas avec Dorking.

— Ne vous faites pas d'illusion. Je ne vous ai sorti de ses griffes que pour mieux vous mettre dans les miennes. Mais pour l'heure, je ne vous considère pas encore comme une proie. En fait, Leghorn m'a tellement parlé de vous que j'étais impatiente de vous connaître. Je dis merci aux voleurs de votre voiture. S'ils existent, bien sûr.

— C'était une voiture de location, précisa Ribenne sans relever la fin de la phrase.

— On s'en fout de la voiture. C'est vous qui m'intéressez.

— Au moins, c'est clair.

— Ne vous méprenez pas, je connais aussi votre réputation. Je ne suis pas comestible. Je suis fiancée et heureuse.

— Je préfère les fruits non comestibles aux fruits vénéneux.

La commissaire affecta de ne pas se sentir visée et sourit du bon mot. Le détective avait de la classe, elle devait en convenir.

— Leghorn m'avait prévenu de votre esprit… Comment vais-je dire ? … réactif.

— J'aime bien Leghorn.

— Lui aussi, je crois. Il m'a dit que vous lui deviez beaucoup, mais il n'a rien voulu préciser.

Brakel ignorait donc que c'était Leghorn qui lui avait permis de lire la déposition d'une jeune Kosovare arrêtée sur le port et prétendant s'appeler Hélèna. Sans cette autorisation, Alèna ne serait jamais entrée dans la vie de Ribenne. Peut-être dans son lit, mais pas davantage.

— Nos dettes sont réciproques. J'aidais Leghorn à l'occasion.

— Dorking vous considère comme un concurrent. Il n'a rien compris, poursuivit Brakel en passant ses cheveux derrière l'oreille.

— Et vous, commissaire, comment me considérez-vous ?

La flic ne répondit pas aussitôt. À la place, elle sortit un paquet de cigarettes, craqua une allumette et rejeta la fumée vers le plafond. L'interdiction de fumer dans les bureaux ne semblait pas la concerner.

— Pour moi, vous êtes un mal nécessaire. Grâce à vous, mes statistiques peuvent baisser. Vous nous aidez à régler des affaires mineures qui nous prendraient un temps fou. Je…

— Mineures, dites-vous ? l'interrompit Ribenne, vexé.

Aussitôt, il s'en voulut d'avoir réagi si vite. C'était un aveu de faiblesse et Brakel était du genre à profiter des failles des autres pour s'engouffrer dedans. Il se promit de redoubler de prudence.

— Oui, mineures. Ne vous poussez pas du col, Ribenne, au prétexte de votre réputation. Un privé comme vous n'est pas un concurrent pour les flics. Vous vous occupez d'affaires que je qualifierais de collatérales, si le mot *mineures* vous déplaît. La moitié de vos clients ne viendrait même pas porter plainte au commissariat. Mais pour l'autre moitié, c'est important que vous soyez là, j'en conviens.

Le détective remua sur son siège, agité par l'envie de rabattre son caquet à la commissaire. Elle lui faisait face, fumant sa cigarette avec nonchalance, les bras allongés de chaque côté sur le dossier du canapé. La subjugation avait laissé place à l'irritation.

— Leghorn pensait sans doute la même chose que vous, mais il avait le tact de ne pas le dire.

— Il était un diplomate, moi, je suis flic. J'ai pour habitude de dire ce que je pense, et je ne vais pas changer à quinze ans de la retraite.

— Vous ne les faites pas.

— Pas de flagornerie avec moi. Je vous dis le fond de ma pensée, j'attends que vous soyez sincère.

Ribenne leva les paumes vers le plafond et haussa les épaules :

— Que je sois sincère ? Vous êtes sacrément bien roulée. Qu'a dit d'autre mon ami Leghorn ? enchaîna-t-il pour l'empêcher de réagir.

— Le reste est confidentiel.

En soupirant, Brakel se pencha pour prendre deux verres sur le plateau inférieur de la table basse et une bouteille de whisky de marque.

— Que buvez-vous ?

— Rien, commissaire, je me suis couché tard, ou bien, disons tôt, et j'ai encore la tête lourde.

— Et votre bras ? demanda-t-elle en versant l'alcool. Vous le tenez comme s'il était dans le plâtre.

— Ah, oui, mon bras… Une mauvaise chute dans l'escalier. Il est très mal éclairé. Ma logeuse est une radine patentée, elle dévisse une ampoule sur deux.

— Comme c'est drôle. Je ne sens pas la moindre sincérité dans votre voix.

— Écoutez, commissaire, fit Ribenne en se levant, j'adore jouer au jeu du chat et de la souris, mais jamais dans le rôle de la souris. J'ai encore une plainte à déposer et très peu de temps devant moi.

Brakel se mit debout à son tour, puis contourna son bureau pour se placer devant la large fenêtre sur la droite. Elle resta ainsi de longues minutes, raide et silencieuse, tournant le dos au détective planté devant une reproduction de la *Vue de Malcesine* de Klimt. Il trouvait le tableau horrible. Tout comme le mobilier. Ainsi que la couleur ocre des murs. Sans parler de la moquette anthracite. La pièce était sans âme. Seule Brakel était à son goût dans ce bureau et son regard abandonna Klimt pour apprécier la chute de reins de la flic.

— Pour votre voiture, voyez avec Dorking, il avait l'air d'y tenir, finit-elle par lâcher sans se retourner. Je ne vous raccompagne pas, vous connaissez le chemin.

Déçu de la manière dont elle mettait fin à l'entretien, Ribenne voulut faire un pas en avant, puis se résigna à l'interroger de sa place.

— Pas si vite. Je ne suis pas votre domestique. J'ai moi aussi des questions à vous poser. Qu'est-ce qu'une commissaire belle et intelligente comme vous vient faire à Saint-Nazaire ?

Aussitôt, elle fit volte-face et garda les bras serrés en signe de défense.

— Sous-entendriez-vous que cette ville ne mérite que des flics débiles et moches comme Dorking ? Si vous vous intéressez à ma vie, ce que j'accepte d'en dire sera demain dans le journal.

— À propos de Dorking, vous l'avez humilié devant moi.

— Auriez-vous de la compassion pour lui ?

— Aucune. Je suis honoré d'être détesté par un con. Mais pour vous, il n'est pas bon d'avoir un ennemi dans vos rangs et de le traiter comme vous avez fait.

— Je l'ai trouvé antipathique dès le premier regard. Je ne le supporte pas, c'est quasiment physique. Dans une équipe, c'est le genre de type sur qui vous pouvez passer vos nerfs sans que ça emmerde les autres. Dorking peut représenter une menace selon vous ?

— Il faut toujours se méfier des flics aigris, me disait Leghorn. J'ai plutôt tendance à le croire.

— Et vous, pourquoi vous déteste-t-il à ce point. Leghorn n'a rien voulu me dire.

Le détective recula pour s'appuyer contre le mur, passa une main fatiguée sur son visage et répondit en fixant le sol :

— Ça remonte à une quinzaine d'années, Dorking démarrait dans le métier. Deux sœurs ont été retrouvées mortes dans l'habitation du phare du Commerce. Tout laissait penser à un suicide, mais très vite, Leghorn a flairé le meurtre. Dorking était chargé du dossier. Il avait encore plein d'avenir à l'époque. Il ne croyait pas à la thèse de Leghorn et, par négligence, il a détérioré les preuves du crime. L'énigme n'a jamais pu être résolue et elle fut classée sans suite. Deux ans plus tard, une femme a été assassinée dans des circonstances analogues. Le suspect a craqué et a avoué le meurtre des deux sœurs. Si Dorking n'avait pas foiré la première affaire, le tueur n'aurait pas récidivé. Alors, depuis cette date, Leghorn a eu Dorking dans le collimateur et ne l'a jamais lâché. Il a refusé toutes ses demandes de mutation pour le garder près de lui et lui pourrir la vie. Ce qu'il a fait. Consciencieusement. Jour après jour.

Ribenne se tut et garda les yeux vissés au sol. Parler de cette affaire faisait remonter la lie de ses souvenirs et il cherchait comment s'en débarrasser. Peut-être en allant jusqu'au bout de l'histoire.

Il fut aidé par Brakel.

— Je comprends la raison de l'animosité entre Leghorn et Dorking, mais quel rapport avec vous ?

Le détective chercha à croiser son regard, mais la flic remplissait à nouveau son verre de whisky. Se sentant observée, elle releva la tête et vit les pupilles de Ribenne fixées sur elle. Il avait le regard hanté et elle détourna les yeux, mal à l'aise.

— Dorking me déteste, car il sait que je suis responsable de sa disgrâce auprès de Leghorn.

— Vous ?

— Leghorn ne pouvait pas enquêter sur le second meurtre, celui de la femme, la troisième victime d'un seul et même meurtrier, alors il m'a demandé de mener des investigations parallèles. Il voulait coincer le type, coûte que coûte, et savait qu'un détective n'aurait pas les mêmes scrupules qu'un flic. C'est moi qui ai fait avouer le suspect.

— Nom de Dieu, Ribenne, vous êtes en train de me dire que vous avez torturé ce type pour le faire parler ?

Le détective soutint le regard acéré de la commissaire et un sourire ironique coupa son visage en deux. Puis il prit une profonde respiration pour se donner le courage d'enchaîner :

— Je n'ai pas hésité une seconde. La troisième victime… C'était la femme de Leghorn.

Mercredi

II

Plonger au fond de l'océan lui aurait fait un bien fou pour vider les scories de son âme exhumées par Brakel, mais vu l'heure, Ribenne opta pour une douche glacée chez la Carcaradec et emprunta l'escalier de service pour monter dans sa piaule. À peine entré, son portable sonna au fond de sa poche.

— C'est Lestac. Il est arrivé un accident. Un Roumain a fait une chute de cinq mètres de haut. Ça s'est passé il y a à peine dix minutes.

— Il est… C'est grave ?

— Le gars est inconscient. Son casque est tombé dans la chute. Il ne bouge pas.

— Casque ou pas, cinq mètres, ça ne fait pas de pli. Comment réagissent les autres ?

— Ils ont stoppé le travail. Tout le monde a arrêté quand ça s'est su. L'ambiance est à couper au couteau. Deux accidents graves en trois mois, c'est un coup dur.

— Tu m'étonnes. Ça va faire un sacré barouf, un truc pareil. Tu comptes faire quoi, là ?

— Rester sur place pour l'instant. Je prends la température ambiante. On se voit à la débauche avec Gutzeit, car il veut te parler.

— O.K., Prends-toi-garde, Lestac.

Le portable éteint à la main, Ribenne resta dans la même position de longues minutes. Il se représentait la scène de l'accident, le corps du Roumain baignant dans une flaque grumeleuse de sang, ses compatriotes autour de lui, les pompiers prodiguant les premiers soins, la colère irradiant les rangs des métallos. Il imagina le directeur de Mécanistyl où la nouvelle avait dû parvenir à la vitesse de la lumière. La détermination des responsabilités, l'enquête judiciaire, l'analyse des registres du personnel, autant de choses auxquelles l'entreprise de Brais n'allait pas échapper, et plus encore si le Roumain décédait.

Après sa douche, Ribenne se posta devant la fenêtre au moment où le véhicule des pompiers repassait la grille des Chantiers en direction du boulevard Leferme, sirènes hurlantes à travers le port. Puis, une clameur lourde et puissante lui fit tourner la tête vers le bâtiment de la Direction. Des centaines de métallos se massaient aux portes donnant sur le rond-point de Penhoët, vague bleue chargée de l'écume bruyante de la colère. Les hommes sortaient par grappes des ateliers comme des fourmis de terre. Le terre-plein et la zone des formes de radoub furent bientôt occupés.

Quand un responsable syndical prit un micro et annonça le décès du Roumain, la foule se recroquevilla sur elle-même, comme un poing qui se serre, puis la stupeur des premiers instants passée, le poing se chargea de hargne et de détermination. Il aurait suffi d'une simple provocation pour qu'il s'abatte sur l'instant. Un débrayage de vingt-quatre heures fut voté dans la foulée.

*

Dans la salle du Café Moderne, régnait l'ambiance des mauvais jours ; une chape de plomb semblait peser sur les habitués au comptoir. Ils étaient en avance sur l'heure de la débauche, car le débrayage les avait jetés sur les zincs où ils ressassaient la mort de l'ouvrier roumain et ses conséquences. À l'écart, Ribenne prit place devant une table, mais à peine assis, une main ferme se posa sur son épaule. Il se retourna et reconnut Gutzeit.

— J'étais sûr de te trouver-là. On m'a dit que tu reçois beaucoup en ce moment.

Long Nez tira une chaise et s'assit devant son ami. Il leva la main vers Élise et commanda deux bières.

— Lestac m'a dit que tu voulais me parler, dit Ribenne. T'en es où avec lui depuis votre engueulade hier matin ?

— Justement ! Il m'a foutu dans la merde en quittant son poste sans autorisation. Je veux bien être conciliant avec tes potes, dit Long Nez en fronçant les sourcils, mais il faudrait pas que je perde la face. J'ai des mecs à faire turbiner et je dois me faire respecter pour que ça marche, sinon…

Ribenne leva la main pour l'interrompre, un drôle de sourire aux lèvres.

— Garde ta salive, tu vas lui dire en face.

Gutzeit releva la tête et vit Lestac avancer vers eux. Le métallo avait une mine sombre. Il échangea une poignée de main avec le détective et donna une tape dans le dos de son chef d'atelier. Celui-ci la reçut en faisant une grimace.

— Je sais ce que tu vas dire, chef, perds pas ton temps, le prévint Lestac en tirant une chaise sous ses fesses.

— Tu le sais peut-être, mais ça ne t'a pas empêché de te barrer.

— Écoute, pour tout te dire, si tu m'avais dit que tu me virais, ça m'aurait fait ni chaud ni froid. J'avais un pote avec un couteau dans le bide et je m'allais pas attendre qu'on m'autorise à sortir pour l'aider. Fais-toi une raison ou bien jette-moi dehors.

— Bon Dieu, mais dans quoi vous êtes-vous fourrés, les mecs ? grogna Gutzeit en fixant Ribenne et Lestac tour à tour. Ça commence à jaser sec sur votre dos à tous les deux et je sens que ça va continuer. Je le connais, le type blessé ?

— Foulon. Il bosse à la tôlerie. Qu'est-ce que tu veux dire par « ça commence à jaser sec » ? le pressa Lestac.

— Ce sont des bruits qui courent, mais ils courent vite, croyez-moi. On vous a vus plusieurs fois ensemble. Un ancien syndicaliste et un détective privé…

— Ne tourne pas autour du pot. Accouche.

— On dit que vous préparez une grève générale.

Ribenne laissa retomber son bras, saisi de stupéfaction, puis partit à la renverse sur sa chaise dans un bruyant éclat de rire.

— Une grève générale ! Me voilà nommé général d'armée ! Elle est bonne celle-là. T'es au courant que c'est la mort d'un type qui a provoqué le débrayage et pas les discussions entre un détective et un syndicaliste ?

— Franchement, renchérit Lestac, tu crois que les gars iraient au clash juste pour soutenir des Roumains, des Grecs ou des Indiens ? Quelques-uns le feraient, mais jamais la grève ne prendra sur un tel mot d'ordre. Encore moins une grève générale.

— Alors c'est quoi votre idée avec les Roumains ?

— C'est la partie immergée de l'iceberg, rétorqua Lestac. On a mis la main sur un document des Chantiers qui va faire du bruit. Je l'ai envoyé incognito à la presse.

À ce moment, Élise se présenta avec les bières sur un plateau. Elle se pencha pour poser les verres sans montrer qu'elle écoutait la conversation.

— Ah, je vois le genre. Les preux chevaliers à l'assaut des injustices du monde. Si c'est juste pour dénoncer l'embauche d'étrangers, c'est perdu d'avance, les prévint Gutzeit en remuant la tête.

Ribenne et Lestac mirent du temps à comprendre le sens de ses paroles. Ils le dévisagèrent comme s'il avait soudain attrapé une maladie de peau.

— Si c'est juste pour dénoncer l'embauche d'étrangers, c'est perdu d'avance, répéta Long Nez en appuyant chaque syllabe.

— Ça va, on a entendu. Argumente.

— Le recours à la main-d'œuvre étrangère est inévitable. L'embellie pour les paquebots est arrivée sans crier gare. Demain, elle peut même se réduire à presque rien et tout ce qu'on dit ce soir sera dépassé. Il aurait fallu former des jeunes à tous les métiers de la Navale, mais ça intéresse qui, hein ? Les gars ont tellement répété à leurs gamins de ne pas faire comme eux, au point que plus un jeune ne choisit ces métiers. Et pourtant, ça embauche. C'est à ne rien y comprendre. De tout temps, on a fait venir des étrangers, ce n'est pas nouveau. Vous oubliez que le fondateur de la Navale ici, c'était un Écossais, John Scott. Dire que c'est dégueulasse parce que chez nous, il y a des chômeurs, ça n'avance à rien. C'est du constat, c'est que dalle. On n'a pas assez de main-d'œuvre qualifiée, alors on l'importe. En haut, ils disent même que c'est légal. Sinon, faut aller voir l'inspection du travail et tout leur balancer. Les bateaux ne vont pas se faire tout seul, il faut en profiter tant qu'il y a des commandes. Les ouvriers ont du boulot en ce moment et ils ne savent pas si ça durera. Ils ont voté le débrayage ce soir et sans doute vont-ils le reconduire demain matin parce que la mort du Roumain les a choqués. Mais ne vous bercez pas d'illusions, ils ont besoin de travailler pour gagner leur croûte. Tant qu'ils ne seront pas directement touchés, ils ne bougeront pas davantage. Je ne vois pas en quoi le super truc que t'as trouvé contre les Chantiers pourra changer quoi que ce soit, parce que le hic, c'est qu'une fois les derniers navires livrés, l'effectif total sera divisé par trois, c'est sûr.

Des milliers de mecs perdront leur job ou iront bosser ailleurs, précisa Gutzeit en accompagnant le chiffre d'un geste d'impuissance.

Ribenne resta silencieux. Il essayait d'imaginer ce que représentait une foule de milliers d'hommes, comme si Gutzeit lui avait annoncé un chiffre avec dix zéros derrière.

— Ça peut péter dans tous les sens, lança Lestac d'un ton blasé. Tous ces types au chômage, du jour au lendemain, s'il n'y a plus de paquebots…

Gutzeit passa la main dans ses cheveux pour les coiffer en arrière. Puis il pointa l'index vers Ribenne :

— Un bordel pire que la grève de 55. Sauf si…

— Sauf si quoi ?

— Un bruit circule… Rien d'officiel…

— Vas-y, Gut, accouche !

— On murmure que les Chantiers pourraient déclencher un plan amiante.

— Une sorte de plan social ?

— Non, mieux. Je vous explique ce qu'on m'a dit. Le gouvernement considère que l'année 1982 est la limite d'exposition à l'amiante. Quiconque en France a été en contact avec cette saloperie avant cette date peut bénéficier d'un départ anticipé rémunéré grâce à un fonds spécial d'indemnisation. Des gars d'ici ont déjà profité de ce dispositif.

Gutzeit attendit une marque d'acquiescement de Ribenne pour continuer, mais celui-ci était en train d'observer Élise, debout devant l'entrée du bar, en grande conversation avec un ouvrier. Ribenne était certain de ne posséder aucune fiche à son nom, mais de l'avoir déjà aperçu dans le quartier. Le type portait un bleu de travail comme n'importe qui dans un rayon de cinq cents mètres à la ronde et ne dépareillait pas dans le contexte. Lui et Élise donnaient l'impression de se disputer et Ribenne se serait levé si son portable n'avait pas sonné à ce moment-là.

Il s'éloigna de la table, se doutant que Gutzeit et Lestac en profiteraient pour régler leur compte entre eux, et réussit à répondre avant la mise en route du répondeur.

— Bonjour, Ribenne, dit une femme à l'autre bout.

Il reconnut la voix et visualisa le visage de son interlocutrice.

— Bonjour, Mme Foulon.

— Des ennuis ? Ça se sent au ton de votre voix, dit-elle.

— Il vient de se produire un accident. Un Roumain est décédé.

— Oh ! Mon Dieu ! Je peux vous rappeler plus tard si…

— Non, non. Pour réfléchir, il faut garder la tête froide.

— Vous êtes sûr ?

— Sûr.

— Je vous appelle au sujet de votre amie Paulette.

— Ce n'est pas une amie. Mais allez-y, je vous écoute.

La raison de l'appel de Cécile Foulon lui parut bien anodine dans la période et tout en gardant le portable à l'oreille, Ribenne scruta les alentours du rond-point où s'égrenaient des groupes de métallos.

— J'ai de bonnes nouvelles pour elle. J'ai parlé au père Immelman et il se rappelle avoir trouvé le billet dans le tronc de l'église, mais il ne l'a pas gardé. Il a cru à une farce et l'a jeté.

— Parfait, Paulette sera rassurée. C'est gentil d'avoir accepté de vous en occuper. Les églises et les curés, c'est pas vraiment ma tasse de thé.

— J'ai cru le comprendre, en effet. Autre chose : le père Immelman m'a reparlé de l'homme que vous avez croisé à l'entrée de l'église. Sa confession continue de le bouleverser d'autant que des types s'intéressent à lui. Le père Immelman m'a dit que deux hommes lui ont posé plein de questions.

Ribenne continuait d'observer son terrain de jeu préféré tout en écoutant d'une oreille distraite ; il aurait voulu raccrocher, mais Cécile Foulon reprit la parole. Sa voix était calme, plus chaude que d'habitude.

— Je peux vous poser une question ?

— Ça ne coûte rien d'essayer.

— Voilà… Avez-vous des nouvelles de mon mari ? demanda-t-elle sur un ton trahissant son émotion.

Ribenne prit le temps de réfléchir avant de répondre. La question le cueillait à froid et le ton cadrait mal avec les manières habituelles de la femme.

— Les dernières infos que j'ai eues étaient rassurantes. Le couteau a entaillé la peau du ventre. Rien de grave. Gérard ne vous a pas appelée ? J'avais pourtant fait passer le message qu'il téléphone au moins à ses filles.

— Non, il ne l'a pas fait. Elles commencent à se poser des questions à la longue… Je suis désolée de vous embêter avec ça. Je préfère vous laisser maintenant, vous avez sans doute d'autres choses à faire. Je vous sens préoccupé. Mais en quoi la mort du Roumain vous concerne-t-elle, si ce n'est pas indiscret ?

Ribenne déglutit avant de répondre, en songeant à sa conversation avec la commissaire Brakel.

— Parce que j'ai l'habitude de la mort.

*

Après avoir pris une profonde respiration pour retrouver un semblant d'apaisement intérieur, le détective rejoignit Lestac et Gutzeit.

— Je dois bientôt partir, mais je n'ai pas fini, alors écoutez-moi jusqu'au bout. Aux Chantiers, c'est un secret pour personne, l'amiante a été utilisée bien après 1982, en gros jusqu'à la fin des années 1990. Ça fait un trou de huit ans minimum pendant lequel personne n'a donc droit à rien. Sauf à se soigner si on lui a trouvé un putain de cancer. Le bruit court que la direction est en train de négocier avec le gouvernement pour que la date limite d'exposition passe de 1982 à 1996. Conclusion : des centaines d'ouvriers qui n'entraient pas dans les critères hier pourront arrêter de bosser demain grâce à cet accord et ça coûtera moins cher aux Chantiers qu'un plan social classique, vu que celui qui paiera c'est l'État, *via* le fonds d'indemnisation des victimes de l'amiante. Vous pigez ? Il n'y aura pas de chômeurs en plus, mais des préretraités.

Après de longues secondes de silence, Lestac fut le premier à réagir :

— Mais c'est génial !

— Tu trouves, toi ? le rembarra Gutzeit d'un ton agressif.

— Évidemment. Les Chantiers vont faire d'une pierre deux coups. Non seulement, ils pourront dégraisser les effectifs sans faire de vague au moment où l'activité va se réduire, mais en plus, ils vont satisfaire les collectifs anti-amiante qui se battent depuis des années pour faire passer la date limite à 1996. Tu penses bien qu'ils ne vont jamais refuser de voir mise en œuvre leur principale revendication.

Gutzeit voulut reprendre la parole, mais Élise s'approcha au même moment de leur table. Les trois hommes levèrent leur visage vers elle et devinèrent au masque grave de la jeune femme qu'il se tramait quelque chose.

— J'ai entendu votre conversation. Je voudrais vous parler, prononça-t-elle d'une voix blanche.

Intrigué, Ribenne prit une chaise derrière lui et l'invita à s'asseoir.

— Ça ne me regarde pas, mais comme je suis en première année à l'IUP de *shipping-trading*, la vie des Chantiers, ça m'intéresse aussi un peu.

— Chipie, quoi ? l'interrompit Gutzeit.

— *Shipping-trading*. C'est une formation pour travailler dans les entreprises de négociation internationale du secteur maritime.

L'explication reçut en retour un sifflement d'admiration de Gutzeit. Ribenne, lui, ne broncha pas, faisant comme s'il connaissait la filière depuis toujours. La jeune femme reprit la parole :

— Je vous ai entendu dire tout à l'heure que les ouvriers des Chantiers craignent pour la sauvegarde de leurs emplois. La semaine dernière, dans le cadre d'une formation, j'ai rencontré un inspecteur du travail. Vous voulez savoir ce qu'il pense de la situation ?

Les trois hommes hochèrent la tête en même temps, attentifs à ce qu'elle allait leur révéler. Élise les regarda l'un après l'autre avant de dire :

— Il est conscient qu'il y a des abus, mais il dit qu'il ne faut pas casser la poule aux œufs d'or.

Interloqués, les trois hommes écarquillèrent grand les yeux puis se fixèrent, l'air de se demander qui allait réagir le premier.

— C'est des connards ! lâcha Lestac.

— Faut oser quand même ! ajouta Ribenne.

— Si je vous en parle, c'est que mon père a travaillé aux Chantiers pendant trente ans avant de mourir d'un cancer. Je n'en veux à personne, ce n'est pas la question, mais s'il avait entendu dire ça à l'époque, il aurait été fou de rage. C'était un soudeur, il m'a fait aimer la mer en me racontant les bateaux sur lesquels il a travaillé.

Un voile de tristesse passa devant les yeux d'Élise. Elle saisit la croix accrochée à son cou et la fit tourner entre ses doigts.

— Je vous embête, hein ?

— Absolument pas ! objecta Ribenne qui lui serra le bras pour la rassurer.

Gutzeit avisa sa montre et profita du temps mort pour se lever.

— Désolé, mais je suis déjà en retard. J'ai des gosses qui m'attendent, finit-il par lâcher. Une femme aussi.

— Appelle-la pour dire que t'en as encore pour une heure. Comme ça, quand tu rentreras, elle te fera la fête parce que tu seras en avance, lui proposa Ribenne.

Long Nez siffla d'admiration.

— Pour un mec qui ne s'est jamais marié, t'es plutôt doué en excuses, je trouve.

— J'y vais aussi, dit Lestac en se levant. Je veux retourner voir les gars pour tâter l'ambiance.

Ribenne attendit que Gutzeit se soit éloigné pour s'adresser à Lestac d'un ton de comploteur :

— Tiens-moi au courant que je sache quoi faire pour les Roumains.

— On verra demain comment ça réagit après la publication de la note sur le montage exotique. En fait, t'as peut-être terminé ton enquête.

Ils se serrèrent la main.

— Prends-toi garde. Et vous aussi, mademoiselle, fit Lestac en regardant Élise.

Il ajouta un sourire et s'éloigna à grandes enjambées. Élise le suivit des yeux, puis fixa Ribenne quand il demanda :

— Vous paraissiez vous disputer avec un type tout à l'heure. Vous le connaissez ?

— Non, c'est un soudeur, ça fait déjà deux fois qu'il me pose plein de questions, même sur vous et la Ténardière. Vous n'avez pas idée des plans drague auxquels j'ai droit ici. Mais franchement, vous avez vu son âge et j'ai déjà un copain.

— Au fait, vous lui avez donné le timbre du Pérou ?

— Non, pas encore. Il est déjà à Hossegor, il a commencé la saison. Faut vraiment parler de tout ça…

Elle s'interrompit, puis se redressa d'un coup sur sa chaise et attrapa le bras de Ribenne.

— Suivez-moi !

Élise se dirigea vers l'entrée de service et grimpa l'escalier en entraînant Ribenne derrière elle. Il se laissait faire, n'ayant d'yeux que pour ses jambes et son dos nerveux. Parvenus sur le palier, Élise se retourna d'un coup et poussa Ribenne contre le mur. Il pencha la tête pour atteindre ses lèvres humides. Il en avait une folle envie depuis longtemps. Mais Élise détourna le visage. Il insista. En réaction, elle lui remonta la chemise d'un geste brusque. Surpris, il se retrouva torse nu, les bras en l'air et la tête recouverte par le vêtement, sans rien voir. Aussitôt après, il sentit les doigts de la jeune femme glisser le long de ses côtes, puis une caresse chaude et mouillée le transperça quand elle colla la bouche sur son aisselle. Ribenne sentit ses seins bouger contre son torse. Il se laissa faire, les yeux plongés dans le noir de son désir. Élise respirait bruyamment. Sa bouche remonta et descendit à plusieurs reprises le long de l'aisselle trempée de salive. La croix battait les côtes de Ribenne à chacun des mouvements de la jeune femme.

Soudain, Élise émit une plainte vibrante, retira sa bouche et relâcha les poignets du détective. Libéré, il laissa retomber ses bras pour la serrer contre lui, mais ses mains n'attrapèrent que le vide. D'un geste désordonné, il baissa les pans de la chemise. Élise avait disparu. Ribenne se précipita vers l'escalier pour se pencher par-dessus la balustrade, mais il n'entendit que le bruit de ses talons marteler les dernières marches. Il crut l'entendre tomber, mais comme elle ne cria pas, il fut rassuré.

Élise avait exprimé son désir et attisé celui de Ribenne d'une manière si brutale qu'il bandait encore en rentrant dans sa piaule. Il ouvrit la fenêtre pour tenter de distinguer l'adorable silhouette de la jeune femme, mais il ne la vit pas. Le ciel commençait à se brouiller, annonçant un orage d'été. Ribenne ferma les yeux, incapable de comprendre l'enchaînement des événements qui les avait conduits à se comporter de la sorte, et quand il les rouvrit, il crut recevoir une décharge de chevrotine dans le cœur : un papier était punaisé sur la porte de la salle de bains.

Il ne l'avait pas vu en entrant.

Quand tu t'occuperas des vrais problèmes au lieu de te baigner, les poulets auront des dents !

Ribenne arracha la feuille en serrant les mâchoires et la froissa d'un geste de rage. Un frisson le parcourut à l'idée qu'un intrus avait pénétré dans sa chambre profitant de son absence. Sa propre piaule n'était plus un lieu sûr. Il retourna devant la porte donnant sur le couloir, tourna le verrou, puis asséna un violent coup de poing sur le battant en hurlant :

— Putain de merde ! T'es qui pour me narguer chez moi ?

*

L'excitation mêlée au stress l'empêchait de rester dans sa piaule. Ribenne trouvait sa situation de plus en plus glauque. Il avait achevé en deux coups de cuillère à pot l'enquête confiée par Lestac, celle de Paulette était résolue, il était seul et sans perspective d'améliorer son sort. L'heure était venue de donner un nouveau tournant à sa vie. De franchir la ligne jaune. Il comptait sur Sylvia Mendoza pour comprendre les raisons de la décision d'Alèna. C'était indispensable pour continuer de vivre dignement.

Parvenu à destination, l'ancien hôtel du Pilotage se dressa devant lui. Réhabilité en immeuble d'habitation, la bâtisse ouvrait ses fenêtres sur le bassin sud, à l'entrée du quartier du Petit Maroc. Alèna vivait là avant de partir à Nantes et l'appartement était occupé dorénavant par Sylvia Mendoza, sa meilleure amie et sa collègue de virée chez les Russes du Kornilov. Ribenne ne la connaissait pas, car Alèna avait résolument cloisonné les deux mondes de sa vie. Mais il était temps d'abattre le mur dressé entre eux.

Il frappa deux petits coups discrets à la porte de gauche sur le palier du troisième étage. Le visage surpris d'une femme élégante s'immisça dans l'entrebâillement de la porte et s'éclaira d'un sourire timide quand elle le reconnut. La description du détective que lui avait faite son amie correspondait assez bien avec l'homme qui se tenait devant elle dans le couloir.

— Vous cherchez Alèna ?

— Non.

N'ayant rien d'autre à ajouter, Ribenne resta debout face à la porte, les bras ballants. Sylvia prit le temps de le détailler de la tête aux pieds, puis ôta la chaînette de sécurité.

— Entrez, dit-elle en s'effaçant devant lui.

Il la remercia et passa la porte. La pièce avait été réaménagée au goût de sa nouvelle locataire, et Ribenne en tira un sentiment de soulagement. En venant, il avait craint l'idée de retrouver une ambiance lui rappelant Alèna. Il serait parti sur-le-champ.

— Asseyez-vous. Je reviens.

La couleur rouge de sa longue robe hypnotisait Ribenne, immobile. Au bout de quelques pas, Sylvia Mendoza se retourna et vit qu'il n'avait pas bougé.

— Servez-vous à boire. Je n'en ai pas pour longtemps.

Puis elle disparut dans le couloir. Ribenne prit la première bouteille venue, s'en versa une large ration et se planta devant la fenêtre donnant sur le port. L'eau du bassin était tranquille et un magnifique arc-en-ciel zébrait l'horizon. Les bruits extérieurs montaient vers lui étouffés, lui donnant l'impression d'être enfermé dans une bulle protectrice. À sa droite, trois cadres sur un mur renvoyaient des visages d'enfants. Il détourna le regard, refusant toute proximité avec l'intimité de la femme habitant les lieux. Il voulait mettre des distances, refuser les confusions pour se donner bonne conscience et se convaincre de n'avoir pas fait une erreur en décidant de venir jusqu'ici.

— Vous avez trouvé ?

La voix surprit Ribenne et il se retourna, prêt à répondre, mais Sylvia était en train de se servir à boire. Sa surprise fut double : elle avait échangé sa robe écarlate contre un déshabillé et des sous-vêtements couleur prune qui ne laissaient aucun doute sur son anatomie. De toute évidence, elle avait interprété à sa manière la raison de la visite de Ribenne, alors que lui-même n'était pas encore décidé sur le sens à donner à sa présence. Trop de choses s'entrechoquaient dans son esprit.

— Pourquoi m'avoir demandé si je cherchais Alèna ? Vous savez comme moi qu'elle est à Nantes.

Sylvia Mendoza but une gorgée avec lenteur et porta sur Ribenne un regard doucereux par-dessus le rebord du verre.

— Vous sembliez perdu, c'est tout.

Ribenne accusa le coup et baissa furtivement la tête en s'asseyant dans le fauteuil le plus proche.

— D'habitude, je ne reçois pas de… d'hommes ici. C'est une règle que je me suis fixée.

— D'hommes ou de clients ? insista-t-il, ayant compris le sens de son hésitation. Vous acceptez de faire une exception, on dirait.

Sylvia inspira profondément et ne remit pas en place le tissu de sa nuisette entrouvert sur sa gorge.

— Parce que vous êtes l'ami d'Alèna et que je m'autorise parfois quelques exceptions. Mais je veux être la seule à décider. C'est une de mes libertés. La dernière fois, c'était un grand type, vigoureux, et beau gosse, je dois l'admettre. Il m'a accostée dans un bar, mais ne m'a pas parlé comme le font d'habitude les clients. Je devinais des failles béantes et j'avoue que je me suis sentie proche de lui. Alors, je l'ai amené ici, mais figurez-vous qu'il a refusé de se déshabiller. Il s'est juste assis dans le fauteuil où vous vous trouvez et il a siroté mon bourbon en parlant toute la nuit dans un mauvais français. Vraiment un drôle de type.

Ribenne se servit un autre verre et tendit le bras pour remplir celui de Sylvia. Il croisa son regard, mais resta silencieux.

— Alors, qu'êtes-vous venu chercher au juste ? reprit-elle d'une voix sans impatience.

Ribenne soupira. Jamais il ne s'était senti aussi gêné.

— Des réponses… Sans doute…

— Et vous me croyez capable de vous les donner ? On se connaît à peine. Alèna a toujours refusé de me présenter ses amis.

— Justement, vous serez plus libre de ne rien me cacher, de me dire toute la vérité.

— Dire la vérité ? Rien que ça. Quel programme !

— Je souffre trop de ne rien comprendre pour craindre ce que vous allez me dire.

Aussitôt, Ribenne prit conscience du ton empoulé de sa phrase, mais c'était plus fort que lui, il aimait cacher ses émotions derrière les mots.

— Mais je ne vois pas ce que je pourrais vous dire ! fit Sylvia en se redressant.

Sa réaction fit douter Ribenne pendant une poignée de secondes des raisons de sa présence. Il posa ses deux mains bien à plat sur les accoudoirs du fauteuil pour se lever, mais se ravisa aussitôt. Il n'y avait personne d'autre capable de le renseigner, alors il devait jouer cette carte à fond. Quoi qu'il en coûte.

— Mon entrée en matière a peut-être été un peu rapide, mais je ne suis pas venu ici pour vous causer des ennuis. Je pense sincèrement que vous pouvez m'aider à comprendre ce qui m'arrive. Vous connaissez si bien Alèna.

Avant de répondre, Sylvia remonta les jambes sur le canapé et ramena les pieds sous ses fesses. Elle avait le type hispanique, de grands cils noirs qui donnaient du relief à son regard et des mains longues et fines, posées précieusement sur les genoux. La lumière de la fenêtre tombait de manière oblique sur ses épaules et traversait le tissu léger, faisant briller sa peau.

— Oui, depuis longtemps, même si nous avons toujours eu à cœur de séparer nos deux mondes. Je veux dire, le monde privé du monde du trottoir. Il est plutôt rare de conserver des amies dans ce métier. Mais avec Alèna, la question ne s'est jamais posée.

— Alors pourquoi s'est-elle enfuie à Nantes ? lâcha Ribenne dans un soupir, aidé par les effets de l'alcool.

— La vraie question n'est-elle pas plutôt de savoir pourquoi elle vous a quitté ?

Il reçut la question comme un uppercut et manqua de souffle, une poignée de secondes.

— Alors, c'est bien ça, elle vous l'a dit ! rugit-il avant de retomber contre le dossier du fauteuil, abattu.

— Alèna vous aime, voilà l'unique vérité, s'empressa de rectifier Sylvia.

— Elle me manque, c'est la seule chose qui compte pour moi.

Elle croisa les bras et observa Ribenne de ses pupilles vivaces. Elle s'interrogeait de plus en plus sur la raison de sa présence, tant il semblait assailli de sentiments et d'intentions contraires. Quel était vraiment son désir ? Elle regretta d'avoir mis si vite la nudité de son corps sous l'intensité de son regard. C'était à la fois trop tôt et inutile. Quand il avait dit ne pas chercher Alèna, elle avait cru qu'il était venu poussé par des désirs que son métier la destinait à satisfaire.

— Alèna est une femme sauvage, poussée par un désir de survie assez fort pour accepter de renier une partie de son amour propre. Comme nous toutes. L'instinct de vie pour occulter l'instinct de mort. Et pour elle, qui a fui son pays pour ne pas y périr, c'est un instinct décuplé. Nous nous environs de corps, nous souillons le nôtre pour ne pas souiller notre âme.

— Alèna m'a dit un jour que je la purifiais…

— Elle avait raison. Nous marchons chaque jour au bord d'un gouffre qui s'ouvre sous nos pieds en nous tendant ses bras, impatient de nous voir tomber au fond. Chacune d'entre nous cherche à éviter cette chute. Notre bouche, notre sexe, ne sont que des plaies que nous ouvrons sans espoir de guérison. À chaque fois qu'Alèna était avec vous, vous l'éloigniez du bord et vous l'avez gardée en vie.

— Qu'elle est partie mener ailleurs...

— Non. Elle est partie vivre autre chose. C'est une chrysalide, elle cherche à se transformer, à renaître, et cela peut prendre du temps. C'est une étape qui demande de la patience. Alèna reviendra. Je suis même persuadée que ce retour sera une renaissance pour vous deux.

Ribenne rejeta la tête en arrière et resta les yeux rivés au plafond. Il le fixait sans le voir, le regard tourné sur lui-même, dans un mouvement introspectif. La silhouette d'Alèna, leur dernière étreinte, le contact de sa bouche sur ses lèvres, ses mots et ses gestes obstruaient sa vision et formaient un obstacle à sa prise de conscience. Il ne parvenait pas à dépasser les formes évanescentes de ses souvenirs. Ils s'imposaient à sa pensée et tout effort pour passer outre était vain. Ribenne en accepta la domination sur ses sens et signifia son abandon d'un long soupir.

En silence, Sylvia Mendoza se leva, les pans de son déshabillé ouvert sur les cuisses, et se plaça devant la fenêtre pour fumer une cigarette. Elle portait un tanga dont le nœud défait en haut des fesses témoignait une discrète impatience. Le brouillard de fumée grise de sa cigarette rappela à Ribenne le mot « chrysalide ».

Ainsi, Alèna était en pleine métamorphose. Jamais une semblable idée ne lui était venue à l'esprit pour comprendre sa décision de s'éloigner de lui, mais plus l'image prenait sens et plus elle s'imposait à sa raison comme l'unique motif capable de mettre du tangible là où il ne voyait que du vertige. Seule la durée de la mutation restait un mystère. Une partie de lui misait sur une éternité, mais il refusa de l'écouter.

Ribenne se mit à observer Sylvia debout devant la fenêtre. Elle lui offrait la cambrure de son dos, lisse et brillant. Tout à coup, le plafond sembla bouger comme une mer au-dessus de son corps. Il ferma les yeux dans un sursaut de crainte. La présence de la femme, si proche qu'il entendait sa poitrine se soulever à chacune de ses respirations, offerte à ses doigts s'il voulait les tendre, à son désir s'il se décidait à l'exprimer, augmentait son appréhension. Il ressentit un creux à l'estomac et eut mal. Son désir était immense comme une envie de vivre, de crier, de jouir. Mais il serra les poings pour garder la maîtrise de lui-même tant qu'il n'aurait pas eu toutes les réponses attendues.

Il rouvrit les yeux à l'instant où Sylvia quittait la fenêtre pour rejoindre le canapé et leurs regards se croisèrent. Ils échangèrent un sourire lumineux. Il la trouva belle et désirable.

— Je voudrais vous poser une question, dit-elle en reprenant place, mais je ne veux pas vous mettre mal à l'aise.

Ribenne ouvrit les mains pour l'inviter à parler. Il aurait aimé prendre les siennes, toucher sa peau, lui transmettre par ce contact un peu de lui-même. Il n'osa pas ; elle dégageait une aura si puissante qu'elle le tétanisait.

— Je vous écoute, fit-il en esquissant un sourire tendu. Nous sommes là, en face l'un de l'autre, partageant nos doutes et nos questions, et vous savez que depuis le début, je ne vous ai caché aucune de mes faiblesses.

— Vous êtes sévère avec vous-même, protesta-t-elle. Je ne vois pas de faiblesses en vous, juste des failles… profondes.

— On en revient au gouffre de tout à l'heure, c'est bien ça ?

— J'en suis convaincue. Mon avis est que l'être humain, qu'il soit homme ou femme, est une lézarde permanente, qui s'ouvre et se referme au gré des forces contraires qui l'assaillent. Le danger est de laisser les fêlures ouvertes trop longtemps, car elles peinent ensuite à se refermer. On n'a rien trouvé de mieux que l'amour pour les soigner.

— Provisoirement, toujours provisoirement… Posez-moi votre question, enchaîna Ribenne, en ouvrant les mains pour l'inviter à en venir au fait.

— Alèna vous faisait-elle payer ?

La question ébranla Ribenne et il ne réussit pas à cacher son étonnement.

— Ce n'est pas tout à fait comme ça que…

— Oh, je vous ai choqué, pardonnez-moi, riposta aussitôt Sylvia Mendoza en agitant la main devant elle comme si elle effaçait la question sur un tableau. Je n'aurai pas dû, ça ne me regarde pas.

Ribenne voulut rétorquer, mais elle le fit taire d'un geste vif, en colère contre elle-même.

— Non, non, c'est inutile. Je vous ai choqué parce que vous aviez oublié que je ne suis qu'une pute ! Je ne connais de l'amour que le tarif qu'on m'en donne. Notre conversation m'a éloigné un instant de ce que je suis, mais chassez le naturel et il revient au galop. Je me maudis ! Bien sûr qu'il ne s'agissait pas de ça entre vous.

En colère contre elle-même, Sylvia Mendoza se ramassa en boule dans le canapé, enlaçant ses jambes repliées sous elle, à tel point que la jointure de ses poignets devint blanche. Elle sentit des larmes couler sur ses joues et sa nudité lui sembla du même coup une insulte faite à Ribenne. Gêné, celui-ci se leva et déposa devant elle, sur la table basse, un mouchoir trouvé au fond de sa poche, avec ses initiales brodées de la main d'Alèna, puis il contourna le canapé et se planta devant la fenêtre pour réfléchir.

Ribenne se sentait écartelé entre deux tentations, celle de fuir cet appartement et celle de rester poser ses questions. Les sanglots de Sylvia s'étaient tus. Il se retourna, doutant même de sa présence, tant un silence indéchiffrable pesait dans la pièce. Elle se tenait allongée dans le canapé et buvait lentement du whisky, appuyée sur un coude. La nudité de son corps sous le déshabillé couleur prune l'excita.

Incapable de résister, Ribenne s'approcha d'elle, respira profondément et prononça d'un ton aussi clair et assuré que possible quand elle leva les yeux vers lui :

— J'ai envie de faire l'amour, Sylvia.

Elle se mit debout et ôta le voile ténu de ses épaules, puis s'approcha de lui. Ribenne sentit son cœur faire des bonds dans sa poitrine. L'odeur de la peau moite envahit ses narines quand elle mit un bras moelleux autour de son cou pour lui glisser à l'oreille :

— Vous êtes libre. Alèna est libre. Mais vous comprendrez bien vite qu'un lien insécable vous unit. Il sortira renforcé de cette épreuve. Rien ne pourra le rompre, ni votre sexe dans ma bouche ni mon ventre collé au vôtre. J'ai lu un jour une étrange théorie selon laquelle les épouses prennent un amant pour quitter leurs maris alors que les hommes prennent une maîtresse pour rester avec leurs femmes. Ne me demandez pas où je l'ai lu, je suis proprement incapable de réfléchir à quoi que ce soit.

Les mains de Ribenne disparurent dans son dos dégrafer l'attache du soutien-gorge. Les seins jaillirent de leur gangue de dentelle, amples et ronds, lisses et bruns. D'un geste sensuel, Sylvia fit glisser le tanga le long de ses cuisses, mettant à nu la bosse de son pubis. Sa vulve ressemblait à un abricot avec deux lobes généreusement formés. Ribenne ouvrit le fruit. Elle se blottit contre lui et souffla en fermant les yeux d'effroi :

— J'ai peur du vide, je hais ce gouffre ! Empêchez-moi de tomber, Ribenne.

Jeudi

I

La pluie tomba tôt le matin, le ciel mêlant sa juste colère à celle, non moins légitime, des métallos dont la détermination dans la lutte ne s'en trouva point affaiblie. L'eau ruisselait sur les visages fermés des centaines d'ouvriers rassemblés sur le terre-plein de Penhoët pour écouter les responsables syndicaux se succéder au micro devant la porte des Chantiers.

La nouvelle du décès tragique du Roumain avait tétanisé la ville entière, soulevant des élans spontanés de solidarité et de compassion. Un message de Lestac apprit à Ribenne qu'une marche silencieuse devait se dérouler en fin de matinée, de la grille des Chantiers jusqu'à l'hôtel de ville. Des ouvriers avaient pris le temps de fabriquer un faux cercueil marqué du nom du Roumain, Georgiu Galati, que six volontaires porteraient en tête du cortège, immédiatement suivis par ses compatriotes. Le cercueil serait déposé sur les marches de la mairie et entouré de banderoles portant les revendications ouvrières. La presse écrite et les télévisions couvriraient l'événement avec l'empathie d'usage, accroissant par leur présence et leurs sollicitations la pression sur les responsables de Mécanistyl. Une aubaine, car les médias n'avaient rien d'autre à se mettre sous la dent en cette journée maussade de début d'été.

Installé au comptoir de L'Épuisette, Ribenne reconnut à la télé le cadre de Mécanistyl qui avait accueilli le car roumain dans la cour de l'entreprise, et il ne put réprimer une grimace de dégoût devant le refus du type de s'exprimer publiquement. Toujours les mêmes excuses : respecter le temps du deuil, attendre les conclusions de l'enquête, se tenir à la disposition des magistrats, tout ça pour couvrir ses arrières. Autour de lui, Ribenne entendit monter des cris et des injures en réaction à la langue de bois du responsable. Il prit sa tasse de café et s'éloigna du comptoir vers le fond de la pièce, puis ouvrit aux pages locales le *Ouest-France* mis de côté par Paulette.

Le portrait de la commissaire Brakel, posant dans son bureau, illustrait un article consacré à sa récente prise de fonction. Ribenne le lut en portant parfois ses yeux sur la photo de la femme, à la recherche de la confirmation de sa première impression. Il reconnut la forme volontaire de son menton, la ligne droite de sa bouche et la rectitude de son regard. Il apprit qu'elle avait débuté sa carrière au Creusot, sa ville natale, avant de rejoindre assez vite le pôle parisien de la brigade financière. Plusieurs années plus tard, elle avait fait parler d'elle dans deux enquêtes criminelles jugées sensibles, mais dont Ribenne ne parvint pas à se rappeler tous les détails. Puis, après quelques banalités d'usage sur son engagement dans la police et l'honneur de servir l'intérêt général, Brakel exprimait son vif plaisir d'être affectée dans une ville industrielle qui lui rappelait sa cité bourguignonne.

En tout cas, sa carrière était sans comparaison avec celle de son pote Leghorn qui représentait aux yeux du détective l'archétype du policier de province. Ribenne comprit qu'il faudrait voir à l'usage ce qu'elle avait dans la tête avant de porter un jugement définitif. Pour ce qu'elle avait ailleurs, il s'était déjà fait une opinion.

Ribenne chercha l'article sur le montage exotique, mais ne trouvant rien, songea que la presse voulait sans doute prendre le temps de vérifier la note avant de balancer l'info. Il replia le canard et le poussa devant lui, but la fin de son café quand son œil fut soudain attiré par un gros titre :

Décès suspect d'un Américain

Ribenne trouva l'article en page départementale et comprit aussitôt que son pressentiment ne l'avait pas trompé. La description du type correspondait en tout point au souvenir qu'il avait de l'homme croisé à l'entrée de l'église Saint-Gohard, trois jours plus tôt. Son corps avait été retrouvé dans la chambre d'une des nombreuses résidences hôtelières construites sur la place Marceau, devant la Maison du peuple, pour répondre aux besoins urgents de logement des nouveaux arrivants attirés par l'embellie économique. D'après la police, la cause de la mort n'était pas accidentelle et une autopsie serait pratiquée. Ribenne savait que ce meurtre avait toutes les chances de ne pas occuper longtemps la une des journaux en raison de l'actualité des Chantiers.

Un Roumain et un Américain, vous commencez votre carrière nazairienne sur les chapeaux de roues, commissaire Brakel ! songea le détective.

Une fois payé le café à Matéo, Ribenne quitta L'Épuisette et remonta la rue au moment où la pluie reprit sa dégringolade. Il ne détestait pas ces petits crachins d'été qui lavent la poussière des trottoirs et rafraîchissent le visage. En chemin, il croisa d'anciens collègues se dirigeant vers le bâtiment de la Direction pour assister à la réunion syndicale. L'échange de salutations fut bref et grave, et en croisant le regard de l'un d'entre eux, il le reconnut aussitôt.

— Ah ben ça, c'est une surprise ! Pof a senti l'orage, il est resté caché ?

— Pauvre chien, répondit le père Mazés en rallumant le bout de son clope mouillé. Il est parti pisser un matin et je ne l'ai jamais revu. Alors, j'ai pris deux chats, mais c'est pas pareil.

— Et Nicolas ? Plutôt chien ou plutôt chat ?

Le vieux haussa les épaules, décontenancé par la question, puis ses pupilles s'allumèrent.

— Plutôt pingouin ! Il est passé ce matin me prendre un vieux costume. Sa mère l'aurait trouvé beau comme un pompier, mais moi j'aime pas les habits de cimetière. C'est un Roumain qui est mort, n'est-ce pas ?

— Oui, mais ça aurait pu arriver à n'importe qui d'autre.

— Mensonge ! s'emporta Mazés, en gesticulant au milieu du trottoir. Ça n'arrive qu'aux mêmes ! Vous en connaissez des patrons qui ont passé l'arme à gauche en tombant du haut de leur tas de pognon ? Moi pas, jamais entendu parler.

— Moi non plus, rassurez-vous, se justifia Ribenne, craignant de passer pour un jaune.

Puis il baissa les yeux pour ne pas croiser ceux du père Mazés. Devant son silence, le vieux enchaîna :

— On se reverra, détective, on se reverra, et il reprit sa route vers le rond-point de Penhoët considérant qu'il n'y avait rien d'autre à ajouter.

*

Tout en marchant, Ribenne observa l'activité du port et les installations industrielles. Son œil glissa des remorqueurs vers la base sous-marine, puis sur la coque d'un vraquier amarré près des silos à grain, quand soudain, une tache noire suscita sa curiosité. Il plaça la main en visière et tout en avançant à un rythme soutenu, ne cessa de scruter la tache. Sa forme se précisa d'un seul coup et un cri aigu jaillit de sa bouche quand il la reconnut. Comme si une main de géant lui avait donné une grande bourrade dans le dos, il se mit à courir et faillit même tomber à plusieurs reprises, mais un instinct plus fort que tout le remettait chaque fois debout. L'adrénaline électrisait ses muscles, inhibant toute notion de danger et de peur pour lui-même.

Une fois parvenu au coin du bâtiment de la direction, Ribenne reconnut le 4×4 des Croates, stationné devant le Café Moderne. Inconscient des risques, il s'élança vers le véhicule, mais derrière les vitres fumées, le conducteur venait de le repérer. Aussitôt, le moteur hurla au démarrage et les roues énormes accrochèrent le bitume en laissant un tapis de gomme. Ribenne continua de courir, la main tendue dans le seul espoir d'attraper la poignée de la portière pour l'ouvrir, mais le 4×4 passa si près de lui qu'il dut faire volte-face pour l'éviter.

Exténué par sa course, il se plia en deux, les mains sur les côtes, soufflant comme un diable en train de rallumer l'enfer, une douleur aiguë montant le long de ses jambes. Une question s'imposa aussitôt : les Croates étaient-ils revenus mettre leur menace à exécution ou bien cherchaient-ils quelqu'un d'autre ?

En traversant la route, il balaya du regard les alentours. Il était 13 h 30 et des métallos sortaient des bars-restaurants où ils avaient cassé la croûte tandis que d'autres traînaient des sacs de victuailles pour les grignoter le soir dans leur piaule. La terrasse du Café Moderne était vide, mais un groupe fit du bruit en sortant du bar et, à travers la vitre, il vit la Carcaradec les saluer de la main. Des habitués, sans doute. Il les observa et reconnut l'ouvrier qu'il avait vu avec Élise la veille au soir. Elle avait même précisé que le type posait des questions sur tout le monde, y compris sur lui. Décidé à y voir plus clair, Ribenne le mit dans son collimateur.

— Eh, s'il te plaît, attends une minute !

L'homme se retourna et en reconnaissant Ribenne esquissa un mouvement de fuite, mais le détective l'attrapa par la manche. Ses copains continuèrent leur chemin sans se soucier de lui.

— T'en vas pas ! Je veux juste te poser une question.

Avec un accent à couper au couteau, le type répondit sèchement en dégageant son bras.

— Moi te connais pas. Laisse-moi, mec.

— Moi non plus, je te connais pas, rétorqua Ribenne, alors pourquoi tu poses plein de questions sur moi. Qu'est-ce que t'as demandé à la serveuse hier, hein ?

— Pas poser de questions. C'est elle causait à moi. Moi j'ai rien fait.

— Te fous pas de ma gueule ! Tu cherches quoi à tourner autour de nous ?

D'un mouvement brusque qui surprit Ribenne, l'homme dégagea son bras et se mit à courir sans se retourner. Mais au lieu de rejoindre ses potes partis devant lui, il prit la direction inverse et s'engouffra dans la rue des Chantiers. Ribenne était prêt à parier que le type n'avait pas de carte de séjour et l'avait pris pour un flic. Il se ferait discret le temps que la police l'oublie avant de revenir traîner son ennui dans les troquets.

Ribenne se résigna à le laisser filer et entra dans le Café Moderne où seul le bruit de la télé égayait l'endroit. La Carcaradec lavait des verres derrière le comptoir et ne put retenir une moue ennuyée en voyant le locataire de son unique chambre s'asseoir et lui commander un demi à cette heure-là. Elle s'exécuta en silence puis lui apporta la cervoise, sans faux col, comme il aimait la boire.

— Alors, c'est bon, vous avez pu vous parler ? glissa-t-elle en posant le verre.

— Oui, depuis longtemps. Après son service, hier soir, précisa Ribenne.

— Ah, vous parlez d'Élise, mais moi, je vous parlais du métallo qui vient de sortir avec les autres.

— Qui ? Le type avec qui je parlais à l'instant ?

— Ben oui, ça fait deux jours qu'il n'arrête pas de poser plein de questions sur vous. Il ressemble bigrement à celui qu'est venu l'autre jour, mais en plus vieux. Vous vous souvenez ?

Ribenne reçut l'information avec la violence d'une claque assénée par un gorille. Il se dressa sur ses pieds, renversant la table et la bière, et sortit sur la terrasse pour scruter la direction prise par l'inconnu. Il savait que c'était trop tard. Le type avait eu cent fois le temps de s'envoler. Vers où ?

La Carcaradec nettoyait les dégâts quand Ribenne l'attrapa par le bras pour la faire s'asseoir de force devant lui.

— On va discuter de choses sérieuses maintenant. Depuis quand vous connaissez ce type ? Répondez, c'est important !

La pauvre femme, complètement apeurée, bougea la tête, pâle comme un linge, prête à pleurer.

— Il m'a parlé une ou deux fois, c'est tout. Je ne connais même pas son nom.

— C'est tout ? Vous ne savez pas qui il est, mais ça ne vous gêne pas de le saluer comme un habitué de dix ans ? Je vous ai vue lui dire au revoir de la main.

— C'est pas lui que je saluais, M. Ribenne, c'était les autres. Lui, je le connais pas, mais les autres, ils mangent là tous les jours. Faut fidéliser la clientèle, les temps sont durs.

— Ils sont donc venus ensemble ?

— Ah non, pas du tout. Il venait juste d'entrer quand le groupe s'est levé de table. Il est ressorti aussitôt et vous l'avez abordé.

— Quelles questions a-t-il posées sur moi ?

Le visage rougissant, la Carcaradec ne regardait pas Ribenne et tenait la tête baissée, passant la langue sur ses lèvres comme si parler lui coûtait un effort surhumain.

— Mais répondez au lieu de fixer vos pompes, bordel de merde.

— Vos habitudes, vos amis, où est la femme qui se baladait parfois avec vous…

La nausée prit Ribenne à la gorge. Il sauta sur les pieds et commença à tourner en rond en tenant les index appuyés sur ses tempes. Il en était sûr, un détail lui échappait.

— Je veux qu'on reprenne tout de A à Z. On y passera le reste de la journée s'il le faut, mais je veux comprendre.

— Mais j'ai rien d'autre à dire et j'ai plein de boulot, moi, protesta la femme en s'éloignant du détective dont l'attitude lui faisait peur. En plus, Élise n'est même pas là. J'ai été obligée de turbiner toute seule ce midi.

— On s'en fout d'Élise pour l'instant. C'est vous que je veux entendre.

— Mais que voulez-vous que je raconte de plus ? s'énerva-t-elle d'une voix tellement aiguë que Ribenne aurait voulu lui couper la langue.

— Les détails, ce qui vous paraît évident et que vous n'avez pas dit, tout ce que vous avez entendu.

La Carcaradec secoua la tête pour exprimer son désarroi. Ribenne soupira et reprit pour l'aider :

— Je ne sais plus quand, mais vous m'avez bien dit que quelqu'un voulait me parler.

— Oui, je l'ai dit. Un type baraqué, style italien.

— Italien ? l'interrompit-il.

— Un beau gosse bronzé avec un accent, quoi.

— Il ressemblait au type de tout à l'heure.

— Il était plus jeune. Dans les 25 ans, je dirais.

— Il voulait quoi ?

— Savoir où vous étiez.

— Et j'étais où ?

Exténuée, la Carcaradec se frotta les joues.

— Mais comment voulez-vous que je le sache, s'exclama-t-elle en pleurnichant pour se défendre.

— Est-il revenu ?

— Ah, ça non ! Lui, je ne l'ai vu qu'une fois, c'était mardi. Juré craché ! lâcha-t-elle, certaine d'en avoir assez dit pour convaincre le détective de la laisser tranquille.

Ribenne haussa les épaules devant sa réponse.

— Si l'espèce d'Italien vous ne l'avez vu qu'une fois, lequel avez-vous vu plusieurs fois ? Je ne comprends rien à votre histoire !

— Ben, le type de tout à l'heure. J'arrête pas de vous dire que depuis deux jours, il tourne en rond autour du bar, parle à Élise, et me pose des questions.

— Donc mardi, un Italien vous pose des questions sur moi, puis hier et aujourd'hui, c'est ce type. Quelles questions ?

— Mais c'est un monde, s'égosilla-t-elle, j'arrête pas de vous le répéter !

— Eh bien, répétez-le encore une fois !

— Ce que vous faites, où vous êtes, et où est la fille qui vous accompagne.

Rien qu'à l'idée qu'un type de cet acabit s'intéressât à Alèna suffisait à retourner l'estomac de Ribenne.

— Mais pourquoi vous ne m'en avez jamais parlé avant, bordel de merde ? On vit sous le même toit, on se voit tous les jours !

— Non, c'est pas vrai, s'emporta la Carcaradec. On ne vous voit jamais sauf quand c'est plein à craquer et que j'ai du boulot par-dessus la tête. Et quand on vous voit, vous avez toujours un air qui fait peur. À chaque fois, j'ai l'impression que vous allez me réduire en bouillie. Regardez, même pour la Souris, alors que vous aviez dit haut et fort que vous paieriez tout ce qu'il devait, vous m'avez engueulée comme du poisson pourri. Ça donne pas envie de faire la conversation, voilà. Et puis votre métier, là, détective, ça m'impressionne. Des fois, je me demande si vous ne seriez pas un peu flic sur les bords, et moi, les flics…

Elle s'arrêta de parler et se frotta les yeux embués de larmes. Ribenne resta stupéfait devant l'énumération des griefs. Elle avait tout déballé d'une traite et se tenait si amorphe sur sa chaise qu'on aurait dit qu'elle venait de livrer un combat en dix rounds. Il déglutit difficilement et prononça d'une voix la plus neutre possible :

— Je vous promets que nous allons l'avoir la petite conversation qui vous manque tant. Qu'avez-vous répondu aux questions de ces deux types ?

— Rien, puisque je ne sais rien. Mais il est revenu à la charge plusieurs fois. Même qu'hier, je l'ai surpris là-haut.

— Là-haut ? hurla Ribenne.

— Dans le couloir, c'est tout. Mais je l'ai fait déguerpir, ne vous inquiétez pas, et il n'a pas recommencé. C'est pour ça que je ne vous en ai pas parlé.

Le souvenir du papier punaisé sur la porte de la salle de bains lui revint en mémoire. L'auteur pouvait-il être cet ouvrier qui s'intéressait étrangement à lui et qui parlait à peine français ?

— Ça non plus, vous ne m'en avez pas parlé ! Il y a deux minutes, vous juriez m'avoir tout révélé ! l'engueula Ribenne pour la énième fois.

— Parce qu'il n'a rien fait de mal et qu'il n'est jamais remonté là-haut.

— Et chaque fois, il est venu tout seul ?

— Euh… Oui… Peut-être… J'en mettrai pas ma main au feu…

— Comment ça, vous n'en êtes pas sûre ?

La Carcaradec tritura ses mains, mal à l'aise.

— Pas tout à fait... Tout à l'heure, par exemple, je crois bien qu'il est sorti de la grosse voiture qui était garée devant... Attention, j'ai bien dit, «je crois», fit-elle en levant la main devant son visage craignant une réaction désagréable.

Le cœur de Ribenne fit un bond terrible dans sa poitrine.

— Vous parlez du gros 4×4 garé devant?

La Carcaradec hocha la tête sans le regarder.

— Bordel de nom de Dieu de bordel de merde! explosa Ribenne en se frappant la poitrine.

L'évidence venait de lui sauter aux yeux. Le type s'habillait comme les métallos pour se fondre dans la masse, mais n'en était pas un : le type était le deuxième Croate! Sorti du contexte de leur rencontre sur la route quand il poursuivait le car des Roumains, il ne l'avait pas reconnu. Tout était allé très vite et seul le plus petit des deux s'était approché et lui avait parlé. Comme l'autre fouillait la voiture, Ribenne n'avait pas pu l'observer suffisamment pour le reconnaître. Il ressentit l'ignoble impression d'être pris dans un filet dont les mailles se resserraient dangereusement autour de lui sans avoir une idée précise du danger encouru.

Sans plus s'intéresser à la Carcaradec, échouée sur sa chaise comme une baleine morte, il grimpa dans sa chambre, prêt à se flageller de n'avoir pas fait le rapprochement plus tôt. À force de se focaliser sur les Roumains, il avait négligé des indices importants. Il s'en voulait à mourir, car il n'était pas le seul pris dans le filet des Croates : Alèna les intéressait elle aussi.

Jeudi

II

Peu de temps après, Nicolas Mazés déboula dans le Café Moderne et découvrit la Carcaradec au bord des larmes. Elle n'avait pas eu le temps de ranger la pagaille provoquée par la colère de Ribenne. À la question de Nicolas, elle se contenta de répondre en montrant le plafond du doigt, puis cacha son visage rougi dans ses mains. Le jeune Mazés grimpa les marches quatre à quatre et frappa à la porte du détective.

— C'est Lestac qui m'envoie. On a besoin de vous.

Ribenne crispa les mâchoires. Il détestait les accroches de ce type. En général, elles n'annonçaient rien de bon et depuis trois jours, le *rien de bon* était monnaie courante.

— On veut faire parler les Roumains pour en savoir un peu plus, alors on a besoin d'un traducteur, expliqua Nicolas.

— Et t'as lu où que je parlais roumain ?

— Pas vous, je sais. Mais, euh… (Nicolas baissa la tête et fixa ses chaussures en triturant ses doigts), votre copine Hélèna connaît le roumain, elle.

Entendre parler d'Alèna de cette manière fouetta le sang du détective.

— T'es vraiment nul. Elle ne parle pas roumain.

— Ah bon, répondit Nicolas, sincèrement étonné. Elle n'est pas roumaine ?

— Si tu avais commencé par-là, j'aurais pu t'aider. Non, elle vient du Kosovo, c'est à côté de l'Albanie.

— Alors, on est revenus au point mort.

Ribenne lui asséna une bonne claque sur l'épaule.

— Tout n'est pas perdu. Tu viens de me donner une idée. Je vais te trouver un traducteur, moi. Je l'amène où ?

— On a prévu de se retrouver au foyer de Marine Accueil à la débauche. Vous voyez où c'est ?

À ces mots, Ribenne s'approcha lentement du jeune Nicolas et enfonça ses yeux dans les siens, si profondément qu'il aurait pu lui détecter une tumeur au cerveau.

— Quand tu me verras me pointer avec ton traducteur, t'auras intérêt à le payer rubis sur l'ongle.

— Pas de problème, M. Ribenne, répondit Nicolas en avalant sa salive. Pas de problème.

Et il s'éloigna en accompagnant sa retraite de courbettes et de gestes d'apaisement. Ribenne ne le lâcha pas du regard et, une fois la porte refermée, partit d'un rire nerveux. Il ne pouvait plus reculer. D'autant qu'une raison de plus venait de s'ajouter à toutes les autres. Il tenait l'occasion rêvée de reparler à Alèna sans qu'elle puisse mettre en doute ses intentions.

Sa gorge se noua quand il reconnut sa voix au téléphone. Il prit une profonde inspiration avant de se jeter à l'eau :

— Alèna… J'ai besoin de toi.

Elle resta silencieuse puis articula d'une voix sans timbre :

— Bonjour, d'abord. On s'était mis d'accord que…

— Je ne te parle pas de ça, la coupa Ribenne. J'ai besoin que tu me trouves une traductrice roumaine.

— Rien que ça.

— Ne me dis pas que parmi tes protégées, aucune ne vient de l'Est, j'aurai du mal à le croire.

Deuxième petite seconde de silence, puis Alèna reprit :

— Admettons. C'est pourquoi ?

— Des Roumains bossent aux Chantiers et ils ne parlent pas français et à peine anglais. La justice a mis un interprète à disposition pour les entendre dans le cadre de la mort d'un des leurs, mais on voudrait les faire parler nous aussi. On a besoin d'elle dans deux heures.

— Deux heures ? Mais je ne suis pas une agence d'intérim !

— C'est important, Alèna, tu dois m'aider, l'implora-t-il.

— Je ne te promets rien. Je l'envoie où ?

— Je l'attendrai chez la Carcaradec.

— Bien sûr, la première chambre à droite…

— Ne dis pas de conneries ! la coupa-t-il sèchement en regrettant dans la seconde de se laisser emporter. Dis-lui de me retrouver au foyer des marins, au Building, conclut-il d'un ton radouci.

Il se tut, le temps de mettre ses idées en place, puis reprit :

— J'ai autre chose à te demander…

— Je t'écoute, mais n'en profite pas, murmura-t-elle.

— Mais cesse de penser que je t'appelle pour te dire de revenir. Je sais à quoi m'en tenir pour nous deux, tu as été très claire là-dessus, lâcha-t-il sans pouvoir garder une voix calme.

— Ne te fâche pas, mais je te connais bien. Alors ?

— Est-ce que tu as eu l'impression d'être suivie ces jours-ci ?

— Ici, à Nantes ?

— Oui, ou que tu aurais croisé des gens au comportement bizarre.

— Drôle de question. T'as oublié où je travaille ?

Ribenne soupira. Il savait depuis le début que ça se terminerait en jus de boudin.

— C'est bon, laisse tomber.

— Tu es bien susceptible aujourd'hui.

— Je ne suis pas susceptible, mais tu me prêtes des intentions que je n'ai pas… Tu n'es plus la même.

— Faux ! Je n'ai pas changé, c'est toi qui me demandes des trucs bizarres. Je travaille pour une association qui soutient moralement et matériellement des femmes mises sur le trottoir par des hommes sans loi ! T'as oublié ? Alors, des trucs bizarres, j'en vois plus que je ne voudrais.

— Ça va, j'ai compris. On ne va pas s'engueuler pour ça, le temps presse. Il te reste une heure cinquante pour trouver une fille qui parle roumain. Tu me l'as promis.

— Mais je n'ai rien promis !

Trop tard, il avait raccroché.

*

Le foyer de Marine Accueil, l'association s'occupant des marins en escale au port, était bondé. Les métallos se tenaient debout, par terre et sur le billard, le regard tourné vers deux ouvriers roumains assis sur leur chaise et entourés de représentants syndicaux. Ils levaient la tête par saccades, impressionnés de se retrouver au centre d'une pareille réunion qui aurait dû commencer il y a un quart d'heure.

Ribenne se faufila à l'intérieur et haussa les épaules en direction de Lestac pour lui dire qu'il ne savait pas quand le traducteur arriverait. Finalement, la décision fut prise de parler en anglais, car plus personne ne tenait en place. La tâche d'assurer la traduction revint à un jeune permanent syndical.

Celui-ci se leva et réclama le silence à grand renfort de gesticulation, puis de guerre lasse, il finit par grimper sur une chaise :

— Camarades ! Camarades ! Ce que nos deux amis ont à dire est proprement scandaleux. Les ouvriers sont traités comme des esclaves et les patrons chercheront toujours à cacher la vérité. Nous voulons qu'elle éclate à la face de tous et que la mort du camarade Galati leur serve de leçon.

Malgré le brouhaha, Ribenne entendit parler dans son dos et, jetant un œil par-dessus l'épaule, aperçut Alèna suivie d'une petite femme replète. Son regard croisa celui de Lestac, visiblement soulagé de voir la traductrice au rendez-vous.

Ribenne ne put s'empêcher de fixer le visage rayonnant d'Alèna. Les boucles de ses longs cheveux tombaient sur ses épaules et leur teinte noir corbeau rehaussait le hâle de sa peau. Il vit ses yeux lui sourire, sa bouche lui sourire, ses seins lui sourire. Elle s'en rendit compte et vint se tenir debout à côté de lui, sans parler, le temps qu'il retrouve sa respiration. Le choc de la revoir avait plongé Ribenne en apnée aiguë.

Pendant ce temps, la traductrice se plaça devant ses deux compatriotes et ils dialoguèrent dans leur langue sans se soucier du monde autour. Le syndicaliste la présenta comme une travailleuse roumaine venue exprès de Nantes, ignorant à l'évidence dans quel genre de spécialité elle exerçait ses talents.

— Silence, camarades ! Silence ! Nos amis vont parler et Mme Stoica va traduire au fur et à mesure.

Le plus petit des deux Roumains se leva, racla sa gorge puis commença son récit :

— Je suis le cousin de Georgiu Galati, mon nom est Rado. Nous venions tous les deux de Sotânga, un village proche de Targoviste, c'est au milieu de la Roumanie. Georgiu était paysan et moi menuisier. La petite ferme de Georgiu allait mal et il voulait arrêter la terre. Un jour, il a vu une annonce dans Ziua qui demandait des volontaires pour travailler six mois à l'étranger. On en a parlé longtemps avant de se décider, puis il a appelé le numéro. On nous a donné quarante-huit heures pour trouver 21 000 lei, ça fait 600 dollars, et rejoindre Targoviste. Georgiu a vendu le matériel de sa ferme et moi, j'ai pris l'argent qu'on avait économisé avec ma femme. À Targoviste, on a rencontré les responsables d'une société chargée de recruter des ouvriers pour travailler en France. En six mois, on devait gagner plus d'argent qu'en un an chez nous. Les 600 dollars servaient à payer nos papiers d'immigration, le voyage, la nourriture, les frais. On les a donnés et on nous a fait monter dans un bus. Ensuite, on s'est arrêtés plusieurs fois en cours de route pour prendre d'autres types envoyés par la même agence.

Rado poursuivit son récit après la traduction de Mme Stoica.

— Le voyage a duré quarante heures avant d'arriver chez Mécanistyl. Jusque-là, on ne savait pas encore pour quelle boîte on allait travailler, on nous avait juste expliqué que ce serait sur des bateaux. Quand on est descendus du car, un chef nous a dit de lui donner nos passeports. On a obéi parce qu'on ignorait qu'il les confisquait pour nous empêcher de repartir. Sans papiers, on est bloqués et interdit d'aller et venir à notre guise. Quand on a commencé à râler, il a menacé de nous renvoyer chez nous, sans rien payer. On vit dans une ferme pour les enfants d'écoles. Il n'y a que deux toilettes pour adultes. C'est notre chauffeur qui fait les repas avec ce qu'on peut acheter.

À ce moment, son collègue resté silencieux se leva et voulut prendre la parole. Mme Stoica lui fit signe d'attendre qu'elle ait traduit avant de poursuivre.

— On ne demande pas grand-chose, enchaîna Victor Uncu après s'être présenté comme un ouvrier d'une usine de machines-outils de Targoviste. Juste l'argent qu'on nous doit et le remboursement des 600 dollars du départ. On veut qu'ils nous rendent aussi nos papiers pour rentrer chez nous ! asséna-t-il sous des murmures d'approbation.

Aussitôt, Rado reprit la parole. Leur duo fonctionnait à merveille pour chauffer les esprits et Mme Stoica, prise au jeu, traduisait au fur et à mesure avec l'emphase nécessaire pour rendre vivant leur récit.

— Georgiu est mort et les autorités roumaines veulent rapatrier son corps. Nous, on veut partir avec lui, on est tous d'accord. Mais on veut être payés avant !

Ribenne se pencha vers Alèna et lui glissa à l'oreille :

— Viens, sortons.

— Tu ne veux pas écouter la fin ?

— Je connais la suite. Le syndicat va essayer de tirer la couverture à lui, de faire monter la pression et de rendre les Chantiers responsables de tout le bordel.

— Ce n'est pas la vérité ?

— Je te rappelle que tous les contrats ont été validés par l'inspection du travail, donc par l'État français !

*

Avec Alèna, Ribenne s'engagea sur la passerelle métallique au-dessus de l'entrée sud du port, entre la capitainerie et l'ancienne usine élévatoire. Leurs pas résonnèrent sur les traverses de bois, puis plus loin sur le bitume de la route, avant qu'il ne se décide à parler le premier.

— Tu m'as fait une sacrée surprise tout à l'heure.

— J'ai vu ça. À croire qu'on s'est quittés il y a dix ans.

— Pour moi, c'est un peu pareil, confessa Ribenne en fixant son profil. Tu me manques et quand je t'ai vue, j'avais l'impression de ne plus savoir qui tu étais.

D'un coup, il fit volte-face et avant qu'Alèna ne comprenne ses intentions, il l'attira contre lui. Mais elle le repoussa gentiment.

— Non, Rib, ne gâche pas tout… On est bien comme ça…

Pour ne pas paraître cruelle, elle posa sa joue contre sa poitrine, mais le mal était fait. L'attitude d'Alèna donnait à Ribenne l'impression d'être abandonné au milieu du gué d'une rivière et que la rive en face s'éloignait un peu plus à mesure qu'il avançait.

— Comment ça se passe pour toi à Nantes ?

— Bien. C'est fatigant, mais je vis presque normalement.

— Pourquoi dis-tu *presque* ?

Elle allait répondre, mais se retint à temps. Devait-elle lui faire plaisir ou dire la vérité ? Elle opta pour la vérité.

— Ma famille me manque, mon pays aussi.

Ribenne avait cru qu'elle avouerait que ce *presque* était dû à leur éloignement l'un de l'autre. Il encaissa le coup en silence.

— Je croyais que tu voulais refaire ta vie ?

— La refaire n'oblige pas à oublier l'ancienne. Et toi, Rib, elle avance ton enquête sur les filières de main-d'œuvre étrangère ?

— Je l'ai bouclée. Ce n'est pas mon passe-temps habituel, le crime social. Pas de vol, pas d'adultère, pas de corps, j'innove. Mais il faut croire que je ne suis pas encore rouillé, car j'ai pu mettre la main sur un document qui prouve l'existence d'un système organisé. Donc, mission accomplie, même si j'ai un autre souci dans cette affaire qui m'empêche d'avoir la conscience tranquille. Je préfère ne pas t'en parler maintenant.

Il songeait aux Croates, mais ne voulait rien dire par crainte d'affoler Alèna. Il n'y avait aucune raison qu'elle soit en danger à Nantes. Leurs pas les conduisirent devant le monument dédié au souvenir de l'abolition de l'esclavage, à gauche du vieux môle. Un personnage de métal sortait de l'eau, à la manière d'un rescapé de naufrage, de l'oubli, de l'Histoire. Ils restèrent debout un instant, admirant l'estuaire ouvrir ses bras pour accueillir l'océan sous les piles gigantesques du pont reliant les deux rives de la Loire.

— Tu vois cet homme ? demanda Ribenne en montrant la statue du doigt. C'est une bonne image de ma vie. Vivant, mais perdu, rescapé, mais seul, naufragé, mais plein d'espoir. Je mets ma main au feu que tout le monde a oublié l'existence de cette œuvre d'art. Et pourtant, jamais, depuis des années, on n'a autant fait allusion à l'esclavagisme moderne.

— Je n'aime pas quand tu es sombre, Rib. N'est-ce pas le symbole qu'il faut retenir ? Moi aussi, j'en connais des centaines de filles qui ne sont rien d'autre que des esclaves. Les réseaux de prostitution sont organisés comme les trafiquants d'ébène. Ils importent des filles de tous les pays, les revendent à des proxénètes locaux, et elles doivent bosser au rendement sous peine d'être battues ou renvoyées chez elles. Mais dans ces cas-là, elles n'arrivent jamais à destination. Parfois même, une ou deux sont tuées devant les autres pour les impressionner et les empêcher de parler. Mme Stoica m'a raconté l'histoire d'une fille qu'un truand albanais a allongée sous les roues de son 4×4 avant de rouler dessus. Tout ça sous les yeux des filles qui avaient voyagé avec elle. Juste pour leur montrer de quoi il serait capable si l'une d'entre elles cherchait à s'échapper ou à dénoncer le réseau.

Une vague de frayeur parcourut l'échine du détective.

— Parle-moi d'autre chose, s'il te plaît !

Son portable sonna opportunément. Il lut le nom de Lestac sur l'écran et comprit que la réunion était finie. Ribenne aida Alèna à se relever, et sur le chemin du retour, ils marchèrent en silence. Retrouver Alèna, parler à nouveau avec elle, de manière intime et la tenir dans ses bras, venait de rouvrir une plaie mal soignée. Son retour sur Nantes, après avoir récupéré Mme Stoica, la fit saigner à nouveau.

Pour se soigner, Ribenne trouva refuge dans tous les bistrots mis sur sa route par la providence.

*

Tard dans la soirée, l'accueil que Ribenne reçut de la mère Carcaradec prouva qu'elle s'était remise des émotions suscitées par son interrogatoire musclé. En le voyant franchir la porte du bar, elle comprit que son locataire avait trop bu.

— Ah, vous voilà enfin ! Vous avez vu l'heure ? J'allais débarrasser.

Ribenne s'assit devant son assiette, incapable de répondre, et posa le carafon de vin sur une table voisine en cachant les tremblements de sa main.

— Qu'est-ce qu'il a mon vin ? D'habitude vous ne crachez pas dedans !

— Pas de mélange, je ne supporte pas.

— Vous voulez de l'eau, alors ?

— Pas de mélange ni de gros mot. Whisky !

Outre le fait qu'il en avait bu une bonne quantité depuis le départ d'Alèna pour Nantes, Ribenne reconnaissait au whisky la vertu de modifier le goût des aliments, ce qui n'était pas inutile pour ingurgiter la bouffe de la Carcaradec.

— Tiens, elle n'est pas de service ce soir, la petite serveuse ?

La réponse de la Ténardière claqua comme un coup de torchon sur le comptoir.

— Elle n'est pas venue aujourd'hui, elle m'a laissé tomber. Je vous l'ai déjà dit ce midi. Essayez d'aider les jeunes et voilà comment ils vous récompensent ! Si seulement elle m'avait prévenue. Mais même pas. Ni un coup de fil ni une excuse.

— Vous avez ses coordonnées. Appelez-la.

— Parce qu'en plus, il faudrait que je me mette à genoux pour qu'elle revienne ? Ah ça, non !

— Ce ne sera pas nécessaire, elle viendra bien chercher son salaire.

Le visage de la Carcaradec vira au rouge et son menton trembla de colère :

— Parce qu'en plus, vous croyez que je vais la payer ! Ça s'appelle une absence injustifiée, je me suis renseignée. Une employée a aussi des devoirs et elle ne les a pas respectés.

Calmement, Ribenne attrapa la bouteille de whisky et remplit un verre. Il le porta devant son œil pour observer la Carcaradec à travers. Sa raison commençait à abdiquer sous l'effet de l'alcool, mais il trouva les ressources suffisantes pour mener à terme son entreprise d'intimidation.

— Je vous déconseille d'agir de la sorte. Non-paiement des heures supplémentaires, bulletins de salaire sans doute incomplets, absence de contrat de travail, tout ça peut coûter très cher, vous savez ? Je vous ai à l'œil, ricana-t-il derrière le verre.

La femme lâcha un juron et devint livide. Elle tituba jusqu'à une chaise et se laissa tomber dessus en grimaçant.

— Vous voulez ma peau, c'est ça ? bredouilla-t-elle, tremblotante. Pourquoi me détestez-vous à ce point ?

— Je ne vous déteste pas. Je ne supporte pas l'injustice.

— Vous me menez une vie infernale. Vous me méprisez. Mais pourquoi ?

— Je vous donne tout le respect qui vous est dû et je vous paie rubis sur l'ongle.

La Carcaradec laissa retomber ses bras de chaque côté de la chaise en signe d'impuissance. Des larmes glissèrent sur ses joues. Ribenne voulut lui tendre un mouchoir, mais il avait oublié le sien chez Sylvia Mendoza.

— Vous ne savez pas tous les soucis que je dois affronter. Et je suis si seule. Je déteste la solitude… Amaury ne reviendra jamais… Il était tout pour moi… On avait monté cette petite affaire ensemble.

D'un geste las, elle allongea ses jambes et plaça son visage entre ses mains tremblantes. Ribenne se mit debout et, en se forçant à marcher droit, se dirigea vers le comptoir pour attraper une bouteille de rhum et un verre propre. Les bourreaux n'offrent-ils jamais une dernière cigarette au condamné ?

— Buvez, ça vous fera du bien.

Elle tendit une main maladroite et Ribenne y plaça le verre en l'aidant à refermer ses doigts dessus.

— C'est dégueulasse ! siffla-t-elle en reposant le verre si près du bord de la table qu'il tomba et explosa en mille morceaux. Pourquoi mon Amaury est parti ? Hein, pourquoi ? Qui voudrait d'une femme enlaidie comme je suis devenue. Oh mon Dieu… S'il vous plaît, M. Ribenne… Laissez-moi, maintenant… Oui, laissez-moi…

Le détective ne se le fit pas dire deux fois et s'esquiva en silence en se cramponnant à la rampe d'escalier, la bouteille de whisky dans l'autre main. Parvenu dans sa piaule après quelques embardées maladroites, il se dévêtit et s'enfonça sous les draps jusqu'au cou. Il resta sans bouger, les yeux dans le vague, son corps nu parcouru de frissons, à écouter la nuit. La rue elle-même semblait muette et le port taisait sa respiration nocturne. Saisi d'un élan d'angoisse, il se releva, attrapa la bouteille et but de longues rasades brûlantes. Puis il sombra dans un profond sommeil, fait de bruit et de fureur, de larmes et de rires, de caresses et de brûlures. Il se réveilla plusieurs fois, transpirant, la bouche pâteuse, surpris dans son sommeil par ses propres mots, sans qu'il ait assez de conscience pour se rendre compte s'il les avait criés ou murmurés. Hélèna, Alèna. Le visage et le sourire de la femme apparaissaient alors au fond de sa pupille pour disparaître aussitôt rendormi. Ceux de Sylvia Mendoza aussi.

Il n'y avait que l'œil de la lune à veiller sur lui à travers la fenêtre de sa piaule.

Sauf quand l'aube se leva.

Vendredi

I

Les traits du visage tirés par cette nuit de cauchemars, Ribenne se redressa d'un coup sur le lit et souilla sa main de sueur en la passant sur son crâne lisse. Sa poitrine lui faisait mal, ainsi que les muscles du dos, et bien que nu et sans drap sur lui, il avait l'impression d'être oppressé d'un poids insurmontable. La pénombre de la chambre anesthésiait ses sens. La dernière image de son rêve vacilla sur le mur face au lit et pour faire durer le souvenir de Sylvia en train de le serrer contre sa gorge nue, il n'étira pas ses membres.

Il en est un qui n'avait nul besoin de l'être, soumis depuis longtemps à l'empire de ses désirs, insoumis depuis longtemps à la loi de la décence. L'esprit encore troublé par l'alcool, il en regarda la forme impudique comme si c'était la première fois et se rassura en voyant dans cette apothéose la preuve réconfortante de la remontée de son être à la surface de la vie après la descente aux enfers de la veille.

Il était assis au milieu du lit, accroché d'une main à ce monument palpitant et de l'autre à la bouteille presque vide, quand soudain le bruit d'un raclement de gorge agressa ses oreilles. Apeuré, il se recroquevilla comme font les bébés au-dessus du vide, attrapa le drap d'un geste vif et s'en recouvrit complètement.

— Calmez-vous, Ribenne, calmez-vous ! lui ordonna une voix ferme.

Le visage de la commissaire Brakel apparut à côté de la porte, où elle se tenait debout en train d'agiter les mains pour le faire taire.

— Putain de merde ! Putain de merde ! répéta Ribenne, incrédule devant cette apparition stupéfiante.

— Calmez-vous. Je viens juste d'entrer.

— Mais j'en ai rien à foutre ! Vous n'avez pas à être là, c'est tout !

Brakel s'avança, lui arracha la bouteille des mains et la posa sur la commode avec une moue dégoûtée.

— Écoutez-moi avant de réveiller le quartier, espèce d'imbécile ! J'ai frappé cinquante fois avant d'entrer. Vous ne répondiez pas alors que je vous entendais parler derrière la porte, vous disiez des choses totalement absurdes. Vous appeliez une femme. J'ai vraiment cru que vous n'alliez pas bien. Si la porte avait été fermée à clef, je n'aurais même pas hésité à l'enfoncer. Je suis ici en tant que flic, ajouta-t-elle, et je suis tenue au secret professionnel.

— Et vous croyez que ça change quelque chose pour moi ? persifla Ribenne, honteux de la situation.

— Si vous faites allusion à… (elle chercha la meilleure formule)… Vous voyez ce que je veux dire, j'en ai vu d'autres. Je ne suis pas une enfant de chœur.

— Gardez vos salades, Brakel. Et tournez-vous.

Elle haussa les épaules et se mit face au mur. Le calendrier de l'entreprise de chauffage étalait sous ses yeux les charmes de la jolie Mélissa.

— Décidément, c'est ma journée ! ironisa-t-elle en découvrant la photo de la playmate de juin.

Ribenne lâcha un juron et sauta hors du lit pour rejoindre la salle de bains, le drap enroulé autour de la taille. En passant dans le dos de Brakel, il faillit prendre son pied dans le fauteuil et se rattrapa de justesse au chambranle de la porte.

— Je ne vous aide pas, Ribenne, vous ne m'en voulez pas ? s'amusa la flic, sans bouger.

Il claqua la porte, prit sa douche le temps d'un seul couplet, et s'habilla en écoutant la commissaire :

— Alors, vous émergez ? Deux bouteilles de whisky par nuit, ça doit rendre les réveils difficiles ?

— Ne vous fiez pas aux apparences, commissaire, c'est un principe de base dans le métier.

— Lequel ? Le mien ou le vôtre ?

— Les deux. Au fait, ça veut dire quoi : « Je suis ici en tant que flic » ?

— Que j'agis dans le cadre officiel d'une enquête.

Ribenne entrebâilla la porte et passa la tête, l'air étonné.

— Une enquête ? Et en quoi me concerne-t-elle ?

— Finissez d'effacer les vestiges de votre cuite, on parlera de ça après.

Quand il reparut, la commissaire se tenait appuyée contre la commode.

— Il manque une touche féminine dans votre gourbi, Ribenne. Je n'ai pas bien compris son nom, Alèna ou Hélèna ? Vous prononciez les deux juste avant de vous réveiller. Je n'ai entendu que ça, se justifia-t-elle en voyant son visage pâlir.

— Si on en venait plutôt à la raison de votre présence ?

— J'enquête sur la mort du Roumain.

— J'ai un alibi, commissaire !

— Cessez de vous foutre de moi, détective !

Il sursauta au mot *détective*. La conversation allait prendre un tour officiel.

— Je ne viens pas pour le Roumain, mais pour deux plaintes déposées hier. Quelque chose me dit que vous allez pouvoir m'aider.

— Dites toujours.

— Mécanistyl, la boîte qui…

— Je connais.

— Elle a déposé plainte pour effraction de ses bureaux dans la nuit de mardi à mercredi. Rien n'a été volé, mais des traces de passage sont visibles d'après eux.

— Et d'après vous ?

— J'attends le rapport de Dorking.

— Magnifique ! L'affaire va être vite réglée ! Mais expliquez-moi en quoi ça me concerne ?

Brakel fit le tour du lit pour soutenir son regard.

— La voiture qu'on vous a soi-disant volée a été retrouvée devant Mécanistyl.

— Je n'aime pas votre *soi-disant volée*, répliqua Ribenne en serrant les mâchoires. On me l'a volée pendant la nuit, et celui qui a fait ça en a usé à sa guise. Ce qu'il a fait avec ne me rend pas coupable.

— Sauf qu'on l'a retrouvée en parfait état. Aucune porte forcée, pas de vitres brisées, ni même en panne d'essence, aucun pneu crevé. Étonnant, non, pour un vol ? Les questions que je me pose sont celles-ci : comment fait-on pour voler une voiture fermée à clef sans laisser de traces d'effraction ? Pourquoi la voler pour aller dans un endroit où il n'y a ni commerces ni belles maisons, rien qui puisse intéresser un voleur ? Aucun aspect de cette affaire n'est cohérent.

Silencieux, Ribenne s'approcha de la fenêtre afin d'échapper au regard électrique de Brakel. Il n'arrivait pas à deviner si elle le menaçait vraiment ou si cette attaque n'était qu'une diversion pour aborder la véritable raison de sa présence.

— Belle enquête en perspective, commissaire. Mais je ne vois toujours pas le rapport avec moi, éluda-t-il.

— Laissez-moi poursuivre et je suis persuadée que le rapport va venir tout seul. L'autre plainte a été déposée par une petite entreprise de chauffage et de plomberie. Même chose que pour Mécanistyl, du travail soigné, sauf que cette fois-ci, le voleur a emporté un dossier concernant des contrats avec les Chantiers. Et comme par hasard, le document confidentiel fait aujourd'hui la une de *Ouest-France* avec le compte rendu d'une réunion publique sur les conditions d'embauche des Roumains. Or chacun sait que vous avez enquêté sur le sujet. Et je mettrai ma main à couper que le voleur n'a pas pris que ça (elle reporta son regard sur le calendrier barré du nom de ladite entreprise), mais disons que ce deuxième vol n'ayant pas été déclaré, je l'oublie.

— Vous n'avez rien de plus sérieux pour m'accuser ? Des empreintes, des traces de pneus ? Vous savez, ce qu'on appelle des preuves ?

— Une vieille dame insomniaque a vu une voiture stationner devant la boîte de plomberie vers une heure et demie du matin, la nuit du vol, avec deux hommes à bord.

— Vieille et insomniaque ? C'est un témoin de choix. Vous me faites très peur !

— Ça suffit ! hurla Brakel, qui arracha le calendrier pour l'agiter sous le nez de Ribenne.

— Et ça, c'est un cadeau de Noël ? Il porte le nom de la boîte de chauffage !

— Calmez-vous, commissaire. Un calendrier avec des pin-up dessus, qu'est-ce que ça prouve ? Il y a en plein les cabines de routiers.

— Si je vous coince, je ne vous ferai pas de cadeau, Ribenne. Je vais vous dire comment ça s'est passé, vous êtes allé de nuit à Mécanistyl, vous avez pénétré dans leurs bureaux et ne trouvant pas ce que vous étiez venu chercher, vous vous êtes rabattu, avec un complice, sur un autre sous-traitant à qui vous avez subtilisé des contrats. Je ne sais pas ce que vous cherchiez, pourquoi vous avez abandonné la voiture, qui est votre complice, ni quel est votre intérêt dans cette affaire. Mais peu importe, j'ai l'intime conviction que ce voleur, c'est vous.

Elle jaugea l'effet de sa démonstration en fixant Ribenne avec un sourire victorieux.

— J'admire votre enthousiasme. Être si sûre de vous avec autant de suppositions et si peu de preuves, cela frise l'amateurisme. J'attendais mieux après avoir lu votre portrait dans le journal. Vous parlez bien peu de la seule vraie victime de cette affaire, Galati. Quant à l'Américain retrouvé mort, j'ose espérer que vous avez de meilleurs atouts pour élucider son décès.

— Salaud ! explosa-t-elle en se dressant sur ses ergots. Pour Galati, j'agis sous les ordres directs du procureur et pour l'Américain, j'attends d'une minute à l'autre les résultats de l'autopsie et le rapport de l'Identité judiciaire. Je vous ai à l'œil, détective Ribenne.

— C'est un vrai plaisir d'être sous votre regard, commissaire Brakel.

*

— Allô ? Lestac ?

— Non, c'est Gaspard Joutd.

— Ribenne à l'appareil.

— Détective ! s'exclama le vieux pirate. Quel bon vent vous amène ?

— J'ai besoin de parler à Lestac.

— Je ne peux pas vous le passer, il est en grande discussion avec un flic. Une sacrée nana, et commissaire en plus ! Si j'avais trente ans de moins…

Merde ! jura Ribenne en raccrochant. Il ne faisait aucun doute que Brakel avait filé directement à Saint-Malo-de-Guersac en sortant de sa piaule, car il avait juste pris le temps de se rendre à L'Épuisette avaler son café, blaguer avec Matéo et lire le journal. Afin d'éviter de croiser la Carcaradec, il était sorti par l'escalier de service en se disant que ça leur ferait un peu de bien à tous les deux de ne pas se voir pendant quelque temps.

Aux pages locales de *Ouest-France*, il avait découvert une photo des deux ouvriers roumains encadrant Mme Stoica. C'était l'illustration d'un long article sur la réunion à Marine Accueil et sur la note des Chantiers détaillant aux sous-traitants les vertus du « montage exotique ». Le journaliste précisait avoir reçu les documents sous forme anonyme, mais que leur authenticité était avérée.

Ribenne allait quitter le bar avec plusieurs journaux sous les bras donnés par Paulette quand son portable sonna.

— C'est Lestac. Brakel sort de chez moi à l'instant. Elle a du chien la commissaire, mais de sacrés soupçons aussi.

— Des soupçons ne deviennent des preuves que si quelqu'un parle. Ne te laisse pas démonter, elle bluffe.

— Gaspard et Nicolas m'assurent un alibi d'enfer pour Mécanistyl. Tout est *clean*, elle ne peut rien prouver.

— Parfait. Vous en êtes où avec les Roumains ? Les journaux ont l'air pessimistes.

— Les syndicats sont en train de négocier avec la direction des Chantiers pour qu'ils soient payés de leurs salaires avant de rentrer chez eux.

— Mais c'est à Mécanistyl de banquer !

— T'as raison, sauf que les Chantiers viennent de rompre le contrat.

— Merde ! Ils ont le droit de faire ça, sans prévenir ?

— Évidemment. Seulement, Mécanistyl ne va pas se laisser faire et conclusion, les choses vont traîner et les Roumains pourront toujours attendre leurs paies. C'est pour cette raison que les syndicats négocient avec les Chantiers. L'idée est de leur demander de payer directement les salaires et de récupérer le pognon auprès de Mécanistyl après coup.

— Et si vous n'obtenez rien ?

— Les gars partiront quand même. Ils sont trop sur les dents. Et puis, attendre ici, ça ne les avancerait à rien.

— Les syndicats vont laisser faire, c'est ça ?

Lestac aboya dans son oreille :

— S'ils vont laisser faire ? Tu rigoles, ils vont négocier jusqu'au bout ! Prends-toi garde, Ribenne, ne me juge pas de travers !

— Calme-toi. Je voulais juste dire qu'ils n'avaient aucun moyen de pression sur Mécanistyl et encore moins sur les Chantiers. On dirait que j'ai touché un point sensible chez toi.

— Oui, sensible, c'est le mot. Je suis à cran, tu peux le comprendre, ça ?

— *Tilia platyphyllos* !

Ribenne n'eut droit qu'à une série de borborygmes pour toute réponse.

— Tilleul, Lestac. Un bol de tisane, le soir, avant de te coucher et tu dormiras comme un bébé. Tu demanderas à Gaspard, il connaît la recette.

— Et *trouducus vulgaris*, tu connais, toi ?

*

Armé de sa ration de journaux, Ribenne quitta L'Épuisette pour rejoindre sa piaule. Il allait poser le pied sur la première marche de l'escalier de service quand les *Ouest-France* glissèrent de son bras. Ils s'ouvrirent et s'éparpillèrent sur tout le sol du vestibule, lui arrachant un juron.

— Et merde ! Elle ne pouvait pas les mettre dans un sac, nom de Dieu !

À quatre pattes, Ribenne essaya de reconstituer chaque édition, puis devant le temps nécessaire, il rassembla les pages sans faire le difficile. Il ferait le tri sur son lit. Il allait se redresser quand son œil remarqua un élément inhabituel sur le sol, tout au fond du vestibule, près d'une porte de placard aménagée sous l'escalier. Là où il se tenait, il fallait mesurer moins d'un mètre pour l'apercevoir ou se promener sur les genoux comme lui à cet instant. Il tendit le bras pour appuyer sur l'interrupteur et chasser la pénombre, s'approcha et ramassa le petit bout de papier. Seul éclat blanc dans le noir du recoin, il avait attiré l'attention du détective. Ribenne fut parcouru d'un horrible frisson en le retournant.

C'était le timbre du Pérou.

Interloqué, il se laissa glisser contre le mur, tenant entre ses doigts le ridicule bout de carte postale découpé par ses soins pour le donner à Élise. Elle l'avait glissé devant lui dans sa poche arrière de jean ; il le retrouvait dans cet endroit improbable. La scène de leur baiser torride lui revint en mémoire, la manière dont elle y avait mis subitement fin aussi, puis sa fuite bruyante dans l'escalier. Il se rappela avoir entendu un bruit bizarre quand elle était arrivée en bas, mais il n'avait pas jugé bon de s'en inquiéter. Elle courait, elle pouvait très bien avoir chuté, le timbre s'échappant de la poche.

Pourtant, un goût d'inachevé lui restait dans la bouche devant cette théorie. Ribenne songea que le plus simple serait de demander à la Carcaradec.

Il se redressa, écarta du bout du pied le reste de journaux éparpillés, et jaillit dans la salle du bar, décidé à mettre de l'ordre dans cette affaire. Un jeune homme debout au comptoir discutait avec la patronne. Il portait un grand sac de sport en bandoulière et des tongs aux pieds.

Le garçon se retourna à l'invitation de la Carcaradec au moment où Ribenne entra.

— Voici le détective dont je vous parlais.

Le jeune homme lui tendit la main.

— Bonjour, je m'appelle Arnaud. Je suis le copain d'Élise.

— Que se passe-t-il ? répondit Ribenne, tout en devinant que la suite ne serait pas agréable à entendre.

— Je n'ai plus de nouvelles d'Élise depuis mercredi soir. Ce n'est pas normal. Ça fait presque deux jours.

Ribenne pinça les lèvres en calculant qu'elle avait disparu après sa fuite échevelée ; il était donc le dernier à l'avoir vue. Il prit Arnaud par le bras pour l'emmener s'asseoir à une table et parler sans témoin.

— On reprend depuis le début et vous m'arrêtez si je me trompe.

Le jeune type acquiesça, soulagé que le détective prenne les choses en main.

— Quand êtes-vous arrivé à Saint-Nazaire ?

— Tard hier soir. Avant, j'ai essayé de lui téléphoner tout l'après-midi pour qu'elle vienne me chercher au train, mais son portable était sur messagerie. De la gare, je suis allé à pied à notre appart, en plein centre-ville. Mais elle n'était pas là non plus. J'ai donc attendu, sans arrêter de l'appeler. J'ai passé des coups de fil à ses copines, à sa mère à qui j'ai inventé une histoire bidon pour ne pas l'inquiéter. Elle non plus n'a pas eu de nouvelles depuis longtemps, mais ça ne veut rien dire, car elle ne l'appelait pas tous les jours. Je n'ai quasiment pas fermé l'œil de la nuit et j'ai fini par me dire que sa patronne savait peut-être quelque chose.

La Carcaradec profita d'être citée pour s'immiscer dans la conversation qu'elle avait suivie de loin, l'air de rien.

— Moi non plus, je ne l'ai pas vue depuis l'autre soir où vous avez parlé ensemble, dit-elle en regardant Ribenne.

Celui-ci fit un effort surhumain pour contenir sa colère. Il avait horreur qu'elle s'immisce dans ses affaires, surtout avec ce ton plein de sous-entendus.

— Bien, Mme Carcaradec, laissez-nous maintenant, cette conversation ne regarde dorénavant que mon client et moi.

Les deux lui jetèrent un regard surpris. Ribenne enchaîna pour faire la mise au point nécessaire :

— Je prends cette enquête en main, personnellement. Ne vous inquiétez pas, ça ne vous coûtera rien.

Arnaud balbutia des remerciements tandis que la Carcaradec s'éloignait, vexée d'être mise sur la touche.

— En effet, j'ai parlé avec Élise mercredi soir. J'étais avec un ami, on discutait des Chantiers navals et elle nous a entendus. Elle s'est assise pour parler de sa formation dans le commerce maritime, et surtout de son père. À cette occasion, elle m'a parlé de vous. Elle voulait vous offrir quelque chose, ajouta-t-il en prenant le timbre dans sa poche de chemise.

Arnaud écarquilla les yeux de surprise.

— J'ai un ami en ce moment au Pérou. Il m'a envoyé une carte postale et Élise m'avait demandé de récupérer le timbre pour votre collection.

— Ça, c'est du Élise tout craché ! lança Arnaud en souriant pour la première fois. Elle n'arrête pas de m'asticoter avec ma collection, car elle trouve ça super ringard. Plusieurs fois, quand elle était en colère, elle a menacé de tout jeter à la poubelle. Je n'ai jamais réussi à savoir si elle en aurait été capable parce qu'elle sait que c'est ma passion depuis l'âge de 12 ans.

Arnaud prit le timbre et l'ausculta en le tournant vers la lumière.

— Votre copain doit être au fin fond des Andes pour avoir dégoté une antiquité pareille.

— Ah bon ? s'étonna Ribenne pour qui un timbre ne valait rien d'autre que la salive pour le coller.

— C'est une série ancienne, mais très connue. Un bon collectionneur sait tout de suite de quoi il s'agit.

Ribenne tendit le cou pour mieux voir et Arnaud lui expliqua :

— Vous voyez, deux portraits entourent un palais. L'homme de gauche, c'est le président du Pérou, Manuel Prado, et l'autre, c'est René Coty. Ce timbre fait partie d'une série de quatre unités destinée à vanter l'amitié franco-péruvienne. Ils ont été vendus au Pérou à l'occasion de l'Exposition française de Lima en 1957.

Ribenne ouvrit la bouche sans prononcer une parole, interloqué qu'un être humain puisse s'intéresser à un bout de papier de la taille d'une capsule de bière et soit capable de raconter son histoire vieille de plus de quarante ans.

— Si la carte était tombée entre les mains d'un vrai connaisseur pendant son trajet postal du Pérou en France, vous pouvez être sûr que vous ne l'auriez jamais reçue. Je ne comprends même pas qu'ils aient oblitéré un vieux truc pareil.

Le visage d'Arnaud se rembrunit soudain, laissant deviner qu'un sujet plus grave que cette incohérence accaparait son esprit. Il chercha à fixer le regard de Ribenne puis ajouta, la gorge nouée :

— Dites, pour Élise, vous allez faire quoi ?

Éternelle question. Faire quoi ? Dire quoi ? Ses clients avaient les mêmes mots à la bouche qu'un malade pour son médecin : « C'est grave, docteur ? » Ribenne était un détective à sang-froid. Il lui fallait tourner et retourner les choses, laisser décanter, puis élaborer des théories pour les invalider l'une après l'autre jusqu'à trouver la bonne. Il était incapable de répondre à cette question sans avoir réfléchi à tête reposée.

Et surtout, sans avoir vérifié une idée toute fraîche qui, si elle s'avérait juste, pouvait apporter des solutions à pas mal de questions. Il se maudit de ne pas y avoir pensé plus tôt et quitta Arnaud en promettant de lui donner très vite des nouvelles.

Vendredi

II

Au volant d'une nouvelle Punto de location, Ribenne roulait en direction du quartier de Guindreff. Celui-ci devait son nom aux gigantesques bassins creusés par les Américains pendant la Première Guerre mondiale pour servir de réservoir d'eau douce aux troupes de l'Oncle Sam débarquées en renfort. Une excitation puérile habitait tout son corps, car une idée lui avait traversé l'esprit en écoutant Arnaud raconter l'histoire du timbre. C'était tellement gros qu'il s'en voulait de n'avoir pas deviné plus tôt. Il attendait un appel du brigadier-chef Hervé pour être vraiment sûr de sa théorie et mener son projet à terme. Il avait appelé le flic, après avoir quitté le Café Moderne, pour lui demander de faire une vérification toute simple. L'ancien disciple de Leghorn s'était montré tout content d'aider le détective.

À la première sonnerie, il se rangea sur le trottoir.

— Alors ? hurla-t-il.

— Vous aviez raison, Ribenne, c'est la bonne date.

Le détective raccrocha au nez d'Hervé et jeta son portable sur le siège passager, d'un geste plein de rage. Il se maudit de n'avoir rien compris plus tôt.

— Je le savais !

Il redémarra, fit 250 mètres et pila devant un portail fermé.

— L'enfoiré ! L'enfoiré !

Sa colère n'arrivait pas à trouver d'autre voie d'exutoire que les injures. Ribenne continua d'agonir la terre entière en sautant par-dessus la barrière, jusqu'à se retrouver devant la porte d'entrée d'un pavillon posé au milieu d'un jardin joliment décoré. Il appuya comme un damné sur la sonnette, d'abord avec un doigt, ensuite avec la main, pour faire sortir le propriétaire des lieux ; surpris de n'obtenir aucune réponse, il crocheta la serrure.

La porte s'ouvrit au bout de deux essais. Il entra dans le noir et referma derrière lui. Le dos collé à la porte, il attendit quelques secondes, le temps de mesurer la situation. Aucun bruit ou lumière ne trahissait une quelconque présence. Le doute le saisit, mais l'excitation d'approcher du but était si forte qu'il refusa d'imaginer s'être trompé. Tout correspondait trop bien pour ne pas être vrai.

Ribenne avança dans la cuisine et se figea sur place, le cœur tambourinant ses côtes. Une silhouette était assise à table, dans le noir, immobile, effrayante.

La voix de l'inconnu résonna en même temps que la lumière s'alluma :

— Alors, détective, on entre sans être invité ?

— Leghorn ! Qu'est-ce que tu fous-là, salaud de flic ?

Le commissaire, habitué aux jugements à l'emporte-pièce de son pote Ribenne, leva les bras au ciel en signe d'impuissance.

— Je mangeais quand je t'ai entendu entrer. Violation de domicile, j'ai de quoi te jeter dans la gueule de Brakel. Qu'elle a plutôt mignonne, n'est-ce pas ? À mon avis, elle ne te trouve pas mal non plus, la flic de Paris.

Le détective fixait Leghorn comme s'il s'agissait d'une apparition miraculeuse.

— Assieds-toi, tu ne paieras pas plus cher. Eh bien, t'en auras mis du temps pour comprendre, ajouta Leghorn en tendant le bras pour prendre un verre et une assiette. Mange un peu, t'es pâle comme une crotte de laitier.

Le détective ôta sa veste et s'installa face au commissaire. Celui-ci portait ses 62 ans de manière insolente, des bras prouvant sa bonne santé physique et sans un gramme de graisse autour du ventre. D'un caractère extrêmement curieux et inventif, l'agitation de ses yeux trahissait sa personnalité. Ils bougeaient dans leurs orbites comme deux hamsters survitaminés dans leur cage.

— Putain, Leghorn, tu nous as joué toute cette comédie sur le Pérou, ton voyage avec tes amis, tout ça pour ça !

— Ben ouais, j'ai changé d'avis au dernier moment. D'un seul coup, le jour du départ, j'en ai plus eu envie. Trop de souvenirs, peut-être.

— Mais pourquoi rester planqué alors ? Tu pouvais dire que t'avais changé d'avis, personne n'en a rien à foutre que tu passes trois semaines avec des lamas ou que tu t'enfermes dans le noir chez toi.

Leghorn versa un bon vin de Bourgogne dans le verre de Ribenne et lui tendit une moitié de saucisson.

— Mais moi, j'en ai pas rien à foutre. Ça veut dire quoi, bordel, prendre sa retraite, comme ça du jour au lendemain, et n'avoir plus rien à faire ? Mais je m'emmerde, Ribenne, je m'emmerde ! La retraite, c'est pour les vieux, les opérés de la prostate, les condamnés du colon. Moi, je suis en pleine forme !

Le détective se contenta d'acquiescer de la tête pour laisser le flic vider son sac. Mais celui-ci n'ajouta rien, ouvrit un tiroir sous la table et en sortit une boîte en bois clair. Il prit dedans deux cigares, des panatellas de Hoyo de Monterrey, en huma profondément la cape et en coinça un entre ses dents. Le détective connaissait la méthode du flic : il mettrait fin à leur conversation quand il aurait fini le cubain. Leghorn lui tendit l'autre.

— J'ai arrêté.

— Eh bien, recommence.

Ribenne n'avait jamais réussi à tirer un trait définitif sur le tabac et savait au fond de lui qu'il se laisserait tenter un jour. Ce jour était arrivé. Ils allumèrent les panatellas, en se jetant des regards de biais pour savoir lequel reprendrait la parole.

— Bon alors, j'ai commis quelle erreur ?

Ribenne sourit de constater que la première question du commissaire était de savoir comment il avait compris qu'il n'était jamais parti au Pérou. Leghorn n'avait pas perdu ses réflexes de flic. Il détestait laisser une énigme en suspens.

— Le timbre. Déjà, recevoir du Pérou une carte postale de Saint-Nazaire, c'était bizarre, mais j'avais réussi à me convaincre que c'était tout à fait ton style de l'acheter avant pour ne pas t'emmerder avec ça sur place. Jusqu'à ce que je montre ce timbre à un collectionneur. Je te donnerai les détails plus tard. Et là, il m'apprend qu'il a été émis en 1957 et, franchement, c'était impossible que tu l'achètes pendant ton voyage. Donc, ça voulait dire que la carte postale n'avait jamais été envoyée des Andes, mais déposée chez la Carcaradec. La question était de savoir comment tu pouvais avoir un timbre péruvien de 1957, oblitéré de surcroît.

Leghorn passa la main sur son crâne lisse et luisant, un petit sourire malicieux au coin des lèvres, pour lui signifier qu'il ne lui donnerait pas la réponse.

— J'ai appelé Hervé. Je savais que tu étais allé en voyage de noces au Pérou avec Carole. Il m'a confirmé ta date de mariage, le 13 mai… 1957. Tu as collé sur une carte postale achetée ici un timbre ramené du Pérou pour me faire croire à ton voyage.

Fier de sa démonstration, Ribenne se cala dans son siège, prenant la pause d'un caïd de la drogue content de présenter sa meilleure came, puis lança la fumée acide de son havane vers Leghorn, en signe de défi.

— Bravo l'artiste, finement joué, admit celui-ci. J'ai récupéré le timbre sur une lettre trouvée dans les affaires personnelles de Carole qu'elle avait envoyée à sa mère à l'époque et que celle-ci avait religieusement gardée. Je me suis bien amusé pendant ces quinze jours et j'ai vraiment cru que je tiendrais les trois semaines sans être repéré.

— T'es resté enfermé ici tout ce temps, sans sortir ?

— Tu rigoles ! Je n'ai pas arrêté de bouger. D'ailleurs, faut que je te prévienne, satyre, que se baigner à poil, c'est de l'exhibitionnisme, c'est interdit par la loi. Décidément, tu fais tout pour te faire serrer par Brakel.

Ribenne faillit s'étouffer avec la fumée et cracha ses poumons avant de pouvoir prononcer :

— La feuille punaisée dans ma chambre, c'était donc toi !

— On peut entrer chez la Carcaradec comme dans un moulin.

Le premier flacon étant vide, Leghorn ouvrit une nouvelle bouteille de Bourgogne, sa région d'origine, aux crus de laquelle il vouait un culte exclusif. Il remplit les deux verres en souriant, puis porta un toast, dans un élan plein d'ivresse :

— À la santé du détective Ribenne et du commissaire Leghorn, les deux inséparables amis qui vont bientôt faire des malheurs dans cette ville.

Au lieu de boire, Ribenne baissa son verre et fixa l'ex-flic d'un regard dubitatif.

— On va faire des malheurs, mais dans quoi ?

— Dans tes enquêtes, pardi. Tu viens de trouver un partenaire. Je n'ai pas arrêté de te suivre. Je connais tous tes modes opératoires et j'ai envie de replonger dans le business.

— Attends, attends que je comprenne bien. Le commissaire Leghorn, fraîchement rangé de la maison poulaga, me propose ses services, c'est bien ça ?

Le sus-nommé coinça son cigare sur le côté de la bouche, écarta les bras à la manière d'un père accueillant son fils prodigue, et lança avec un sourire à cent carats :

— Je ne te propose pas mes services, je te propose une association ! Un duo ! Une alliance ! Un binôme ! Appelle ça comme tu veux.

— Putain, tu ne manques pas d'air, quand même ! Tu m'espionnes, tu me lances des avertissements, tu me joues la comédie du retraité, et maintenant faudrait que je t'embauche.

— Eh là ! Je n'ai jamais parlé de bosser pour toi, mais AVEC toi ! Nuance, beau gosse.

Ribenne avala le verre de vin cul sec avant d'articuler difficilement :

— Ribenne et Leghorn, détectives privés. C'est ça ton idée, hein ?

— T'as tout compris. C'est classe, non ?

— Non !

— Et pourquoi ? se rembrunit l'ancien commissaire, vexé.

— T'étais un bon flic, mais je ne sais pas ce que tu vaux comme détective. Ce sont deux métiers distincts avec des méthodes différentes, argumenta Ribenne en se souvenant de la leçon de Brakel. La différence, c'est qu'un privé s'occupe d'affaires collatérales, il n'est jamais en première ligne. Toi, t'aimes trop la lumière.

— Brakel ! C'est du Brakel tout craché ! tempêta Leghorn en frappant ses cuisses de fureur. Nom de Dieu, elle a réussi à te vendre sa soupe. Je suppose que c'est le jour où tu es allé au commissariat après ta visite surprise chez Mécanistyl. Tu parles comme elle. Elle m'a baratiné la même chose quand elle m'a passé un coup de fil une fois connue son affectation.

Ribenne se redressa, furieux.

— Ne me dis que tu me surveillais aussi chez Mécanistyl ?

— Je suis passé à côté de la voiture de Lestac quand il t'attendait devant. Je ne sais pas où vous êtes allés ensuite, car je ne voulais pas me faire repérer.

Le détective se laissa retomber, abattu d'apprendre que ses faits et gestes avaient été épiés à son insu. Leghorn venait de lui démontrer de la plus belle des manières qu'il avait tous les talents d'un détective.

— O.K., tu l'as finement joué. Je te propose une chose : on fait un essai sur ce coup et je décide ensuite de poursuivre ou non notre association.

— Tope là ! lança le flic en ouvrant la main. On va faire des étincelles ensemble. Par contre, j'ai besoin d'un cours de rattrapage à propos de ton philatéliste. J'ai l'impression d'avoir raté un épisode.

Le visage de Ribenne redevint sérieux, car il allait devoir évoquer la disparition d'Élise. Il lui résuma toute l'affaire, la rencontre avec les Croates, le faux métallo, la fuite de la serveuse et le bruit suspect dans l'escalier. Il ne garda qu'un secret : la raison pour laquelle ils étaient montés ensemble par l'escalier de service. De fil en aiguille, il évoqua l'inconnu de l'église Saint-Gohard, les mouvements de main-d'œuvre étrangère, la négociation pour le salaire des Roumains. Celle-ci avait lieu en ce moment dans les bureaux de la direction des Chantiers. Le commissaire eut droit à tout un résumé tandis que son panatella diminuait tranquillement.

À la fin du récit, Leghorn renonça à prendre la parole. L'affaire s'éclairait sous un autre jour.

— Tu vas t'occuper d'identifier les Croates pendant que je me concentre sur Élise, conclut Ribenne. Il faut trouver le lien qui unit les Croates aux Roumains et à la mort de l'Américain. Tout ça est lié, c'est sûr, mais il nous manque encore une pièce du puzzle.

— O.K., boss. Mais personne ne doit savoir que je suis resté à Saint-Nazaire.

Ribenne sourit. Son pote agissait comme un gosse qui a fait une bêtise et qui veut la cacher à ses parents. Il écrasa son panatella dans le cendrier, se leva puis remit sa veste.

— Appelle Hervé pour savoir si son collègue a noté l'immatriculation du 4×4 des Croates, lui lança Leghorn.

— 356 GHI 75, lâcha Ribenne. Je n'ai pas attendu d'avoir un associé de la maison poulaga pour connaître mon job. T'as intérêt de mériter tes galons si tu veux garder ton classement Label Rouge, gallinacé de mes deux !

*

Cécile Foulon patientait depuis un bon quart d'heure quand elle vit le détective se garer devant le Café Moderne. Quand il entra dans le bar, il marqua sa surprise d'un sourire forcé en découvrant la femme dans son fauteuil roulant.

— La patronne m'a dit que vous bossez comme un damné en ce moment.

Il regarda son portable.

— Il n'y a pas d'heure pour les braves.

— En revanche, il y en a une pour les ouvriers.

Cécile Foulon avait dit cela en montrant du doigt un regroupement de grévistes au pied du bâtiment de la direction.

— Le travail a repris dans les ateliers, expliqua Ribenne. Ceux-là appuient le syndicat qui a rendez-vous pour négocier le paiement du salaire des Roumains.

— Je suis au courant, Gérard est avec eux. Il m'a déposée là pour l'attendre. Il me rejoindra plus tard.

— Vous vous êtes réconciliés, alors ? C'est une bonne chose pour vous deux.

— Justement, je suis venue pour vous remercier, dit Cécile en baissant la voix.

— Me remercier de quoi ?

— D'avoir sauvé Gérard. Sa blessure est presque guérie.

— Vous vous trompez, c'est Lestac.

— Je sais, il a mangé à la maison hier soir. Mais vous n'êtes pas pour rien non plus dans son retour. Je tenais à vous le dire.

— Je suis content aussi pour vos filles. Et si nous allions voir ce qui se passe ? J'ai l'impression que ça s'agite un peu.

— Bonne idée. En route.

L'air chaud de l'été les enveloppa à peine franchie la porte. Ribenne poussa le fauteuil sans dire un mot et devina que Cécile Foulon avait le regard braqué sur le groupe de grévistes pour y distinguer son mari. Il eut beau cligner les yeux, il ne vit pas Gérard Foulon parmi les hommes agglutinés devant le bâtiment de la direction. À mesure de leur avancée, des cris s'élevaient du groupe et, parvenu à une centaine de mètres, Ribenne comprit que les métallos faisaient face à une compagnie de CRS. Il s'arrêta à hauteur des formes de radoub.

— Pourquoi vous ne vous rapprochez pas ?

— Le bâtiment est protégé par les CRS, c'est pas normal.

Au même instant, Ribenne vit passer Gutzeit au loin, en train de faire de grands moulinets avec ses bras. Ça ne sentait pas bon.

— Je vais aux nouvelles. J'en ai pour une minute.

Laissant Cécile Foulon sur place, Ribenne se mit à courir vers Long Nez et le saisit par les épaules :

— Que se passe-t-il, Gut ?

— Quand nous sommes arrivés, les CRS étaient dans leur camion, sur un parking plus loin, mais depuis, ils sont descendus et ça excite les gars.

— Qui a pu donner un ordre pareil ? Ce n'est qu'une simple négociation, avec les services de l'inspection du travail en plus.

— J'en sais foutre rien, mais les gars sont remontés. Il y en a trois qui ont forcé la porte sur le côté pour filer dans les étages. Les flics leur courent après.

— Je dois parler à Lestac. Tu ne l'aurais pas vu par hasard ?

— Il fait partie du trio.

— Quoi ? Mais quel con ! jura Ribenne en levant les yeux vers la façade blanche du bâtiment.

Son visage pâlit soudain quand un pressentiment lui traversa l'esprit.

— Et qui est avec lui ?

— À ton avis ? Ses deux potes, Foulon et Mazés.

— Ah putain, mais quels cons ! Mais quels cons !

Ribenne laissa Long Nez sur place et rejoignit Cécile Foulon.

— J'ai réussi à obtenir des informations sur tout ce pataquès. Trois types jouent à cache-cache avec les flics dans les couloirs de la direction. Lestac, Nicolas et… Gérard.

Cécile Foulon poussa un cri et porta la main à sa bouche pour retenir une seconde plainte. Au même moment, une clameur retentit en provenance du toit du bâtiment. Le bruit fit tourner la tête de tous les hommes postés devant la direction. D'une même voix, ils s'exclamèrent quand trois silhouettes firent leur apparition en incrustation sur le ciel bleu, poussant des vivats et agitant les bras au-dessus de leurs têtes, les doigts formant le signe de la victoire. Les métallos répondirent à leurs appels en insultant les CRS. Puis leurs cris redoublèrent de vigueur quand des flics investirent à leur tour le toit du bâtiment. Les trois héros ne purent leur résister plus longtemps.

Le cou tendu vers le ciel, Cécile Foulon avait assisté à toute la scène sans retenir ses cris. Ribenne se dit que leur tour de force n'allait pas leur être pardonné de sitôt. Puis il grimaça en reconnaissant Dorking en train d'avancer vers lui. Le flic avait un sourire désagréable, barrant son visage en deux.

— T'es foutu, détective. Ces trois-là, j'en fais mon affaire, ils vont prendre pour tous les autres. Et je vais trouver un moyen de te coincer pour Mécanistyl.

Dorking acheva sa diatribe en posant les mains sur son ceinturon, dans un ultime geste de défi. Quand il releva la tête, il n'eut que le temps de voir le poing de Ribenne grossir devant ses yeux. Une vive douleur traversa sa mâchoire. Le sang jaillit de sa bouche et il pencha la tête vers le sol pour cracher entre deux hoquets. La douleur mêlée au goût âcre du sang lui arracha un grognement de fureur. Dorking voulut faire un geste à l'adresse de ses troupes, mais l'arrestation de Lestac, Foulon et Mazés avait décuplé la colère des ouvriers qui serraient les rangs face aux CRS. Il s'était coupé de sa base en voulant venir narguer Ribenne.

Préférant la retraite au combat, le lieutenant se redressa dans un râle incompréhensible et se dirigea en titubant vers l'espace délimité par les formes de radoub pour s'y mettre à l'abri. Ribenne le suivit un instant pour l'intimider, puis revint près de Cécile Foulon une fois certain que Dorking ne représentait plus de menace. Ensemble, ils suivirent sa lente progression pour rejoindre les voitures de police en contournant la centaine d'ouvriers qui faisaient face aux CRS. Et ce fut au même moment qu'ils poussèrent un cri en comprenant ce qui allait se passer.

Peinant à résister à la charge, la foule des métallos se mit à reculer d'un seul bloc et Dorking, la gueule ensanglantée, ne vit pas venir vers lui la masse compacte. Le choc eut lieu devant la forme numéro un. En voulant éviter les ouvriers, il perdit l'équilibre et tomba dans la fosse. L'eau éclaboussa le bord du trou et mouilla les grévistes les plus proches. Comprenant quelle belle proie ils venaient de mettre à la flotte, ils explosèrent d'un rire qui embrasa tous leurs rangs.

— Éloignons-nous, voulez-vous ? demanda Cécile Foulon, ayant compris que son mari ne reparaîtrait pas de sitôt.

Le détective obtempéra à l'instant où le groupe de métallos se disloquait sous une nouvelle charge brutale. Déjà, deux hommes en uniforme prêtaient main-forte à Dorking pour l'aider à rejoindre la terre ferme. Dégoulinant et vociférant, le lieutenant battait le sol de la semelle et observait la déroute des ouvriers d'un regard dédaigneux. Ribenne ne sut pas si Dorking le vit lui adresser un bras d'honneur, mais une fois son geste accompli, il poussa le fauteuil de Cécile Foulon avec la satisfaction du travail bien fait.

— Gérard a effacé de la meilleure des façons sa réputation de jaune, commenta Ribenne en pénétrant dans le Café Moderne.

La mère Carcaradec se tenait derrière la vitre d'où elle avait assisté à la scène en fermant les yeux à chaque coup de matraque asséné par les flics. Elle se précipita vers le comptoir à l'entrée des métallos venant trouver refuge dans son rade. En quelques minutes, un brouhaha envahit la pièce, repoussant Ribenne et Cécile Foulon au fond de la salle.

— Que va-t-il leur arriver ? Est-ce que Gérard va s'en sortir ?

— Tout dépendra de l'attitude des Chantiers. S'ils portent plainte, ce sera plus difficile. Les flics auront du mal à avaler la pilule si les trois s'en sortent indemnes, parce qu'ils les ont sacrément ridiculisés. Mais rien n'est perdu.

Ribenne se garda bien d'exprimer tout haut l'idée qui lui traversa l'esprit à cet instant afin de ne pas faire naître de faux espoirs chez Cécile Foulon.

Appeler Brakel serait peut-être le plus sûr moyen d'en savoir davantage et il plongea la main dans sa poche de veste pour s'assurer de la présence du portable. Il sursauta en l'entendant sonner. Il fut réellement surpris, car on aurait dit que ses doigts, en touchant le téléphone, avaient déclenché la sonnerie. Il regarda l'écran.

— Allô ?

— Brakel à l'appareil.

— Ce n'est pas votre journée, dites-moi. Trois métallos sur les bras…

— Cessez votre numéro, Ribenne. Je vous appelle pour un renseignement extrêmement important. Connaissiez-vous le père Immelman ?

La question fouetta le détective jusque sous la peau. Son ventre se contracta et il porta sa main à sa tête.

— C'est-à-dire… Je le connais, oui et non…

— Si seulement vous pouviez répondre pour de bon à une question que je vous pose ! s'emporta-t-elle.

— Disons que je sais qui c'est. Pourquoi ?

Elle reprit d'une voix terne :

— Il est mort.

Vendredi

III

Un trou noir passa devant les yeux de Ribenne, puis son regard se porta sur Cécile Foulon.

— Vous êtes là ? s'inquiéta Brakel devant le silence prolongé du détective.

— Oui.

— Vous connaissiez donc le curé ?

— Oh, là ! Oh, là ! J'ai dit que je savais qui était le père Immelman. La vérité, c'est que je connais des gens qui le fréquentaient, c'est tout. Moi, les curés et les bonnes sœurs, ce n'est pas mon genre, vous comprenez ?

— Parfaitement, Ribenne. Et Paulette Simoni, c'est votre genre ?

Il serra la mâchoire. Ça sentait le roussi.

— C'est la buraliste du coin.

— C'est elle qui m'a branchée sur vous. Elle était dans l'église quand le corps a été découvert.

— Rappelez-moi de lui arracher la langue.

— Elle n'y est pour rien, la pauvre femme. Elle m'a dit que vous lui aviez arrangé une affaire un peu délicate avec le curé, alors forcément, ça a piqué ma curiosité.

— Ben voyons.

— On en discute tout de suite ou au commissariat ?

— Vous perdez votre temps, Brakel. Il s'agissait d'une affaire minable que j'ai sous-traitée. J'ai demandé à une habituée de Saint-Gohard de voir le père Immelman pour moi. Je n'en sais pas plus.

— Et où pourrais-je trouver cette dame patronnesse assez intime du curé pour lui confier une de vos enquêtes ?

Ribenne s'écarta encore en peu plus de la table où Cécile Foulon attendait, les yeux tournés vers le boulevard.

— Elle est ici, avec moi, murmura-t-il.

— Ah, je vois ! Les curés et bonnes sœurs, ce n'est pas votre genre, mais les bigotes, vous ne dites pas non !

— Vous me faites chier, Brakel !

— Restez poli, Ribenne. Dites à cette femme d'attendre, je suis déjà en route.

Il n'eut pas le temps d'objecter quoi que ce soit que la commissaire avait coupé. Il serra convulsivement le portable dans sa main, prêt à le réduire en poudre, mais constatant que Cécile Foulon le dévisageait à présent d'un air interrogateur, il fit disparaître l'appareil au fond de sa poche. En le voyant revenir à table, l'œil noir et pensif, elle comprit aussitôt que quelque chose ne tournait pas rond.

— La police vient de m'apprendre une mauvaise nouvelle.

Elle pâlit sur-le-champ. Ribenne tendit le bras pour serrer son poignet dans un geste d'apaisement.

— Gérard n'est pas concerné. Il s'agit d'autre chose.

— Autre chose ? prononça-t-elle avec difficulté.

— Oui. Le père Immelman est décédé. Je suis désolé.

— Oh mon Dieu ! cria-t-elle la main sur la bouche. Mais qui a pu le tuer, c'était un homme si bon ?

— Mais je n'ai pas dit qu'il avait été tué ? s'étonna Ribenne.

Cécile Foulon leva sur lui des yeux rouges et humides.

— Alors pourquoi la police s'en mêlerait-elle et vous avertirait ?

Bonne remarque. Les sous-entendus éveillèrent sa curiosité.

— Vous savez quelque chose, Cécile, et vous devez me le dire, asséna-t-il d'un ton incisif.

— Je ne sais rien du tout, détective Ribenne.

Et elle soutint son regard sans sourire ni ciller.

— Cécile… Vous ne pouvez pas me cacher la vérité. Je fais ce métier depuis trop longtemps et j'ai interrogé des centaines de personnes prêtes à me jurer leur innocence. Je sais reconnaître quand on me ment, quand on me donne des moitiés de vérité, quand on la travestit aussi. J'ai du flair, car je suis dressé comme un chien à traquer et fouiner. Vous ne pouvez rien y faire.

La femme continua de soutenir son regard, mais ses épaules étaient retombées en signe de résignation. Elle finit par baisser la tête sur sa tasse.

— Parlez-moi, Cécile. Vous savez maintenant que je ne suis pas votre ennemi. Je peux vous aider. D'une minute à l'autre, la commissaire Brakel va débarquer pour vous interroger. Dites-moi ce que vous me cachez.

Sans le regarder, Cécile Foulon murmura d'une voix blanche après avoir marqué un instant d'hésitation :

— Le père Immelman m'a confié avoir reçu des menaces, mais il n'a pas voulu me dire lesquelles.

— De qui ?

— Je ne sais pas.

— Il vous a dit si on l'a menacé plusieurs fois ?

— Non, mais le lendemain de notre rencontre, il m'a reparlé de la terrible confession de l'homme que vous avez croisé à l'église.

— L'Américain ! jeta Ribenne, sûr de lui. Vous a-t-il révélé le sujet de sa confession ? Vous devez tout me dire, Cécile. Il en va peut-être de votre vie. Je suis une tombe, je ne dirai rien à personne. Je vous laisserai tout à l'heure seule avec la commissaire et jamais personne ne sera au courant.

— Le père Immelman ne m'a rien dit, car il respectait le secret de la confession. Il semblait vraiment bouleversé. Il a juste ajouté qu'il lui avait été impossible de donner l'absolution à cet homme, mais que cela n'avait rien à voir avec sa religion.

À cet instant, la porte du bar s'ouvrit et la commissaire Brakel s'immobilisa sur le seuil. Elle marqua son étonnement d'un froncement de sourcil en découvrant Cécile Foulon dans un fauteuil roulant. Ribenne avait eu la même réaction la première fois. La flic s'approcha, serra la main du détective avec poigne et distance, sans trahir ses intentions, et se tourna vers Cécile.

— Madame, je suis la commissaire Brakel. Je voudrais vous parler seule à seule.

Comprenant qu'elle l'invitait à partir, Ribenne s'éloigna vers le comptoir sans lui jeter un regard. De toute façon, il devait passer deux coups de fil, le premier, au père de Nicolas, le second au vieux pirate malouin, pour les tenir informés de l'arrestation de leurs fils.

— Qui c'est ?

— Ribenne. Je n'ai pas une bonne nouvelle au sujet de Nicolas.

— Vous fatiguez pas, je suis au courant. Il a pu m'appeler du commissariat. Il n'est pas dehors, j'espère !

— Ben merde, alors ! Vous ne voulez pas qu'il sorte ?

— Il ne manquerait plus que ça ! Son arrière-grand-père a été derrière les barreaux pour avoir appelé à la grève. J'ai failli y aller moi aussi, juste après la guerre, quand ils ont voulu raser nos maisons. Comme on dit chez nous, c'est le métier qui rentre. C'est un Mazés, j'ai toujours cru en lui.

Ribenne coupa en jetant un regard aux deux femmes en pleine discussion. Il aurait payé cher pour écouter leur conversation. Il composa le numéro de Gaspard Joutd. La sonnerie n'eut pas le temps de retentir que la voix profonde du *pirate* résonna dans le portable.

— J'attendais votre coup de fil.

— On vous a prévenu alors ?

— Oui. Faut sortir Guy du trou, Ribenne.

— Je ne peux rien promettre.

— Je ne veux pas de promesse, mais une intervention de votre part, tonna le vieil homme.

Silence gêné du détective.

— J'interviendrai. Mais je n'ai pas autant de pouvoir que vous le pensez.

— Guy m'a suffisamment parlé de vous et je commence à vous connaître. La commissaire qui vous court après tous les deux, elle vous écoutera.

— Vous semblez bien sûr de vous.

— Question de psychologie, détective. Je vous ai déjà dit que ce n'était pas votre fort. Débrouillez-vous comme vous l'entendez, mais sortez Guy de là !

*

La jeune flic en stage à l'accueil du commissariat n'eut pas le temps de réagir en voyant passer le détective, car Ribenne avala quatre à quatre les marches de l'escalier situé à gauche dans le hall. Il avait une bonne raison de venir au commissariat de police pendant que Brakel était occupée avec Cécile Foulon : demander au brigadier-chef Hervé de s'occuper d'Élise et négocier en douce la libération de Lestac.

Parvenu sur le palier du premier étage, il se rua dans le couloir au moment où une porte de bureau s'ouvrit sur sa route. Il chercha par un jeu de jambes habile à esquiver le quidam à l'instant où sa silhouette se dressa devant lui, mais emporté par son élan, il ne put rien faire pour éviter le choc. Le détective et le flic se heurtèrent à la manière de deux sumos. Et c'est le flic, épais comme l'espoir d'un cancéreux, qui se retrouva projeté deux mètres en arrière.

Le souffle coupé, Ribenne se plia en deux, les côtes douloureuses, en lâchant une bordée de jurons. Affalé à côté de lui sur le carrelage, le flic examina les alentours pour comprendre où était passé l'éléphant qui l'avait percuté. Il se rappelait juste être sorti de son bureau pour aller pisser et qu'à la place, il avait pris un pachyderme en pleine poire ! Il essaya d'appeler au secours, mais sa bouche était remplie de sang ; une canine cassée laissait passer l'air en sifflant. Puis, les yeux hagards du flic et du détective se croisèrent et chacun reçut une décharge électrique en se reconnaissant.

Ribenne marmonna « Dorkin' » et Dorking articula difficilement « 'ibenne ».

Soudain, un hurlement retentit dans le couloir, leur coupant toute envie de poursuivre cette charmante conversation.

— Pas un geste ! Vous êtes en état d'arrestation !

C'était un ordre de la jeune flic, montée en trombe derrière Ribenne, et qui, découvrant Dorking en sang par terre, croyait tenir un dangereux tueur de flics au bout de son flingue. Elle pointait l'arme sur le détective, arc-boutée sur ses jambes dans la position apprise à l'école de police. Très vite, elle fut rejointe par trois collègues sortis de nulle part, et Ribenne comprit que tout ce joli petit monde allait bien s'entendre pour lui mettre la pression sur les épaules. Ni une ni deux, un flic cintré dans son justaucorps réglementaire, le poussa contre le sol sans ménagement.

— Il est monté comme un cinglé, je n'ai même pas pu lui parler, se justifia la stagiaire en rangeant son arme. Pauvre Dorking, il lui a bien amoché le portrait. Avec ce qu'il a déjà pris tout à l'heure, c'est pas sa journée.

Le flic serra les menottes pour faire mal à Ribenne.

— Merde ! C'est quoi votre trip, les gars ? protesta celui-ci en se tortillant par terre. Je suis détective privé, Brakel me connaît, j'étais un pote de Leghorn. Demandez à Dorking ou à Hervé, ou aux autres.

— Mais moi, je te connais pas, et comme la commissaire n'est pas là, on va prendre le temps de faire les présentations.

— Connaissant Brakel, elle ne va pas apprécier votre zèle.

— Ah oui ? Et tu crois qu'elle va accepter que tu viennes casser la gueule à un flic dans son commissariat ? Avance !

Ribenne se cabra pour résister, mais la poigne du flic était facilitée par l'usage des bracelets. Il réalisa ignorer ses droits en pareille circonstance, et même combien de temps il pouvait être retenu sans prévenir personne. On le poussa dans un bureau pour le faire asseoir sur une chaise branlante.

— Tu ne bouges pas, je reviens dans cinq minutes.

— Prenez votre temps, ça me fera des vacances.

Le flic claqua la porte dans son dos, laissant le détective sur le bord de la chaise, incapable de trouver l'énergie pour reprendre le dessus. Le visage d'Alèna se dessina devant ses yeux fatigués et le souvenir de la douce odeur de sa peau refit surface, l'emplissant d'un flot de mélancolie. Les cinq minutes annoncées étaient passées depuis belle lurette quand il entendit des pas dans le couloir. La porte du bureau s'ouvrit sur Dorking, un pansement sur les lèvres. Derrière lui se tenait Brakel. Brusquement, il sentit un froid intense glacer son sang.

Les deux flics entrèrent et refermèrent la porte sans dire un mot. Maintenant que la commissaire se tenait debout devant lui, Ribenne réalisait la merde dans laquelle il s'était fourré. Brakel le dévisagea, le regard froid et les lèvres pincées, et cela ne lui plut pas. Son silence valait toutes les sentences du monde.

— Lieutenant Dorking, est-ce bien l'homme que vous accusez de vous avoir attaqué tout à l'heure ? demanda-t-elle sans quitter Ribenne des yeux.

Dorking se plaça face au détective et son atermoiement déplut à la commissaire.

— C'est lui, oui ou non, bordel ?

— Ch'est bien lui, ch'est le détective 'ibenne.

— Laissez-nous, conclut-elle en fermant les yeux.

Un silence pénible s'installa dans la pièce, le temps pour Dorking de disparaître dans le couloir. Brakel ne bougea pas un cil, les yeux clos, et une fois certaine d'être seule avec son prisonnier, elle se pencha vers lui.

La colère avait rétréci ses pupilles, donnant une place démesurée au blanc de ses yeux. Ça lui faisait un regard effrayant.

— Vous êtes un vrai con, Ribenne. Oser venir ici pour casser la gueule de Dorking. Mais merde, c'est quoi votre problème ? cria-t-elle, les poings serrés de rage. Je ne vais rien pouvoir faire pour vous aider. C'est mon autorité qui est en jeu. Je n'aurais pas dû faire confiance à Leghorn. Il m'a trompé sur vous. Vous êtes incontrôlable.

Le détective se redressa, mais l'acier des menottes entra dans ses chairs, lui arrachant une protestation de douleur. Brakel n'y prêta aucune attention. Elle n'était pas en état de s'émouvoir pour lui. Le feu de la colère la rongeait de l'intérieur. Ribenne grimaça en cherchant une position acceptable, prit une longue respiration et se jeta à l'eau. Il se donnait deux minutes pour renverser la situation en sa faveur ; au-delà, Brakel ne serait plus de son côté.

— Je vous propose une chose : vous m'écoutez sans m'interrompre et je vous dis la vérité. Rien que la vérité, mais toute la vérité. Je ne vous demande pas de me croire sur parole, mais de m'écouter, et je vous garantis que je vous donnerai les moyens de vérifier ma version des faits.

Ribenne aurait aimé la voir se retourner, mais au lieu de ça, elle leva la main et claqua le pouce contre son majeur pour lui donner l'ordre de parler. Il déglutit, la gorge aussi rêche que du papier de verre.

— Je ne suis pas venu pour casser la gueule de Dorking…

Il vit le dos de Brakel se raidir, mais poursuivit :

— … et c'est un accident malheureux qui s'est produit. Il est sorti de son bureau au moment où je déboulais à toute allure dans le couloir et je n'ai rien pu faire pour l'éviter. Notre rencontre est une malheureuse coïncidence qui s'est jouée à quelques secondes près.

Il fit une pause et la commissaire en profita pour se retourner et s'adosser contre une armoire métallique, les jambes croisées devant elle. Son regard quitta le mur pour se poser sur le détective. Brakel lui fit signe de continuer. Il ne l'avait pas encore vue dans un tel état d'exaspération.

— J'étais venu pour discuter avec le brigadier-chef Hervé, comme j'avais l'habitude de le faire du temps de Leghorn. J'ai une nouvelle affaire pour vous. Je crois que c'est grave, et je ne dis pas ça pour plaisanter. Il s'agit sans doute d'un enlèvement.

En bonne flic qu'elle était, Brakel tressaillit. Ribenne avait su capter son attention. Elle resta silencieuse, mais son regard brillait d'un éclat différent.

— Ma logeuse, la mère Carcaradec, fait travailler une jeune étudiante dans son bar. Elle s'appelle Élise. Depuis mercredi soir, elle n'a donné signe de vie à personne, ni même à son petit ami. Ce matin, il m'a confié ses doutes sur sa disparition. Je suis le dernier à l'avoir vue vivante.

Brakel haussa les épaules en ricanant. Ribenne comprit qu'il ne l'avait pas convaincue.

— O.K., vous trouvez que c'est un peu maigre, mais écoutez la suite.

Il lui raconta la fuite d'Élise dans l'escalier, sans en donner la raison, le bruit suspect de chute auquel il n'avait pas accordé d'importance, la présence d'un Croate qui posait plein de questions sur lui, les menaces que les Croates lui avaient adressées, la fuite du 4×4 quand ses occupants l'avaient reconnu…

À ces mots, Brakel se jeta sur lui. Elle attrapa ses épaules et le secoua violemment.

— Un 4×4 ? Et de quelle couleur ?

— Noir.

— Immatriculé à…

— Paris.

— Nom de Dieu, Ribenne, vous venez de vous mettre dans les pires emmerdes !

Vendredi

IV

La commissaire souleva le détective par le bras pour l'aider à se mettre debout tout en lui donnant des explications :

— Il y a une heure, on a retrouvé un 4×4 calciné près du terminal charbonnier.

— Il y avait des corps à bord ?

— Aucune idée. J'ai une équipe sur place, mais c'est à la scientifique de faire son boulot. Le temps que tout se mette en place, ça peut durer.

— Ôtez-moi les menottes, Brakel, l'implora Ribenne en se tournant vers elle.

— Tout doux, détective, votre cas n'est pas réglé pour autant. Vous pigez au moins dans quelle merde vous m'avez mise ? J'ai trois flics prêts à témoigner que vous avez cassé la gueule à un lieutenant de police. En plus, celui que vous détestez, c'est de notoriété publique. Devant un juge, votre version ne pèse pas plus lourd qu'un étron de limace.

Elle se mit à tourner autour de lui, un peu à la manière d'un tigre autour de sa proie, et prit un vrai plaisir à vider son sac.

— Mais qu'est-ce que j'ai fait à cette ville pour mériter autant de paniers de clous en même temps ? Le décès d'un Roumain qui crée un conflit social, un touriste américain qui se fait refaire le portrait, un lieutenant débile, un détective qui porte la poisse, des Croates qui brûlent leur 4×4, et maintenant vous m'annoncez la disparition inquiétante d'une serveuse.

Brakel arrêta de tourner en rond et posa une main sur l'épaule du détective en disant, les yeux vides de toute expression :

— Y a quoi dans cette ville qui tourne pas rond ?

— Ce n'est pas la ville qui ne tourne pas rond, Brakel, c'est vous. Vous arrivez, vous jouez la cow-boy de service, et vous vous étonnez ensuite que votre monture se cabre. Saint-Nazaire, faut l'aimer sans la brusquer, la découvrir sans la maltraiter. Vous avez besoin d'être accompagnée dans vos premiers pas, sinon cette ville va vous prendre en grippe. Et alors, je ne donne pas cher de votre peau.

— Et bien sûr, vous me proposez vos services.

— Pas du tout, commissaire, j'ai une autre carte dans mon jeu. Un roi de trèfle.

— Son nom ?

Ribenne se retourna pour lui tendre ses poignets menottés.

— Mauvaise pioche. Je ne vais pas libérer un cogneur de flic pour si peu.

— Alors cette ville va vous manger toute crue. Déjà, vous commencez votre carrière par trop de morts. Ça porte la poisse.

Un frisson glaça le sang de Brakel ; elle frotta ses mains sur les bras, en grimaçant.

— Tentez la moindre connerie, Ribenne, et c'est moi qui vous loge une balle, là ! le menaça-t-elle en appuyant l'index sur son front, puis elle le fit pivoter et ôta les menottes.

— Alors, c'est qui votre Samaritain ?

Ribenne chercha ses yeux, et une fois capturés, gratifia la commissaire d'un sourire carnassier.

— Leghorn.

Elle pouffa de rire et alla se poster devant la fenêtre en allumant une cigarette.

— Leghorn ? Vous rigolez, j'espère ? Quand il rentrera de son voyage du Pérou, toutes ces histoires seront résolues et classées. Vous parlez d'un roi de trèfle !

Ribenne s'approcha de la table sur laquelle traînait le paquet de clopes. Il se servit.

— Leghorn n'est jamais parti au Pérou.

Brakel fit volte-face et la cigarette lui échappa des mains. Elle l'écrasa de rage sous son talon.

— Il nous a tous roulés dans la farine, précisa Ribenne. J'ai retrouvé sa trace par pure coïncidence. Je lui avais promis de la boucler, mais ma liberté est trop chère pour garder ce secret.

— Mais c'est une ville de fous ! Je suis tombée dans une ville de cinglés ! Et c'est Leghorn que vous appelez un roi de trèfle ?

— Écoutez-moi bien, commissaire. Leghorn, c'est le roi, le *king*, le *boss*, dans son job. Y a pas meilleur, et il n'est pas rouillé.

— Et pourquoi le trèfle ?

— Le trèfle, c'est la chance, et vous en manquez tellement, que vous devriez en faire une cure. Leghorn pourrait vous filer un coup de main si vous étiez moins fière. Vous accumulez les cadavres, ce n'est jamais bon signe.

— Gardez vos menaces pour vous. On va continuer cette conversation dans mon bureau. Suivez-moi.

Ils sortirent de la pièce. La chance voulut qu'ils ne croisent personne. Soudain, le portable de Brakel sonna et elle répondit sans ralentir l'allure. Un soupir de soulagement fit retomber ses épaules quand elle mit fin à la conversation.

— Ils ont fouillé le 4×4. Aucun corps. Il faudra chercher Élise ailleurs.

— Je ne sais pas si c'est une bonne nouvelle. Sa disparition n'est pas normale.

— Qu'est-ce qui vous rend si sûr de vous ?

— *Primo*, lundi, elle m'a expliqué qu'elle voulait travailler encore une semaine pour mettre de l'argent de côté et ensuite rejoindre son copain dans les Landes. Et ce matin, c'est lui qui nous a prévenus qu'elle ne donnait plus signe de vie. *Deuzio*, les Croates lui ont tourné autour. Ça fait beaucoup, je trouve. Mais comme elle est majeure, on ne peut rien faire, n'est-ce pas ? Avec l'Américain, au moins, vous avez la chance de disposer d'un corps.

Arrivée devant la porte de son bureau, Brakel posa la main sur la clenche, mais n'ouvrit pas aussitôt, prenant le temps de répondre :

— À ce sujet, j'ai mis Interpol sur l'affaire et ils ont dégoté des petites choses sur ce type. J'ai obtenu un agrandissement de sa photo de passeport. Je ne vous l'ai pas dit, mais ce pauvre gars n'a pas eu une mort paisible. Il a été torturé. Ce n'était pas beau à voir et on a dû procéder à de longues recherches avant de l'identifier.

Brakel entra, Ribenne sur ses talons, et elle lui indiqua une enveloppe posée sur la table basse.

— La photocopie de son passeport est dedans et…

Brakel se figea en poussant un cri de stupeur :

— Nom de Dieu !

Leghorn se tenait assis dans son fauteuil et les fixait avec un sourire XXL. Ribenne prit l'enveloppe et la glissa dans sa poche de veste pour observer la scène incroyable qui se jouait devant lui.

— Ne m'appelle plus commissaire, Brakel, j'ai un nouveau job. Détective ! lança Leghorn en faisant un clin d'œil à son pote.

— Mais que fais-tu dans mon bureau ? hurla-t-elle.

— Je voulais te rencontrer pour échanger nos informations. Nous pouvons nous aider.

— Commence par ôter tes fesses de mon fauteuil. Comment as-tu fait pour entrer ici ?

Leghorn éclata de rire.

— J'ai passé vingt-cinq années dans ce bâtiment, j'en connais tous les recoins et toutes les ruses pour entrer et sortir incognito. Je t'expliquerai un jour…

Brakel jura une nouvelle fois et attrapa un dossier posé en évidence à côté du téléphone.

— Interpol m'a envoyé leurs trouvailles sur l'Américain. En échange, vous avez intérêt à me dire tout ce que vous savez.

Elle leur fit signe de s'asseoir dans le coin salon et les rejoignit avec un dossier siglé « confidentiel ».

— Reprenons depuis le début, précisa-t-elle. L'homme qui est mort dans une résidence hôtelière de la place Marceau a été violemment battu et torturé. La presse l'appelle depuis le début « l'Américain », car il s'est inscrit sous le nom Wilson Smith, mais nous sommes sûrs que ce n'est pas sa nationalité. Son corps a été découvert par le gardien de la résidence suite à la plainte d'un locataire qui a entendu des bruits anormaux la nuit du drame. Ce con ne s'est pas levé pour aller voir, il a juste râlé le lendemain matin. Les résidents sont pour la plupart envoyés par des boîtes étrangères et les querelles sont parfois nombreuses entre nationalités différentes. S'il s'était levé cette nuit-là, sans doute que ce Wilson Smith ne serait pas mort. Bon, bref, abrégea Brakel, le gardien a dû forcer la porte et a découvert le cadavre dans un sale état, au petit matin.

Elle saisit des photographies de la scène de crime et les passa à Leghorn. À cet instant, Ribenne reprit l'enveloppe glissée dans sa veste, l'ouvrit et observa le visage de l'homme. C'était bien l'inconnu de l'église Saint-Gohard. Ce qui le frappa au premier coup d'œil, c'est son regard sombre, trop sombre pour un type d'environ 25 ans. Ses cheveux frisés formaient une tignasse noire et épaisse cachant son front. Les sourcils étaient fournis, l'arête du nez était franche, coupant le visage d'un trait élégant.

— Ils l'ont tabassé pour le faire causer, commenta Leghorn en observant les photos. C'est pas le travail de types qui se cassent la gueule après avoir trop bu. C'est un passage à tabac en règle, qui abîme un homme pour le faire souffrir, mais pas assez pour l'empêcher de parler.

— Nous sommes d'accord sur ce point… Le type était jeune, costaud, et il a résisté. On n'a aucun moyen de savoir s'il a parlé. La chambre n'a pas été saccagée. Ses agresseurs savaient qu'ils ne trouveraient rien dedans. Par contre, ils ont volé ses papiers.

— Et bien sûr, tu n'as aucune idée de ce qu'ils cherchaient ? s'enquit Leghorn en allumant un cigare.

— Non, aucune. Ni aucun signalement de ses agresseurs. Ils sont entrés de nuit, l'ont torturé puis tué, et ensuite ils se sont envolés. Par contre, Interpol est convaincu que ce type ressemble à un de leurs clients, ajouta-t-elle en fouillant dans le dossier.

Elle reprit l'enveloppe d'Interpol pendant que Ribenne se servait un verre de whisky et l'avalait d'une seule rasade, la main tremblante.

Puis Brakel redressa la tête.

— Écoutez ça. Le rapport d'Interpol est édifiant. D'après eux, notre faux Américain pourrait être un certain Gornje Sélo. Il utilise d'autres pseudos… Faton Popoci, Sokol Gashi et Walter Klinker, selon l'endroit où il passe. Par contre, ils n'ont jamais entendu parler du nom de Wilson Smith, celui qu'il a donné ici. De la même manière, ils sont étonnés de sa présence en France, car ce fameux Sélo n'a jamais été repéré chez nous auparavant. Ils font mouliner leurs ordinateurs pour trouver une autre info qui justifierait sa présence à Saint-Nazaire. Si c'est la première fois, ça expliquerait l'usage d'un nouveau pseudo afin de brouiller les pistes.

Ribenne écrivit au dos de l'enveloppe le nom du type, Gornje Sélo, et la remit dans sa veste. À cet instant, Brakel siffla entre ses dents et agita les mains pour attirer l'attention des deux hommes.

— Si j'avais pu me douter de ça…, reprit-elle en écarquillant les yeux. Écoutez, je vais vous résumer l'hypothèse d'Interpol, car il y a une coïncidence vraiment stupéfiante. Si ce type est bien Gornje Sélo, on vient de mettre la main sur un gros coup. Il s'agirait d'un passeur de l'UCK, sans doute le meilleur d'après eux. Celui qui parcourt l'Europe avec des valises pour faire transiter les fonds secrets de l'armée.

Brakel reprit le mémo de la police et le lut à voix haute :

— « *L'UCK, l'Armée de Libération du Kosovo, veut libérer le Kosovo de la présence des Serbes de Slobodan Milosevic. Pendant l'été 1998, l'UCK connaît une lourde défaite et une grande partie de son organisation est détruite par les Serbes. Cette défaite aura pour conséquence le retour au pays de milliers d'Albanais prêts à s'enrôler. Mais l'UCK a besoin d'argent frais pour acheter des armes lourdes et équiper les recrues. L'armée va alors utiliser ses relations avec la mafia kosovare de Suisse et d'Allemagne, spécialiste du trafic de drogue, pour récupérer du cash.* »

La mine sévère, Brakel avala une gorgée de whisky avant de poursuivre sa lecture :

— « *Les 220 000 Albanais de Suisse seront obligés de verser chacun 2 000 deutsche marks par mois. En France, les travailleurs albanais devront reverser la moitié de leur salaire. La collecte des fonds se faisait* via *une association, « La Patrie t'appelle », qui centralisait les dons du monde entier sur un compte en Suisse.* » Et figurez-vous, dit Brakel, qu'en 1997, j'ai travaillé sur un dossier concernant cette association. À l'époque, j'étais à la brigade financière à Paris, et suite à une descente dans le Sentier, on a pu démanteler une cellule du LPK, la branche politique de l'UCK, spécialisée dans les fausses factures. Je n'aurais jamais pensé devoir entendre reparler un jour de cette histoire, surtout ici, concéda-t-elle, encore stupéfaite de la coïncidence.

Leghorn ralluma son cigare et dit :

— Et après ? Il y a des coïncidences, mais ça ne fait pas avancer notre enquête.

— Écoute-moi. Suite à notre coup filet dans le Sentier, la justice a gelé le compte suisse de « La Patrie t'appelle », obligeant l'UCK à changer de méthode pour récolter les fonds des expatriés, en les faisant transiter par valise. Selon Interpol, notre type, Gorjne Sélo, va devenir à cette époque leur meilleur passeur entre l'Allemagne, la Suisse et la Belgique. Grâce à lui, des millions de personnes vont traverser les frontières et permettre à l'UCK d'acheter des armes pour poursuivre la guerre contre les Serbes. Si c'est bien le même type, ajouta Brakel.

— C'est lui, j'en suis certain, glissa Leghorn.

— Ah, ça y est, tu es prêt à nous livrer le résultat de tes cogitations, ironisa-t-elle.

— Je n'ai pas grand mérite. J'ai profité de ma retraite pour faire quelques recherches et appeler de vieilles connaissances de la Maison. Et puis, Ribenne m'ayant défié sur ce terrain, justifia Leghorn en le regardant, j'ai mis les bouchées doubles ce matin pour en savoir plus sur les Croates. Ce ne sont pas les ouvriers roumains qui les intéressaient, mais ce Wilson Smith, ou plutôt Gornje Sélo. Il était effectivement le passeur attitré de l'UCK pour l'Allemagne, la Suisse et la Belgique, mais pas pour la France. Ce que dit Interpol est confirmé par d'autres sources que j'ai pu contacter.

Devant les yeux interrogatifs de Brakel, il crut bon d'expliquer :

— Eh oui, j'ai moi aussi mon propre réseau après 40 ans de famille poulaga. Donc, si Gornje Sélo est venu en France sans y être autorisé par l'UCK, ce n'était pas pour récupérer des valises de pognon sale comme il faisait ailleurs.

— Pourquoi dis-tu *sans être autorisé* ? fit Ribenne, pas convaincu.

Brakel ne laissa pas Leghorn répondre pour lui montrer qu'elle avait elle aussi potassé le sujet.

— L'organisation de l'UCK s'appuie sur un système clanique de petits chefs. Personne n'a de marge de manœuvre, y compris Gornje Sélo, et la discipline est absolue. Quiconque est soupçonné de traîtrise est assassiné sans procès. Alors, si Gornje Sélo est venu en France sans autorisation de ses chefs, c'est qu'il avait une sacrée putain de raison pour prendre ce risque.

Leghorn acquiesça, un sourire fugace aux coins des lèvres, et saisit son verre vide pour le tendre à Ribenne. Celui-ci les écoutait depuis le début avec une pierre de deux tonnes dans l'estomac.

— Je ne vois toujours pas le rapport entre Gornje Sélo et les deux Croates. Et ils suivaient le car des Roumains, je ne l'ai quand même pas inventé, ça ! maugréa-t-il.

— J'y viens, enchaîna Leghorn. Mes sources m'ont appris qu'avant de s'occuper de l'Allemagne, Gornje Sélo a aussi été porteur de valise en Hongrie et… en Roumanie.

— Comment connais-tu un détail pareil, et pas les meilleurs flics d'Europe, s'emporta Brakel, vexée de se faire coiffer au poteau.

— Interpol est au courant. Mais leur mémo ne contient que ce qui a un intérêt pour toi. Dis-leur que tu as une poignée de Roumains et de Croates, et ils te donneront la suite. Interpol fonctionne comme ça, par cloisonnement des infos. C'est eux qu'il faut engueuler, pas moi.

Sûr de lui, l'ex-flic continua d'exposer sa théorie :

— Mon hypothèse, c'est que Gornje Sélo a volé une ou plusieurs valises et qu'il est venu en France se planquer avec le pognon. Au lieu de les ramener au Kosovo, il a pris la tangente et pensait se cacher ici, mais ils l'ont retrouvé.

— Mais ça n'explique toujours pas le rapport avec les Croates, le coupa Ribenne. Les membres de l'UCK sont Albanais, leurs ennemis sont Serbes, et nous, on a deux Croates. Aucun rapport.

— Bien joué. C'est ce détail que j'ai mis le plus de temps à comprendre. J'ai passé des heures hier soir et ce matin sur Internet, et je suis tombé par hasard sur un article accusant l'UCK de trafic d'organes, principalement le foie et les reins de prisonniers serbes, qui serait une autre source lucrative de financement. L'article faisait aussi le portrait d'Agim Çéku, le chef de l'UCK, et c'est comme ça que j'ai appris que Çéku n'est pas albanais, mais… croate. Comme tu l'as dit, Brakel, l'UCK est formée de clans et de chefferies, alors pour retrouver le traître Sélo, je suis persuadé que Çéku a demandé à des membres de son clan, donc à des Croates, de s'occuper personnellement de l'affaire. Question de confiance. CQFD.

— Et vous, Ribenne, la coïncidence fait que vous tombez sur eux au moment où ils explorent la fausse piste roumaine.

— C'est bien résumé, concéda Leghorn en acquiesçant, mais il reste des blancs dans l'histoire.

— L'endroit où Sélo a caché la valise et où ont disparu les Croates après avoir brûlé leur 4×4, détailla Brakel.

— J'ajouterai la disparition d'Élise, dit Ribenne, car elle a vu les Croates.

— Ne mélangeons pas toutes les affaires, c'est déjà assez compliqué comme ça, le coupa Brakel.

— Vous pourriez quand même nous dire ce que vous a dit Cécile Foulon, se défendit Ribenne. Vous a-t-elle confirmé que Sélo a rencontré le père Immelman ?

— Oui, en effet. À mon avis, il voulait parler à un homme d'Église, car bien que musulman, il lui a confié un secret très très lourd. Cécile Foulon m'a expliqué que le curé est ressorti du confessionnal complètement chamboulé. Peut-être au point d'en faire un malaise mortel.

— Vous croyez vraiment à une mort naturelle ?

— L'autopsie est en cours. Immelman ne portait nulle trace de blessures ou de coups. Il souffrait des maladies habituelles pour un homme de son âge et son décès au milieu de l'église ne plaide pas en faveur d'un meurtre par deux Croates.

— Vous péchez par naïveté, commissaire, rétorqua Ribenne sur un ton supérieur. Un étranger vient se confesser dans une église, le curé en sort bouleversé, il reçoit des menaces et quelques jours plus tard, il est retrouvé mort. C'est un coup des Croates, ils sèment la mort derrière eux partout où est passé Sélo.

— Immelman souffrait du cœur, Cécile Foulon n'a aucune idée des menaces et personne d'autre ne peut corroborer son récit. C'est plutôt mince. Je n'ai rien pour accuser les Croates d'avoir tué Immelman, trancha Brakel, même si cette hypothèse est crédible.

Ribenne poussa un soupir bruyant et secoua la tête, loin d'être convaincu. Il avait encore une chose à régler avec la commissaire.

— Que va-t-il se passer maintenant pour Lestac, Mazés et Foulon ?

— Cela ne dépend pas de moi. Mais en quoi vous intéressent-ils ?

— Je veux juste savoir si vous avez moyen d'intervenir, c'est tout.

— Jusqu'à quel point ?

— Pour faire sortir Lestac et Foulon.

— Et Mazés ?

— Pour Nicolas, c'est différent. Son père m'a demandé de ne rien faire pour lui. La tradition familiale veut qu'ils aient tous plus ou moins fricoté avec la prison. Rien de méchant, mais le père Mazés y voit une sorte de rite initiatique.

— Lestac et Foulon vous paient combien pour me soudoyer ? railla-t-elle.

— Rien du tout. C'est de ma propre initiative que je vous demande de les libérer au plus tôt.

— Donnez-moi une bonne raison.

— Cécile Foulon a besoin de son mari, pas la peine de vous faire de dessin. Quant à Lestac, son père n'a que lui. Il vit au fin fond de la Brière et son fils compte plus que tout.

— Cessez de vous foutre de moi ! J'ai passé l'âge de gober ce genre d'âneries. J'en veux plus pour bouger le petit doigt.

Ribenne avala sa salive et soutint son regard plein de morgue.

— Vous êtes dure en affaires, commissaire.

— Mon prix n'est pas excessif et vous avez de quoi payer.

— Mécanistyl ? prononça Ribenne à voix basse.

— J'achète !

— Et ils sortiront aujourd'hui ?

— J'en fais mon affaire.

Avisant sa montre, Leghorn fit la moue et claqua ses cuisses du plat de la main pour abréger la joute verbale :

— C'est fini les tourtereaux ? J'ai la dalle, moi. On va sortir bouffer un truc, je vous invite.

Brakel redressa son buste et lorgna l'ex-commissaire d'un œil sévère :

— Tu as décidé de bouger, donc on doit t'obéir, c'est ça ?

Leghorn ignora sa remarque et s'éloigna vers la fenêtre, en se tenant les reins. Assis au fond du canapé, Ribenne joua des fesses pour se rapprocher de Brakel et fit tinter son verre contre le sien en disant :

— Alors, vous me croyez maintenant, c'est un roi, un vrai de vrai.

La flic glissa une main derrière son dos, tandis que le détective, heureux de savoir qu'il allait remplir sa panse, prit la bouteille pour se resservir. Un cliquetis et un contact froid sur ses poignets le transfigurèrent d'un seul coup. Brakel avait discrètement saisi les menottes attachées à sa ceinture, et venait de lui passer les bracelets sans lui laisser le temps de réagir. Furieux, Ribenne leva les mains devant les yeux et tira sur la chaîne, s'imaginant pouvoir la rompre. Il tournait les poignets dans tous les sens, en hurlant :

— Mais c'est quoi ce bordel, Brakel ? Vous jouez à quoi, là ?

Dos à la fenêtre où il avait passé des heures entières à regarder la ville, Leghorn observa le duel entre la commissaire et le détective en souriant.

— Retirez ces menottes, Brakel, ou je fais un malheur ! la menaça Ribenne.

— Tss, tss, tss ! Pas question. Je n'en ai pas fini avec vous à propos de votre accrochage avec Dorking. Comment je leur explique, moi, à mes flics, que je vous laisse partir comme si de rien n'était ? C'est mon autorité qui est en jeu.

— Putain, Leghorn, dis quelque chose !

— Dire quelque chose, dire quelque chose… Ce n'est pas facile, mon pote, t'as cassé la gueule d'un flic. Je ne voudrais pas que madame la commissaire pense que nous sommes complices dans cette affaire, minauda Leghorn en se foutant de Ribenne dans les grandes largeurs.

— Enfoirés de poulets ! grogna le détective en s'énervant sur les menottes.

Leghorn passa derrière le canapé, lui tapota l'épaule et murmura :

— Je ne sais pas ce que tu lui as raconté sur moi, mais elle m'a à la bonne, la commissaire. Merci, mon pote, je te revaudrai ça.

Brakel ramassa le dossier d'Interpol et s'adressa à son tour au détective :

— Je vais demander qu'on vous retire les menottes dans une heure et ensuite, vous pourrez aller où bon vous semble. Je crois qu'après ça, ce sera plus facile pour moi de calmer l'affaire auprès des collègues. C'est dans votre intérêt, Ribenne, c'est pour votre bien que je suis obligée d'être sévère.

Le détective resta figé de stupéfaction, tandis que Leghorn poussait Brakel dans le dos avec beaucoup de délicatesse pour l'accompagner dans le couloir.

À 15 h 05, un flic vint libérer Ribenne de ses chaînes sans faire de commentaire. La bouteille de whisky était vide.

À 15 h 20, le ventre hurlant famine, Ribenne se rua dans une brasserie réputée, où il commanda un jarret graisseux à point.

À 15 h 35, à peine la serveuse eut-elle déposé le morceau de viande devant lui, que Ribenne hurla d'une voix furieuse que d'aucuns témoignèrent avoir entendu depuis l'autre bout de la ville :

— Mais bordel de merde, c'est pas un jarret, ça ! C'est un résultat d'autopsie !

Vendredi

V

Sorti de la brasserie, Ribenne avait la désagréable impression d'être souillé jusque sous la peau. Il aurait tant voulu se jeter au fond de l'océan pour nettoyer la crasse de son cerveau. Mais il rentra finalement à Penhoët en se disant que la petite enquête facile sur un trafic de main-d'œuvre venait de se transformer en enquête criminelle.

On frappa à la porte de sa piaule au moment où il s'apprêtait à entrer sous la douche.

Il entrebâilla la porte en prenant soin de rester caché derrière. En découvrant Lestac et Foulon debout au milieu du couloir, il poussa un soupir d'exaspération.

— Qu'est-ce que vous foutez là ?

Les deux hommes s'avancèrent dans la chambre avant qu'il n'ait le temps de leur refermer la porte au nez. Ils écarquillèrent les yeux en le découvrant tout nu.

— Décidément ! Tu reçois tous tes visiteurs dans cette tenue ou c'est juste une faveur que tu nous réserves ? le provoqua Lestac.

— Si tu ne la fermes pas, j'appelle Brakel pour qu'on te remette au trou ! répliqua Ribenne en leur tournant le dos pour rejoindre la salle de bains.

Lestac s'installa dans l'unique fauteuil de la pièce tandis que Foulon rabattait les couvertures sur le lit pour s'asseoir. La liberté recouvrée les mettait dans une humeur joyeuse que l'embarras de Ribenne décuplait. En entendant l'eau couler de l'autre côté de la cloison, Lestac haussa la voix pour parler :

— Je ne sais pas ce que tu lui as fait à la commissaire pour qu'elle nous libère, mais je te tire mon chapeau.

— Secret professionnel ! cria le détective pour couvrir le bruit de l'eau.

— J'espère que nous pourrons te remercier un jour, ajouta Foulon.

— Au fait, j'ai une bonne nouvelle à t'annoncer, reprit Lestac. Les Roumains prennent l'avion demain.

— Demain ? Ça n'a pas traîné, dis donc.

— La baston avec les CRS ce matin a fait grincer des dents en haut lieu. Grâce au consul de Roumanie, les choses se sont accélérées.

Lestac n'entendit pas la réponse de Ribenne, car au même moment, un portable se mit à sonner. La mélodie sortait de sous le lit et Foulon se pencha pour ramasser le téléphone.

— C'est la poulette qui l'appelle.

— Décroche, comme ça, il ne pourra pas refuser de lui parler, plaisanta Lestac.

Foulon entrebâilla la porte de la salle de bains pour tendre le portable à Ribenne.

— Un appel urgent.

Celui-ci lâcha une bordée de jurons et entendit la voix de Brakel hurler plusieurs « allô » avant même d'avoir porté l'appareil à son oreille. Il coupa l'eau.

— Ça va, ça va, je ne suis pas sourd.

— Ça fait deux minutes que je dis allô dans le vide ! cria-t-elle.

— Et moi, j'ai bien crié pendant une heure dans votre bureau avant qu'un de vos sbires me libère.

— Vous avez vraiment un caractère de cochon ! Dès qu'une mouette chie dans cette ville, vous voyez de la merde sur vos pompes. J'ai une petite question qui me taraude depuis notre conversation de tout à l'heure.

— Hum ?

— Pourquoi avez-vous pris tous ces risques ? Si vous aviez été surpris chez Mécanistyl, c'en était fini pour vous. Cette affaire, mais aussi votre carrière...

— Je fais un métier à risques, Brakel. On me paie pour les prendre à la place des autres et même parfois à la place des flics.

Un soupir d'exaspération lui indiqua que ce n'était pas le moment de la chatouiller sur ce terrain-là.

— Dites-moi la vérité, Ribenne, rien qu'une fois, ça ne serait pas si mal.

Il appuya son front contre la vitre de la cabine et ferma les yeux. Il en avait marre de toujours expliquer le pourquoi du comment.

— J'ai été métallo moi aussi et je sais ce que vivent ces hommes. Ils se battent pour leur avenir, pour garder un métier et un emploi.

Des familles entières dépendent des Chantiers. Faire venir de la main-d'œuvre étrangère est sans doute plus rentable, mais ce n'est pas sans conséquence pour l'emploi de ces types. Bon... Lestac et Foulon sont arrivés. Merci.

— Les Chantiers n'ont pas porté plainte. Ça a joué en faveur de vos amis. Par contre, je n'avais aucune raison de retenir plus longtemps Nicolas Mazés. Il est sorti aussi.

— Parfait. Au fait, que dit l'autopsie du père Immelman?

— Arrêt cardiaque. Mais deux flics de la division nationale anti-terroriste de la PJ sont arrivés. Ils n'écartent pas la piste des Croates qui ont peut-être menacé Immelman et son cœur aurait lâché. Ça doit vous faire plaisir. Ils sont aussi sur une autre piste. Avant qu'il soit brûlé, le 4×4 a été repéré du côté du Petit-Maroc. Le concierge de l'ancien hôtel du Pilotage dit avoir vu rôder la voiture avec deux types à bord. Il les a vus monter.

L'information donna un haut-le-cœur à Ribenne. C'était là qu'habitait Sylvia Mendoza. Aussitôt, une phrase remonta à la surface de sa mémoire : «La dernière fois, c'était un étranger, un grand type, vigoureux, et beau gosse, je dois l'admettre.»

Brakel ne comprit rien à la suite des événements. Un cri lugubre lui déchira les tympans. Au même moment, Lestac et Foulon bondirent sur leurs pieds comme un seul homme et déboulèrent affolés dans la salle de bains. Ils virent Ribenne glisser le long de la paroi de la douche, les muscles tétanisés et le visage livide.

Il se tenait recroquevillé, une main accrochée à la robinetterie, l'autre coincée sous lui. Le portable gisait dans une flaque grise de savon. Ils attrapèrent Ribenne et le sortirent de la douche sans qu'il n'oppose de résistance. Il balbutiait des mots incompréhensibles, les yeux mi-clos. Lestac récupéra le portable dans l'eau juste à temps. Il s'approcha de Ribenne, assis contre le meuble du lavabo, manqua de glisser, puis pencha l'oreille contre sa bouche.

Lestac répéta tout haut pour Foulon les syllabes qu'il distinguait : «Syl-via... Men-doz...».

— Mais qu'est-ce que tu dis? Articule! Je ne comprends rien.

— Sylvia Mendoza... Elle a vu Sélo...

— Mais de qui parles-tu? Quelle Sylvia? Quel salaud?

Tout en l'interrogeant, Lestac prit une serviette et en recouvrit Ribenne. Il grelottait. Soudain, le détective lui attrapa le bras et le serra fortement. Une voix rouillée sortit de sa gorge.

— Elle habite dans l'ancien hôtel du Pilotage. Troisième étage. Sylvia Mendoza. Préviens Brakel.

Il avait tout sorti d'une seule traite au prix d'un effort dont il ne se serait pas cru capable.

— Mendoza, répéta Lestac pour ne pas oublier le nom. Gérard, appelle Brakel au commissariat. Elle saura peut-être de quoi il parle.

La colère décupla les dernières forces de Ribenne.

— Je te dis d'y aller ! Elle est en danger !

D'un mouvement brusque, le métallo se dégagea et sauta sur ses pieds.

— J'y vais, fit-il à Foulon. Prends soin de toi, Ribenne, j'appellerai Brakel en route.

Lestac se rua hors de la chambre, dégringola les escaliers sous le regard apeuré de la mère Carcaradec, et disparut dans la rue. À l'étage, Foulon hésitait sur la suite à donner aux événements. Il vit le détective se mettre à genoux et il l'aida, sans prononcer un mot, parce qu'il ne savait pas lesquels dire. Ribenne lui faisait peur à force de bouger la tête comme une poupée désarticulée.

Au bout d'un moment, Foulon parvint à dire :

— Calme-toi. Lestac s'occupe de tout. Appuie-toi sur moi.

Le détective posa une main froide sur l'épaule de Foulon pour se redresser complètement. Il tituba en direction de la chambre, des frissons plein le corps.

— Tiens, habille-toi, dit Foulon en lui tendant des vêtements ramassés par terre.

— C'est trop tard… Ils arriveront trop tard.

— Que s'est-il passé, Ribenne ? Tu nous as foutu une de ces trouilles.

Le détective se laissa tomber sur le lit.

— Une catastrophe. Il est arrivé une catastrophe. Et comme un con, je n'ai rien compris.

*

Lestac arriva le premier sur les lieux. Il avait téléphoné au commissariat tout en roulant à tombeau ouvert à travers le port. Quand il pénétra dans l'immeuble, il fut rejoint par le hurlement des sirènes de police et enfila les marches de l'escalier trois par trois. Parvenu à l'étage, il se plia en deux, le souffle coupé, et reprit sa respiration en s'appuyant au mur. La sueur qui coulait dans son dos était aussi froide que la main de Ribenne tout à l'heure. Dehors, les sirènes s'étaient tues et un tumulte de pas montait jusqu'à lui. Lestac tourna la tête et vit que le nom de Sylvia Mendoza était écrit sur la porte tout à côté de lui. Il sut à l'instant même que jamais personne n'appellerait plus cette femme par son nom.

La porte s'ouvrit sans difficulté quand il tourna la poignée, et sans réfléchir, il pénétra dans la pièce. Une forte odeur le saisit à la gorge. Au premier coup d'œil, il comprit que c'était fini. Tandis qu'il fixait le corps sans vie de la femme, étendue à moitié nue sur le tapis taché de sang au milieu du salon, il entendit la cavalcade des flics derrière lui. Parvenue à sa hauteur, Brakel l'écarta d'un geste brusque et ne prononça pas les mots qu'elle s'apprêtait à dire. Elle baissa juste la tête dans un geste d'impuissance. Le bout de sa chaussure trempait dans le sang. Elle recula. Rien ne fut dit pendant de longues secondes.

— Qui est-ce ? finit-elle par demander.

— Elle s'appelle Sylvia Mendoza.

Lestac resta planté devant la mare de sang formant sur la moquette les frontières d'un monde impitoyable. Il aurait voulu reculer, sortir respirer, mais la scène de crime exerçait sur lui une fascination inconnue. Les pans du déshabillé étaient ouverts sur la poitrine de la femme et il trouva cette situation obscène. Il aurait voulu tendre la main pour cacher la nudité de Sylvia à tous ces flics s'affairant autour de son corps. Elle avait fait le choix de s'offrir aux désirs des hommes, c'était un choix qu'il se refusait à juger, mais il ne valait plus rien dans la mort. Lestac voulut tendre le bras, mais Brakel était déjà penchée sur le corps. Du bout de son stylo, elle repoussa une mèche de cheveux tombée devant les yeux de la morte et lui ferma les paupières.

Des hommes en uniforme passèrent à côté de lui, mais Lestac ne leur prêta pas attention. Il avait tourné la tête vers un cadre accroché au mur où la jeune femme posait à côté d'une amie. Leurs sourires semblaient éternels comme le sont tous les sourires de bonheur. Sylvia était à gauche sur la photo, la main posée sur l'épaule de l'autre femme. Lestac l'avait déjà vue et la reconnut tout de suite. Hélèna. Un nœud se forma dans sa poitrine en songeant à Ribenne.

— Regardez, commissaire.

Il pointa le menton dans la direction du cadre. Brakel se releva, s'approcha, mais ne réagit pas.

— La femme qui pose à côté, précisa-t-il.

— Ribenne ? demanda la flic qui venait de comprendre.

Lestac acquiesça d'un hochement de tête. Légèrement de biais, Brakel garda les yeux posés sur la photo et Lestac ne put voir laquelle des deux femmes son regard dévisageait.

— Mendoza en était une, n'est-ce pas ?

Lestac hocha la tête à nouveau. Il sut gré à la flic de ne pas avoir prononcé le mot « pute ». Le corps étendu à leurs pieds était celui d'une femme, belle et paisible, pas celui d'une prostituée. La mort efface les différences. Elle redonne de l'humanité à tous ceux qui en ont manqué.

— Ne restez pas là, dit Brakel. Comme vous êtes entré le premier, on va vous interroger. Une simple formalité, ajouta-t-elle en réponse à sa grimace.

*

De l'autre côté du port, deux hommes attendaient en silence. Foulon n'avait qu'une envie, celle de quitter la chambre au plus vite, mais il ne pouvait pas abandonner Ribenne à son sort. Le détective n'éprouvait quant à lui aucun désir. Il était vide de toute énergie. Il se tenait assis sur le bord du lit, tournant le dos à la fenêtre, et les images passaient devant ses yeux perdus dans le vide sans qu'il ne parvienne à les comprendre. Des visages, des formes, des couleurs, un mélange de souvenirs sans lien cohérent. Un fil de plus venait de le relier aux Croates. Après les Roumains, après Élise, Sylvia Mendoza. C'était comme si la mort s'acharnait sur les gens qu'il croisait.

L'attente sembla durer une éternité et Ribenne ne sortit de sa torpeur qu'en sentant Lestac poser une main sur son épaule. Il ne l'avait pas entendu monter l'escalier et entrer. Le métallo avait quitté l'appartement de Sylvia Mendoza sitôt sa déposition achevée.

Ribenne ne leva pas les yeux vers lui. C'était inutile.

— Elle est morte, c'est ça ?

— Oui, prononça Lestac en serrant les doigts sur son épaule en signe de compassion.

Debout près de la fenêtre, Foulon soupira, mais personne ne l'entendit. Seule la voix du détective résonna dans la chambre. On aurait dit un feulement rauque.

— Je dois prévenir quelqu'un.

— Prends ton temps, on va patienter en bas.

— Non, vous pouvez partir. Je veux rester seul. Merci.

Lestac ferma la porte de la chambre comme il convient quand on quitte une pièce où la mort a pris ses quartiers.

Samedi

I

À minuit passé, Ribenne n'avait pas bougé de sa piaule quand Alèna le découvrit toujours assis au bord du lit. Elle avait pleuré depuis l'instant où il lui avait annoncé le meurtre de Sylvia ; son visage était marqué par le chagrin. De son côté, Ribenne avait eu le temps de trouver une réponse à la question qui le taraudait et, finalement, il avait décidé de cacher à Alèna la brève liaison qu'il avait eue avec sa meilleure amie.

Ribenne entoura la taille d'Alèna de ses bras et l'approcha de lui pour poser la tête sur son ventre. Elle glissa les doigts sur la peau lisse de son crâne et caressa sa nuque. Leurs corps se touchaient dans un silence épais. Puis Ribenne se laissa tomber en arrière et Alèna s'allongea sur lui. Il effleura sa bouche, glissa les lèvres dans son cou. Le goût de sa peau se mêlait à l'odeur saline des larmes.

— Ça fait du bien de t'avoir avec moi, murmura-t-il.

Elle se détacha de lui et roula sur le dos contre les oreillers. En fixant le plafond, elle expliqua d'une voix pleine de sanglots :

— Nous ne sommes que des proies. Sylvia était tellement gentille qu'elle oubliait parfois que le monde est une saloperie.

— Tout n'est pas si noir. Toi-même, tu as réussi à t'en sortir.

Elle déglutit difficilement avant de répondre :

— J'aimerais tellement que ce soit vrai. Sylvia ne vivait que dans l'espoir de retourner un jour chez elle. Moi, j'ai fait une croix depuis longtemps sur ma vie d'avant. C'est peut-être ça qui m'a sauvée en définitive.

Allongés sur le dos l'un contre l'autre, ils restèrent silencieux plusieurs minutes, puis Alèna posa la question qu'elle ruminait depuis Nantes :

— Rib ? Je voudrais que tu t'occupes de retrouver l'assassin de Sylvia. J'ai de quoi payer. Tu es d'accord ?

Il se mit sur un coude et la tança du regard :

— Ne redis jamais ça. Ce n'est pas une question d'argent.

— Je veux qu'on retrouve ce salaud, insista-t-elle en se redressant. Je veux sa tête. Il faut qu'il sache qu'on est à ses trousses, qu'on ne le laissera jamais en paix. C'est important, pour toutes les autres, pour nous toutes, pour qu'on puisse vivre librement. Il faut le faire payer.

— Tu me fais peur quand tu parles comme ça.

— Si tu ne veux pas t'en charger, je demanderai à Leghorn, dit-elle, sans réaliser la portée de ses paroles.

L'effet sur le détective fut immédiat. Il lâcha sa main et se redressa d'un bond. Surprise, elle recula contre les oreillers. Debout devant le lit, Ribenne la surplombait, les poings serrés de rage.

— J'ai dit que je n'avais pas besoin de ton fric, je n'ai pas dit que je refusais ! Cette affaire, je m'en occupe déjà.

Elle voulut parler, mais il lui intima de se taire et poursuivit :

— Il se pourrait que ceux qui ont tué Sylvia aient tué un autre type.

— Ceux ?

— Ils étaient deux, si ce sont bien les mêmes. Je n'ai pas voulu t'en parler avant, car je savais que ça pourrait te faire peur. Mais tu ne risques rien, tu es à Nantes maintenant. Il ne peut s'agir que d'une coïncidence.

Instinctivement, Alèna recroquevilla les jambes sous elle et entoura ses genoux avec les bras. Ribenne inspira profondément, comprenant qu'il avait tout fait pour retarder cette échéance, mais qu'il ne pouvait plus reculer. C'était la peur dans les yeux d'Alèna, celle qu'il voyait à cet instant précis flétrir son regard, qui lui avait interdit d'évoquer au téléphone la présence des Croates à Saint-Nazaire. Mais la mort de Sylvia venait de changer la donne. Il lui devait la vérité.

— Tout le ramdam autour de la mort de Galati, l'ouvrier roumain, a occulté le meurtre d'un type qui s'était fait passer pour un Américain. Son meurtre pourrait être lié à celui de Sylvia. En fait, elle ne serait qu'une victime collatérale. Pour tout te dire, j'ai aussi des doutes concernant la disparition mystérieuse de la serveuse de la Carcaradec et le décès accidentel d'un curé. Je trouve que ça fait beaucoup de coïncidences, c'est tout.

Alèna agita la tête dans tous les sens.

— Je ne comprends rien à cette histoire. Je ne connais pas les gens dont tu parles. Pourquoi devrais-je me sentir concernée ?

Ribenne poussa un soupir et passa la main sur son visage fatigué, en fermant les yeux.

— Je te le répète, tu n'es pas concernée. Mais il se trouve que les deux types que soupçonne Interpol sont Croates et que celui qu'ils ont tué était un passeur de fric de l'UCK. Il s'agirait d'un règlement de comptes.

La bouche d'Alèna se crispa, trahissant son effroi.

— Mais qui sont-ils ?

— Lui, d'après Interpol, était un des passeurs de l'UCK. Son job consistait à faire transiter jusqu'en Suisse des valises pleines du pognon des différents trafics de la mafia. On pense qu'il a voulu détourner le fric et qu'il s'est réfugié ici, pour se planquer. Quant aux deux Croates, il s'agirait des hommes de main du chef de l'UCK, lancés à ses trousses. Visiblement, ils ont retrouvé sa trace, l'ont tabassé pour le faire avouer où il planquait le pognon, mais il est mort sans rien dire. Du coup, ils ont essayé de retrouver tous ceux qui ont été en contact avec lui dans l'espoir de mettre la main sur cette foutue valise. C'est comme ça qu'ils en sont venus à s'intéresser aux Roumains, au curé et à Sylvia.

Alèna lâcha Ribenne et tira sur un bout du drap pour le passer sur ses épaules. Elle avait froid, et ce froid n'était pas dû à l'heure tardive de la nuit, mais à cette angoisse qu'elle sentait monter en elle. Ribenne reprit les explications pour la rassurer une bonne fois pour toutes.

— Les Croates se sont intéressés au curé, car le type est allé le voir pour se confesser. C'est le jour où je l'ai croisé, il était vraiment affolé. D'après une bigote, Immelman n'aurait même pas pu lui donner l'absolution, et pas à cause de sa religion musulmane, mais en raison de ce qu'il lui a raconté. Qu'a-t-il pu confesser de si terrible ? Je suis persuadé que les Croates sont allés voir Immelman pour le savoir et son cœur a lâché de peur. Ils se sont aussi intéressés aux ouvriers roumains, car le passeur a été pendant un temps le correspondant de l'UCK en Roumanie et ils pensaient sans doute trouver une piste de ce côté-là, mais ils ont laissé tomber. C'est comme ça que je me suis retrouvé mêlé à l'enquête sur sa mort. Quant à Sylvia, elle a fait monter un inconnu chez elle. On sait qu'il s'agissait du passeur. Là encore, les porte-flingues de l'UCK ont remonté sa trace jusqu'à elle et…

Ribenne déglutit avec difficulté, gêné de sa manière d'éluder sa propre présence chez Sylvia, et il détourna le regard pour poursuivre :

— … Je suis désolé.

Alèna enfouit son visage dans les mains, les épaules secouées par les sanglots, et les larmes coulèrent entre ses doigts. Un silence désagréable s'ensuivit. Ribenne la serra contre lui et reprit :

— Après avoir tué Sylvia, les Croates ont fait brûler leur 4×4 dans une zone déserte pour effacer toute trace qui permettrait de remonter jusqu'à eux. Selon Interpol, ils seraient maintenant en route pour la Suisse. Un avis de recherche a été lancé. Tu n'as rien à craindre, chuchota-t-il à son oreille.

Ribenne serra plus fort ses bras autour de son cou, puis glissa d'une voix apaisée :

— La commissaire Brakel m'a demandé si tu accepterais de reconnaître le corps de Sylvia, vu qu'elle n'a pas de famille ici.

— Oh mon Dieu ! Oui, je le ferai. Et je m'occuperai aussi de son enterrement.

— Tu as du temps pour penser à ça. Il faut dormir maintenant. Demain, la journée sera très longue. Il faudra que j'aille à Gron, les Roumains ont gagné, ils vont repartir en avion.

*

Vers 11 heures, après avoir passé une nuit agitée de cauchemars, Ribenne et Alèna retrouvèrent Lestac, Foulon et le jeune Mazès sur le tarmac de l'aéroport de Gron, à côté de l'usine Airbus. Un avion spécialement affrété par le consulat roumain attendait sous un soleil de plomb.

Lestac apprit à Ribenne qu'un envoyé du consul supervisait lui-même les conditions du départ. Grâce à l'intervention en haut lieu du représentant plénipotentiaire, une avance sur salaire avait été versée aux ouvriers roumains, ce qui avait permis de débloquer la situation. Sans avoir besoin de se concerter, Ribenne et Lestac hochèrent les épaules pour signifier que l'affaire était close dorénavant. Le détective poussa un soupir, pas fâché de mettre un point final à cette enquête. Certes, la note sur le *montage exotique* ferait sans doute d'autres victimes, mais il était certain, cette fois-ci, d'avoir mené à son terme l'affaire que lui avait refilée les trois potes métallos.

— Tiens, je te rends ton portable. Merci.

Lestac le prit, puis plongea la main dans sa poche de veste et tendit une enveloppe à Ribenne.

— Les bons comptes font les bons amis. Gaspard a tenu à participer, il a quelques placements fructueux.

La remarque, anodine en apparence, illumina les yeux du détective.

— *La Vie financière* ! C'était donc ça !

— Mais comment tu es au courant, toi ?

Ribenne empocha le chèque.

— Tu me prends pour qui ? Je suis détective, mon job, c'est de résoudre des énigmes. Aucune ne me résiste. Alors comme ça, le vieux pirate boursicote ?

— Il a acheté des parts dans une entreprise familiale spécialisée dans la fabrication de compléments alimentaires. Avec la mode pour les produits naturels, l'affaire lui rapporte de quoi assurer facilement ses vieux jours. Je l'aide à gérer ses actions. Mais tu l'as su comment, nom de Dieu ?

— Secret professionnel !

Puis Ribenne s'éloigna vers Alèna qu'il prit par la taille pour suivre ensemble du regard l'avion rouler sur la piste, accélérer et se cabrer vers l'horizon étincelant. Quand le vrombissement des moteurs se fut éteint, tout le monde se dispersa en échangeant des regards résignés. Marchant côte à côte, Ribenne et Alèna restèrent silencieux. Ils n'arrivaient pas à parler. Ils se tenaient juste par la main et ce simple contact valait à lui seul tous les discours du monde.

Parvenu à hauteur de la Punto, Ribenne prit la parole :

— Quand tu seras avec Brakel, j'irai voir Leghorn. Je me demande ce qu'il fabrique depuis ses découvertes sur l'UCK.

Mais au moment où il allait ouvrir la portière, une silhouette appuyée contre le tronc tordu d'un arbre à l'écart du parking retint son attention. Il le reconnut à sa silhouette tout de guingois.

— Viens, je veux te présenter quelqu'un.

Ils avancèrent vers l'inconnu qui leva la main pour les saluer, en lançant d'une belle voix claire :

— Alors, détective, tu as trouvé quelqu'un pour partager ton fardeau ?

Notant l'usage inédit du tutoiement, Ribenne serra la lourde poigne du père Mazés, content de le revoir. Le vieux avait revêtu ses habits du dimanche.

— Alèna, je te présente le père de Nicolas.

Mazés la salua d'un hochement de tête puis porta son regard vers le ciel où l'avion roumain avait disparu.

— Je n'aime pas les avions. Ils ne sont pas faits en acier.

— Le père de Nicolas travaille aux Forges qui fournissent l'acier aux Chantiers, expliqua Ribenne. Pourquoi t'as mis ton costume du dimanche pour assister à ce départ, alors ?

— Je suis venu en voisin. Et en éclaireur aussi.

— En éclaireur ?

— Un jour, moi aussi, je vais me retrouver dans une boîte comme ce Galati. J'aimerais que mes copains soient là pour mon départ.

Le visage de Ribenne pâlit devant cette évocation tranquille de la mort. Les doigts d'Alèna se crispèrent dans sa main.

— Merde, Mazés, tu as encore le temps. Tu ne crois pas qu'il y a des choses plus réjouissantes auxquelles penser.

— J'ai pas peur. J'anticipe.

Un drôle de silence s'installa sous le pin parasol. Alèna se rapprocha de Ribenne. Elle ressentait un vide immense en elle et aurait voulu qu'à cet instant il la serre dans ses bras. Le père Mazés posa un regard tranquille sur le couple, sans mesurer le malaise provoqué par ses propos.

— Une dernière question et après je vous laisse. Sais-tu de quoi meurent presque deux millions et demi de personnes dans le monde chaque année ?

Ribenne faillit s'emporter devant l'insistance du vieux à discourir sur la mort, mais se dit qu'il valait mieux répondre pour en finir le plus vite possible.

— De la guerre ?

— Non.

— Du sida ?

— Non plus.

— À cause de catastrophes naturelles ? ajouta-t-il, à bout d'idées.

Une nouvelle fois, le père Mazés oscilla la tête de droite à gauche, amusé de piéger le détective.

— Ben, j'en sais rien.

— D'accidents du travail et de maladies professionnelles. En fait, Galati a eu la mort la plus banale qui soit. Et tu te rends compte du bordel que ça a foutu ? La grève, les télés, le consul, et j'en oublie. Et pour quel résultat, Ribenne, hein, tu peux me le dire ?

*

À bord de la Punto vert olive qui roulait vers le centre-ville où elle avait rendez-vous avec Brakel pour répondre à quelques questions sur Sylvia, Alèna grimaça en regardant sa montre. Dans moins d'une heure, elle irait reconnaître le corps de sa meilleure amie à la morgue.

— J'ai peur, Rib. La revoir dans ces conditions…

Il glissa ses doigts entre les siens pour la rassurer.

— Je sais, mais tu es la seule à pouvoir le faire. Brakel a besoin de ton témoignage et attends-toi aussi à ce qu'elle t'emmène dans l'appart de Sylvia, pour des vérifications.

— Tu crois que Leghorn est sur leur piste ?

— Il est à la retraite. Il n'a plus le droit de marcher sur les plates-bandes de Brakel. Par contre, tu ne sais pas ce que m'a proposé ce vieux roublard ?

Elle leva les yeux en haussant les épaules.

— Devenir mon associé ! Tu imagines l'équipage : Ribenne et Leghorn, détectives privés.

— Et t'as répondu quoi ?

Il repéra une place et fit un créneau avant de dire :

— Qu'il devait faire ses preuves. Pourquoi un ex-flic ferait un bon détective, hein ? On fait pas le même boulot, donc il doit mériter ses galons. Je lui ai demandé de laisser tomber les Croates pour l'instant et de se mettre sur la piste d'Élise. Brakel m'a dit que sans cadavre ou un doute raisonnable, elle ne peut pas bouger le petit doigt. Cette fille est majeure et rien ne prouve qu'il lui soit arrivé un malheur. Chaque année, des dizaines de personnes abandonnent tout derrière eux du jour au lendemain, coupent tous les ponts avec leur famille. Parfois, je me dis qu'Élise était capable de cette décision.

— Mais tu as dit que les Croates rôdaient autour d'elle.

Le visage de Ribenne se rembrunit à ce souvenir.

— C'est bien ça qui m'empêche de croire à une fuite volontaire.

Il allait sortir quand Alèna le prit par le cou. Ému, le détective la serra contre lui en respirant l'odeur de ses cheveux. Elle glissa ses bras sous sa veste pour le serrer et ses doigts rencontrèrent une feuille qui dépassait de la poche intérieure.

— Qu'est-ce que c'est ? demanda-t-elle en tirant sur le papier pour le poser sur le tableau de bord.

Ribenne reconnut l'enveloppe contenant la photo de passeport du faux Américain et songea qu'il lui fallait mentir pour empêcher Alèna de vouloir l'ouvrir, au risque de la replonger dans ses peurs.

— La photo d'un type. Laisse tomber.

Il allait enlacer son cou quand il vit Alèna pâlir comme si on lui avait aspiré tout le sang en une seconde.

— Qu'est-ce que ce nom fait sur cette enveloppe ?

— C'est celui du type que les Croates ont tué, le faux Américain.

— Mais ce n'est pas le nom de quelqu'un, c'est le nom d'un village !

Elle ouvrit l'enveloppe et tira la photo. Son cri d'effroi transperça le cœur de Ribenne de part en part.

— Non ! Non ! Non ! hurla-t-elle, en enfouissant son visage dans ses mains.

À cet instant, Ribenne comprit ce qu'un chien ressent à l'approche de l'orage. Il ne devinait pas la suite, il la vivait dans les tréfonds de son être. Et c'était l'apocalypse.

Sans se tourner vers lui, les joues ruisselantes de larmes, Alèna prononça entre deux sanglots :

— Gornje Sélo… Ce n'est pas le nom de cet homme, Rib. C'est celui du village où il est né… Lui, c'est Avdo, mon frère.

Samedi

II

Brakel apprit par Ribenne qui se cachait derrière le pseudo de Gornje Sélo quand il l'appela pour la prévenir de son arrivée imminente avec Alèna. Devant la réaction violente de celle-ci, il avait besoin d'aide. La flic saurait lui parler, pas lui. Il était nul pour consoler.

Assise derrière son bureau, un dossier ouvert devant elle, Brakel prit le temps d'observer Alèna quand elle passa la porte. Elle était de taille moyenne, formidablement brune de peau et de cheveux, le visage strié par les larmes, mais son port de tête montrait une fierté assumée. La flic referma le dossier, se leva et lui serra la main.

— Je vous présente mes condoléances, madame. Je suis sincèrement désolée.

La poignée de main conforta la commissaire dans sa première impression. Alèna était faite d'un bois dont on ne fabrique pas des fagots. D'un geste, Brakel montra le canapé à ses visiteurs. Ribenne marqua un instant d'hésitation à l'idée de s'asseoir là où il avait été retenu prisonnier, puis s'installa en jetant un regard trouble à la flic.

— Je vais aller droit au but, madame. Je vous dis ce que je sais sur votre frère et ensuite, vous complétez les manques, proposa Brakel d'un ton choisi pour ne pas laisser place au sentimentalisme.

Alèna acquiesça d'un hochement de tête, le visage fermé, et la commissaire fit le résumé des éléments en sa possession. À la fin de son propos, Brakel se pencha pour attraper un paquet de cigarettes et alluma une clope. Le tabac grésilla dans un silence glacial.

La voix d'Alèna fit se tourner vers elle le regard de la flic et du détective quand elle commença son récit :

— Gornje Sélo est le nom du village où j'ai grandi avec mon frère. Il est situé dans les montagnes Sar, qui séparent le Kosovo de la Macédoine.

C'est au sud, à côté de Prizren, à quelques kilomètres de la frontière. Un jour de mai 1996, j'ai appris qu'un clan mafieux serbe voulait m'enlever. C'est une tradition là-bas, pour enrôler de force des jeunes femmes dans les réseaux de prostitution. C'était aussi un moyen pour eux de régler le problème des minorités, car, en l'occurrence, ma famille est bosniaque. En moins d'une heure, j'ai dû me résoudre à abandonner mes parents et mon frère. Je devais rejoindre la route qui mène à Teartse, en Macédoine, avant que ma disparition n'attise la colère des Serbes. J'ai confectionné un baluchon avec mes affaires et je l'ai caché dans la forêt. Ensuite, je suis revenue chez moi embrasser mes parents, sans leur dire la vérité. J'avais une folle envie de les prévenir, de les rassurer, mais cela aurait mis leur vie en danger.

Alèna baissa la tête et éclata une nouvelle fois en sanglots. Ni Ribenne ni Brakel ne dit quoi que ce soit le temps qu'elle se ressaisisse.

— Pour mon petit frère, ce fut différent. Nous avions cinq ans d'écart. Il s'appelait Avdo. À 20 ans, il était déjà un homme, mais pour moi, il était encore le petit frère qui m'avait sauvé la vie. Un jour, nous jouions dans la grange de nos parents et je suis tombée du haut de la poutre où j'essayais de tenir en équilibre. Il me regardait d'en bas et, quand il m'a vu tomber, il s'est précipité pour me rattraper dans ses bras. Je ne pesais pas bien lourd, j'avais à peine 13 ans, mais la force de ma chute a suffi à l'entraîner par terre. Il est tombé sur une fourche mal posée. Les dents lui sont entrées dans le ventre, sur le côté. Il a failli mourir ce jour-là, à cause de ma bêtise, mais il s'en est sorti. Depuis, il a gardé les marques.

Brakel se leva pour aller vers son bureau. Elle tenait le dossier d'Interpol quand elle revint s'asseoir en faisant signe à Alèna de poursuivre. Tandis que celle-ci reprit la parole, Ribenne observa la commissaire feuilleter les pages du dossier. Elle cherchait les photos du mort pour vérifier la présence de cicatrices sur son abdomen. Un flic garde ses réflexes de flic en toutes circonstances. Il vit un éclat nouveau dans le regard de Brakel en constatant que Gornje Sélo portait bien des marques. Le détective sentit sa gorge se contracter en réalisant combien ils avaient frôlé le danger avec la présence des Croates, et prit une cigarette à son tour.

Quand Alèna cessa son récit, son visage était devenu moins dur, sous l'effet de la parole libérée.

— Merci, madame, dit la commissaire en sondant son regard. Je suis en mesure de vous confirmer qu'il s'agit bien de votre frère. Les cicatrices sont visibles sur les photos de l'autopsie.

Sans lui laisser le temps de demander à voir le dossier, elle dit :

— Je vais vous donner des éléments sur ses meurtriers. D'après Interpol, ils vont sans doute chercher à passer en Suisse. L'analyse de leur voiture calcinée n'a rien donné. Votre frère vous a-t-il contactée, madame ?

— Non.

— Vous n'avez jamais eu de ses nouvelles depuis votre départ ?

— Aucune. Je n'en ai pas cherché, dit Alèna d'un ton mouillé. J'ai rompu avec mon passé. Cela m'a coûté assez cher pour ne pas avoir envie de me raccrocher à des chimères.

— Vous ignoriez donc sa présence en France ? insista Brakel.

Alèna la fixa, le visage dur :

— Je vous l'ai dit, je n'ai plus entendu parler de lui depuis ma fuite. J'ignorais totalement qu'il avait rejoint l'UCK. Vous venez de me l'apprendre.

— Cela n'a pas l'air de vous surprendre ?

Alèna ne répondit pas aussitôt, les mains crispées sur les genoux, puis lâcha, sûre d'elle :

— À bien y penser, il n'avait pas d'autre choix. C'est à cause des Serbes que j'ai fui le Kosovo. Si Avdo avait su mon intention, il ne m'aurait pas laissé partir. Il aurait empêché ces salauds de m'enlever, il les aurait combattus jusqu'au bout. Le pire, voyez-vous, c'est que nos différentes communautés vivaient en paix ensemble, dans un même village, avant la guerre. Du jour au lendemain, le voisin serbe est devenu l'ennemi du voisin croate ou bosniaque. Je suis sûre que mon frère s'est engagé dans l'UCK à l'instant où il a appris ma fuite, pour me venger.

— Et à lui, vous n'avez rien dit non plus ?

— Lui dire la vérité le condamnait également. Je lui ai écrit une lettre que j'ai accrochée au collier de son chien. C'était un merveilleux chien de berger, un sarplaninac, c'est la race de nos montagnes. J'ai enroulé la lettre autour de son collier. Je savais qu'il la trouverait.

— Vous ne mentionniez pas votre destination dans ce courrier ?

— Madame, je ne suis pas partie en voyage, j'ai fui un pays pour sauver ma peau, sans savoir où j'atterrirais. Mon frère m'a retrouvée. On ne saura jamais comment il a fait. Mais j'ai la conviction que sa quête a duré cinq ans. Comme vous, j'aimerais savoir comment il a su que j'étais à Saint-Nazaire, mais il ne pourra jamais nous le dire.

Le menton tremblotant d'Alèna montrait combien parler de son frère remuait tout son être et ravivait des douleurs cachées au plus profond d'elle-même. En l'observant, Ribenne se demanda si un jour il aurait pu approcher cette vérité, de lui-même, par la simple force de son amour, sans qu'Alèna soit obligée de répondre à un interrogatoire de police. Son cœur se serra en songeant qu'il n'était pas sûr de la réponse. Dans le silence de la pièce, autour de la table basse sur laquelle traînaient les différents rapports de l'affaire, seul s'entendait le grésillement des cigarettes. Chacun réfléchissait, emboîtait les pièces du puzzle dans sa tête, bouchait les trous avec son imagination, pour réussir à déchiffrer le paysage d'ensemble de cette affaire.

Pragmatique, Brakel reprit la parole la première :

— Je vais vous demander de m'accompagner à la morgue et chez Mendoza, car vous remarquerez peut-être des indices qui nous ont échappé.

Alèna s'attendait à la proposition, mais elle ressentit quand même le besoin de fermer lentement les yeux et de prendre une profonde inspiration avant de hocher la tête. Sa peau était recouverte de chair de poule tant les émotions couraient à travers son corps sans lui laisser de répit. Ribenne fut soulagé de la voir acquiescer, car cela signifiait que Brakel allait la prendre en charge et sans doute l'aider davantage que lui pourrait le faire. La tristesse des autres lui clouait le cœur aux côtes.

*

Ribenne quitta le bureau de Brakel à sa demande, car elle voulait poursuivre seule l'interrogatoire d'Alèna au sujet de Sylvia. Il bénit la flic de cette sage décision qui allait lui permettre de se concentrer sur d'autres aspects de l'enquête. Il avait encore beaucoup de projets à mener à leur terme.

En chemin, il appela Leghorn pour l'informer des derniers événements et le prévenir de son arrivée. L'ex-flic reçut la nouvelle concernant Avdo en serrant les mâchoires. Il songea que le passé qu'Alèna avait voulu fuir venait de la rattraper de la plus horrible des manières. Leghorn avait toujours éprouvé une tendresse particulière pour la jeune femme depuis son arrestation sur le quai des Charbonniers.

Rendu à destination, Ribenne enfonça la sonnette de la porte du pavillon de Leghorn, pressé d'entendre le résultat de ses recherches sur Élise.

— Enfin, tu daignes t'intéresser à ton associé, railla Leghorn en lui ouvrant.

— Mon associé ? Tu parles du salaud qui m'a abandonné hier chez Brakel ?

— Tu ne vas pas me reparler de cette histoire. À sa place, je te coffrais en cellule, crois-moi. Elle l'a joué vachement cool avec toi. Sans doute le fait qu'on soit pote a plaidé en ta faveur, argumenta Leghorn. Allez, faisons la paix, entre *gentlemen*, proposa-t-il en tendant sa main ouverte, un sourire carnassier aux lèvres décorées d'un cubain énorme.

Ostensiblement, Ribenne garda la sienne dans sa poche.

— Raconte-moi plutôt ce que tu as appris sur Élise. Tu as eu tout le temps de t'intéresser à elle.

— Alors, avance, l'invita Leghorn en montrant la direction du salon, mais promets-moi de rester calme.

— Pourquoi je m'énerverais ?

— À cause de ça…

La foudre n'aurait pas mieux figé Ribenne sur place quand il découvrit deux individus assis dans le canapé, la main droite de l'un accrochée par des menottes à la main gauche de l'autre. Le détective parcourut le salon du regard, s'attendant à voir surgir les caméras et les complices de Leghorn dans la mise en scène du canular. Celui-ci le poussa dans le dos pour le faire entrer dans la pièce.

— Je ne te présente pas mes invités.

Élise baissa la tête en reconnaissant Ribenne. À ses côtés, Arnaud n'arrêtait pas de tripoter les menottes. Son visage révélait une certaine morgue, expression nouvelle chez lui, bien différente de la détresse qu'il arborait l'autre jour en annonçant la disparition de sa petite amie.

— Nom de Dieu, Élise, qu'est-ce que vous faites là ? demanda Ribenne en s'asseyant en face d'eux, la voix troublée par l'émotion. Ça fait deux jours que j'imagine le pire…

Élise garda la tête baissée et, du revers de la main, essuya une larme. Leghorn revint dans le salon, avec deux verres propres, puis les remplit de Viré-Clessé en demandant :

— Alors, où en êtes-vous dans les présentations ?

— Votre copain veut recommencer l'interrogatoire, on dirait, grogna Arnaud d'un ton hautain. Mais on ne va pas passer la journée à répéter quinze fois la même chose.

Leghorn reposa la bouteille sur la table basse puis s'adressa à Ribenne :

— Je peux ?

— T'es chez toi.

Dans la seconde, le surfeur récolta une puissante gifle sans s'y attendre, assénée du dos de la main, et sa tête sembla se détacher de son cou. Les cris et les larmes d'Élise redoublèrent, provoquant un pincement au cœur de Ribenne.

— Les règles du jeu sont les suivantes, annonça Leghorn, péremptoire : mon associé voudrait comprendre comment vous, mademoiselle, vous avez disparu, et pourquoi. Quant à toi, le bouffeur de plancton, tu la mets en veilleuse, compris ?

Arnaud laissa échapper des borborygmes derrière sa main plaquée contre sa bouche enflée.

— Je crois qu'il est d'accord, s'amusa Ribenne.

Élise releva la tête en reniflant, et ses petits yeux de souris affolée cherchèrent à éviter ceux du détective. Celui-ci songea que la jeune femme ne ressemblait plus à celle qui l'avait entraîné dans l'escalier de service de la pension.

— Je suis désolée, M. Ribenne. Je ne suis pas fière de ce que j'ai fait. Mais franchement, à qui ça n'aurait pas fait tourner la tête une histoire pareille ?

— Mais de quelle histoire parlons-nous ? Expliquez-moi où vous étiez pendant tout ce temps-là.

Élise serra les mâchoires et, comprenant que toute échappatoire lui était impossible, murmura sans lever les yeux :

— Tout a commencé le soir où nous avons discuté ensemble, à la terrasse du Café Moderne. Vous étiez avec votre copain, celui que vous appelez Long Nez, et je vous ai parlé de mon père. Ensuite, nous som…

— Oui, oui, je me souviens, la coupa brutalement Ribenne qui craignait ce qu'elle allait dire.

— J'étais en retard et j'ai couru pour redescendre l'escalier. En arrivant sur les dernières marches, mon pied a glissé et je me suis affalée dans l'entrée de service. Dans la chute, mon collier s'est à nouveau décroché, dit-elle en le serrant dans sa main.

Ribenne lui adressa un sourire, car il se souvenait très bien avoir entendu un bruit de chute, de s'être penché par-dessus la rambarde de l'escalier, mais ne voyant rien, il ne s'était pas inquiété.

Mise en confiance, Élise poursuivit :

— J'ai cherché mon collier partout, mais c'était mal éclairé dans ce coin-là. J'ai mis un peu de temps à le retrouver et tout à coup, j'ai entendu la mère Carcaradec rappliquer. Alors, je me suis cachée dans le cagibi sous l'escalier et, en attendant sans bouger, j'ai remarqué un truc étrange.

À cet instant, elle prit une profonde respiration pour faire passer un hoquet de pleurs.

— J'étais intriguée, car la Carcaradec ne rangeait jamais rien dans ce cagibi. En tâtonnant, j'ai compris qu'il s'agissait d'une valise. Je l'ai entrouverte et dans le filet de lumière, j'ai vu plein de billets dedans. J'ai cru que mon cœur allait exploser.

À cette évocation, Ribenne cessa de respirer et sentit fondre son cerveau. La vérité explosa sous ses yeux : Élise avait mis la main par hasard sur la valise du frère d'Alèna et sur le pactole de l'UCK. Par contre, ce qui ne lui sembla pas être un fait du hasard, c'était le lieu où Avdo avait caché le butin. Peut-être croyait-il qu'Alèna habitait la pension, ignorant ses projets sur Nantes ? Ou bien était-ce Sylvia qui lui avait donné ces infos après la nuit passée chez elle ? En tout état de cause, il était évident qu'Avdo avait retrouvé la trace de sa sœur, qu'il l'avait peut-être même vue sans oser l'approcher, de peur de la mêler à sa fuite, car il ne faisait aucun doute qu'il se savait poursuivi par les tueurs de l'UCK. Ribenne n'osa pas imaginer la douleur ressentie par Avdo de voir sa sœur si proche sans pouvoir lui parler après toutes ces années de recherche.

Ou bien… Ou bien… Les questions se mirent à rebondir dans la tête de Ribenne à lui faire mal.

— J'étais très intriguée, reprit Élise, alors j'ai sorti la valise pour l'ouvrir en grand. À la vue de tous les billets, j'ai cru recevoir un coup de massue sur la tête. Je n'avais jamais vu autant d'argent. Là, mon sang n'a fait qu'un tour, et comme si une force commandait mon cerveau à distance, je l'ai refermée et je l'ai emmenée avec moi. Sans penser aux conséquences. Sans m'arrêter. J'ai couru comme une folle, je changeais de trottoir dès que je voyais quelqu'un en face. J'avais l'impression que les gens savaient que je transportais une valise bourrée de fric.

Élise baissa la voix en prononçant ces derniers mots, sous l'effet conjoint de la culpabilité et du remords. Le regard hébété du détective resta vrillé sur elle ; elle en sentait toute l'intensité.

— J'ai couru comme ça jusqu'à l'appart et j'ai appelé Arnaud.

Celui-ci redressa la tête en entendant son prénom. Un profond dédain figeait ses lèvres bleuies dans un rictus. Élise tourna son visage vers lui, puis haussa les épaules, ayant compris qu'elle était seule face à Ribenne et Leghorn.

— Il m'a dit de rester enfermée, de ne plus me montrer, ni d'aller travailler. Il a pris un train pour revenir d'Hossegor dès le lendemain matin. Cette valise, c'était un cadeau du ciel. Fini les petits boulots, je pouvais me payer les études que je voulais. Et puis, cet argent, je ne le volais à personne. Il ne pouvait appartenir ni à la Carcaradec ni à vous, murmura-t-elle. Alors, on a décidé de le garder.

— Elle a raison, renchérit Arnaud. Est-ce que la valise a été réclamée depuis ? C'est ça qui compte. Si personne n'a déclaré le vol, elle revient à celui qui l'a trouvée.

Contrariée, Élise donna un coup sec sur les menottes pour le faire taire.

— On a convenu que je devais rester cachée dans l'appart, faire comme si j'avais disparu, en attendant de voir ce qui se passait. Et pour en avoir le cœur net, Arnaud est allé à la pension. Il vous a fait croire à ma disparition, et comme vous sembliez ne rien savoir sur la valise, il est revenu convaincu que notre coup avait marché et que nous ne risquions rien.

— Nom de Dieu, Élise ! Vous savez à qui vous avez piqué ce fric ? s'emporta Ribenne.

Elle resta silencieuse, tête baissée.

— À un mafieux recherché par des types qui n'ont pas hésité à le torturer. Quand je pense qu'ils se sont approchés si près du but

Et Ribenne d'expliquer les informations données par Brakel sur Avdo, sur son assassinat aussi, sur les sbires de l'UCK à ses trousses, sur leur fuite vers la Suisse, sur la mort de Sylvia, et sur celle du curé de Saint-Gohard.

— J'ai croisé deux fois le 4×4 des Croates, et le métallo avec qui vous causiez ce soir-là était l'un deux, habillé en ouvrier pour se fondre dans la masse. Ça démontre bien qu'ils étaient sur la piste de la valise. S'ils vous avaient trouvée en sa possession, vous seriez au fond du port à l'heure qu'il est.

Cette éventualité fit pleurer à nouveau Élise, provoquant la colère d'Arnaud.

— Mais tu ne vois pas qu'ils te servent la soupe que t'as envie d'avaler. Cette valise, ils la veulent pour eux, alors, ils cherchent à nous foutre la frousse.

Avec la rapidité d'un reptile, le bras de Leghorn s'allongea une nouvelle fois et sa main claqua la joue d'Arnaud. Celui-ci cria, saisi par la surprise autant que par l'humiliation de prendre une seconde gifle.

En regardant Ribenne, Leghorn fronça les sourcils :

— Eh, je suis chez moi.

— Mais je n'ai rien dit, mon pote.

Satisfait, l'ex-flic se cala dans son fauteuil, remit son cubain entamé entre ses dents, prêt à écouter la suite.

— Les Croates ont fait cramer leur 4×4 sur le port hier matin et depuis, on pense qu'ils sont en fuite vers la Suisse, reprit Ribenne. À mon avis, ils ont préféré laisser tomber la valise plutôt que d'avoir les flics d'Interpol sur le dos et de prendre le risque de foutre en l'air le reste du réseau. Un réseau, c'est toujours plus dur à reconstituer que des valises à remplir.

Un frisson s'empara d'Élise et elle croisa les bras sur sa poitrine, obligeant Arnaud à garder la main menottée absurdement tendue dans le vide.

— J'ai encore une question, dit Ribenne d'un ton conciliant. Qu'avez-vous fait de la valise ?

Elle releva la tête et fixa Leghorn. Celui-ci se redressa dans son fauteuil, faussement étonné d'être visé, tandis qu'Arnaud desserrait ses lèvres boursouflées pour esquisser un sourire étrange. L'ancien commissaire ôta le cigare de sa bouche et le pointa vers le détective en disant :

— Je me demandais quand tu poserais la question. Elle est là !

Et Leghorn de plonger la main derrière son fauteuil pour pousser la valise aux pieds de Ribenne. Surpris, celui-ci eut un mouvement de recul puis examina l'objet, en rien différent d'une autre. À force d'entendre parler de mafia, de trafics et de blanchiment, il s'était imaginé autre chose que cette vulgaire boîte à roulettes en plastique rigide. Puis, une sueur froide coula le long de son cou quand il prit conscience que l'objet posé au milieu du salon était la cause de la mort de deux personnes.

Pour chasser ces sinistres pensées, Ribenne attrapa la poignée, souleva la valise et la posa sur ses genoux pour l'ouvrir. Concentré, il ne se rendait pas compte du silence impressionnant dans la pièce ; les trois autres le regardaient sans un mot, le souffle suspendu. Ribenne fit jouer les deux molettes et souleva le couvercle d'un seul coup. Il avait tellement fantasmé sur le fric qu'il s'attendait à être ébloui comme s'il s'agissait des milliers de pièces d'or d'un coffre de pirate. Aucune lumière merveilleuse ne s'échappa de la valise, mais il fut surpris de voir autant de billets si bien rangés.

— Ouah… C'est impressionnant !

Son extase fut coupée net par une vocifération du surfeur :

— Eh ! Ce fric est à nous, alors ne rêvez pas trop !

Ribenne abaissa le couvercle pour fixer Arnaud d'un regard furieux. Élise détourna la tête pour se désolidariser de lui.

— Leghorn ? dit Ribenne. On fait quoi de lui ?

Le commissaire toussa la fumée de son cubain et avança ses fesses au bord du fauteuil pour faire tomber la cendre. Arnaud interpréta ce silence pour de l'hésitation et crut bon d'en rajouter une couche :

— Je vous propose un deal : quatre parts égales, et on ne se connaît plus.

Élise se tourna vers lui, le visage déconfit. En retour, Arnaud la dévisagea, l'œil dédaigneux.

— Désolé, mais c'est moi qui ai eu l'idée de garder ce pognon et j'ai même pris des risques en retournant à Penhoët pour faire croire à ta disparition. Mieux vaut qu'on arrête là tous les deux et on repart chacun de son côté avec un joli pactole.

Élise agita la tête de dégoût. Ribenne et Leghorn se fixèrent longuement, et leurs yeux s'agitèrent au point qu'on aurait pu croire à une forme de langage magique entre eux. Enfin, le détective reposa la valise par terre, avec un calme calculé, sous le regard dérouté d'Arnaud ayant compris que quelque chose allait se passer.

Leghorn plongea la main dans sa poche, puis tendit la clef des menottes à Ribenne. Celui-ci s'approcha du surfeur avec un sourire qu'en d'autres circonstances, on aurait pu prendre pour un signe d'amitié, mais qui, à cet instant, était celui du bourreau pour sa victime. Il ouvrit les menottes et à peine son poignet délivré, Arnaud en massa avec vigueur la chair endolorie.

— Eh, Ducon, tu te lèves ou je t'aide ? le pressa Ribenne.

Arnaud obtempéra, en cherchant appui sur le bras du divan, quand il se sentit soudain soulevé en l'air. Ribenne avait attendu qu'il se redresse pour l'attraper par les aisselles et le projeter de l'autre côté du canapé, loin d'Élise en train de pousser un cri d'effroi. Leghorn tourna la tête pour suivre la trajectoire d'Arnaud à la manière d'un spectateur d'un match de tennis.

— Espèce de raclure de bulot ! l'insulta Ribenne en le surplombant. Tu te fous de ma gueule en me faisant croire à la disparition d'Élise et tu t'en vantes. Tu te fous de la gueule d'Élise en la jetant comme une merde et t'es content. Tu te fous de notre gueule en nous insultant et tu réclames ta part de l'oseille.

Il envoya la pointe de sa chaussure dans le cul du surfeur qui fit un bond en gémissant de douleur.

— Tu veux ajouter quelque chose ou tu penses avoir dit assez de conneries ?

Arnaud se redressa sur un coude pour parler, mais Ribenne balaya du pied son appui et il retomba sur le sol, le menton en premier. Un filet de sang gicla entre ses dents.

— Il n'a rien d'autre à demander, lança Ribenne.

— Ne lui faites pas de mal, cria Élise, le visage blême.

Ribenne la fixa, puis secoua la tête et se pencha sur Arnaud.

— Tu entends ? Élise me demande de t'épargner. La fille que tu as trahie intervient en ta faveur. Tu te rends compte de la chance que t'avais de vivre avec une nana comme elle ? Moi, j'en connais aucune autre qui prendrait la défense d'une saloperie dans ton genre.

Arnaud souleva la tête et articula difficilement :

— Vous n'avez pas le droit. Je vais porter plainte.

Ribenne l'attrapa aussitôt par le col de chemise et le traîna devant la table basse, saisit la valise, l'ouvrit et la cala sur ses genoux, puis attrapa la bouteille de vin pour la poser au bord de la table près de sa tête.

— J'ai vu un Kodak dans l'entrée. Tu peux aller le chercher ?

Leghorn quitta la pièce et, à son retour, il tenait un appareil photo jetable. Ribenne s'en saisit et le dirigea vers sa victime en cadrant l'image.

— Pose tes mains sur le couvercle et souris ! ordonna-t-il.

Dans le viseur, Ribenne vit Arnaud attraper avec dégoût les deux côtés de la valise ouverte afin que l'on distingue bien la quantité de billets rangés à l'intérieur. L'image parfaite du petit couillon content de son larcin et qui fait la fête avec des potes en buvant un pinard de luxe.

— Écoute bien. Cette photo, je la balance aux flics si dans douze heures tu n'as pas quitté Saint-Nazaire. Tu m'entends ? Brakel l'aura, un exemplaire papier circulera dans tous les commissariats de la région si tu racontes quoi que soit sur ce pognon ou si tu reviens emmerder Élise. Quand Interpol te verra en possession de la valise bourrée de fric du passeur de l'UCK qu'elle cherche à coincer depuis des années, je ne donne pas cher de ta peau et de ton avenir. T'as compris le message ?

Arnaud fixa Ribenne d'un regard assassin, les veines de son front apparentes, incapable de contenir sa haine, et lui cracha au visage. Stupéfait, le détective attrapa Arnaud par le col et l'entraîna dans le couloir. Élise criait dans le canapé, impressionnée par le déchaînement de violence, et ses hurlements agissaient à la manière de coups de fouet sur la peau de Ribenne. Celui-ci redoubla d'habileté pour ouvrir la porte d'entrée sans lâcher sa proie, et la projeta dehors dans l'allée. À peine debout, Arnaud sentit à nouveau la poigne du détective se refermer sur lui et il prit la direction du portail sans toucher le sol des pieds. Une fois dans la rue, Arnaud crut apercevoir quelqu'un venir à son aide, mais réalisa au moment du choc que ce n'était qu'un nouveau coup de poing qui entrait dans son champ de vision. Il le reçut sur la pommette gauche avec le bruit du craquement d'un arbre pris dans une tempête.

— Casse-toi et ne remets plus les pieds dans cette ville. Et rappelle-toi que la photo fera de toi la cible de la mafia des Balkans si jamais je décide de m'en servir.

Arnaud tituba sur le trottoir, sans réussir à se retourner, tant les élancements de douleur tétanisaient son cou. Ribenne le suivit des yeux une bonne minute, puis revint vers la maison de Leghorn, le visage trempé de sueur et la main droite endolorie.

Dans le salon, l'ex-flic et Élise étaient à genoux, côte à côte, en train de ramasser les billets éparpillés dans tous les sens. Elle se laissa tomber en arrière contre le divan en apercevant Ribenne, et passa une main tremblante sur son visage.

— Nom de Dieu, vous m'avez foutu une de ces frousses !

Ribenne se laissa tomber dans le fauteuil.

— Moi non plus, je n'aime pas ça, mais nous n'avions pas le choix. Désolé, Leghorn, j'ai fait comme chez moi.

Celui-ci posa une pile de billets sur la table basse et haussa les épaules.

— En même temps, en tant qu'associé, t'es un peu chez toi, ici…

Le détective grimaça plutôt que de réagir, car il n'avait pas la force de se chamailler à ce sujet. Il observa Leghorn en train d'aligner les piles de billets dans la valise et dit à son intention :

— Je te trouve drôlement silencieux.

Leghorn répondit sans lever les yeux :

— Qui ne dit mot consent. Ma seule inquiétude, c'est Élise.

— Pourquoi vous inquiéter pour moi ?

— Parce que vous avez trouvé la valise, que vous pourriez très bien aller tout balancer aux flics dès demain, et on aurait Brakel sur le dos, ce qui ne me convient pas dans cette situation, expliqua-t-il en la fixant.

Ribenne eut un instant d'hésitation avant de réaliser que son pote mettait en doute l'honnêteté d'Élise, alors il voulut intervenir, mais Leghorn le coupa net :

— Tais-toi, c'est à elle que je cause.

Vexée et inquiète, Élise déglutit, puis réussit à dire :

— Si les Croates sont en route pour la Suisse, je ne vois pas comment ils sauront que c'est moi qui ai trouvé leur pognon. Je n'ai pas envie de vivre le reste de ma vie cachée et rongée par l'angoisse. Ce fric, il n'est pas à moi, je n'en veux plus, faites-en ce que vous voulez. Je vais partir et je ne veux plus jamais vous revoir.

Elle se tourna vers le détective et lui sourit :

— Merci, Ribenne, pour Arnaud. C'est con, mais je n'avais pas la force de rompre avec lui, l'habitude, peut-être, ou la peur d'être seule, j'en sais rien, mais j'éprouve maintenant une vraie sensation de liberté. J'espère que vous ne l'avez quand même pas trop amoché.

Ribenne remua la tête pour la rassurer. Élise se leva et enjamba la valise, mais tout à coup, Leghorn attrapa son poignet. Saisie de surprise, elle secoua violemment la main et il lâcha prise en s'exprimant d'un ton adouci :

— Asseyez-vous, Élise. Je vous ai provoquée exprès pour voir si on peut vous faire confiance. Je n'ai rien contre vous.

Après une seconde d'hésitation, elle s'accroupit près de la table basse, les yeux à hauteur des piles de billets de banque.

— Je vais vous dire pourquoi j'ai agi ainsi, ajouta Leghorn.

Samedi

III

Au même moment, une voiture s'immobilisait devant le Café Moderne, mais personne ne descendit. Dans l'air encore chaud bruissaient les senteurs salées de l'estuaire. À l'intérieur de l'habitacle, deux silhouettes étaient immobiles. Puis la conductrice se tourna vers la passagère.

La commissaire Brakel observa le profil d'Alèna dont les yeux perdus droit devant elle trahissaient la souffrance. La fin d'après-midi avait été rude pour les nerfs de la jeune femme, et la flic elle-même n'était pas mécontente d'en avoir fini avec cette partie de son job. Les corps froids à la morgue la révulsaient, sensation qu'elle se devait de cacher aux autres.

— Je suis désolée pour tout ça. Nous avons passé plus de temps que prévu, mais vous avez tenu le choc. Merci, conclut Brakel.

Alèna baissa la tête sur ses mains croisées, l'esprit toujours un peu absent, retenu quelque part, peut-être dans cette pièce glaciale où le corps de son frère était étendu sous un drap blanc.

— Je ne sais pas si j'aurais pu le reconnaître dans la rue, confessa-t-elle. Il a tellement changé en cinq ans. Tellement vieilli aussi. J'avais accepté l'idée de ne plus jamais le revoir. J'avais réussi à ranger dans un coin de ma tête les souvenirs de ma vie là-bas. Et en quelques heures, ils ont refait surface d'un seul coup, sans que je sache comment Avdo a pu retrouver ma trace. C'est horrible de penser qu'on ne peut se cacher nulle part.

Elle inspira profondément pour reprendre :

— Vous vous imaginez tout le temps qu'il a dû passer à me rechercher ? Ça veut dire que d'autres sont capables de revenir.

— Non, non, intervint Brakel pour la rassurer. Les Croates n'ont aucune raison de revenir, la valise est perdue et ils prendraient trop de risques à refaire surface après leurs trois meurtres.

— Vous le dites-vous même, il s'agit d'une hypothèse. Je ne sais pas si un jour je pourrai vivre en paix.

— Laissez-nous faire notre boulot, vous n'avez rien à craindre.

— J'ai confiance en vous, commissaire, mais prenez l'exemple de Sylvia. Elle n'avait rien à voir dans tout ça et elle est morte.

— Ne ressassez pas cette histoire. D'accord, c'est une hypothèse, mais il y a vraiment de grandes chances qu'ils soient loin de Saint-Nazaire. Ils laissent trop de morts dans leur sillage pour ne pas finir par se faire repérer. Et c'est précisément le risque que ce genre de types ne peut pas prendre.

Le silence se fit entre elles, le temps pour Brakel d'allumer une cigarette.

*

— Je vais aller droit au but, dit Leghorn à Élise. Ce pognon, nous allons l'apporter demain à Brakel, mais nous ne dirons rien à votre sujet. Je préfère vous prévenir pour que vous gardiez le silence sur cette affaire, car si j'explique à Brakel les conditions dans lesquelles vous avez déniché la valise, je peux vous garantir qu'Interpol va vous passer au grill et vous pourrir la vie. Pas vrai ?

La remarque s'adressait à Ribenne qui opina du chef, mais Élise intervint sur un ton inquiet.

— Sauf que si les flics récupèrent la valise, l'UCK l'apprendra et pourrait très bien vouloir se venger, non ?

— Bien vu ! s'exclama Leghorn. Mais Interpol gardera cette information secrète. D'abord, pour la raison que vous venez de donner, mais surtout, parce que leur labo scientifique va se régaler avec ce joujou et ça leur donnera des infos sans que l'UCK soit au courant. Qui sait, ils récupéreront peut-être des empreintes digitales, de l'ADN, et ils auront un coup d'avance sur ces salauds.

Élise pinça les lèvres, convaincue de l'explication.

— Il vous reste combien d'années d'études ? lui demanda Leghorn.

— Euh… Deux. Pourquoi ?

Sans la quitter des yeux, il saisit deux liasses et les lui tendit.

— Vous avez été formidable dans cette affaire. Vous n'avez jamais manqué de courage. Sans vous, tout le monde courrait encore derrière ce fric, Interpol en premier. Une récompense, c'est la moindre des choses. Voilà deux années d'études payées d'avance.

Mais Élise reposa les billets comme s'ils lui brûlaient les doigts.

— Je ne peux pas accepter. Si jamais les flics apprennent ça…

— Ils n'en sauront rien. Personne ne connaît la somme exacte contenue dans cette valise. Nous sommes quatre à l'avoir vue ouverte, mais autant dire trois, vu qu'Arnaud a déjà oublié toute cette histoire par instinct de survie.

— Je confirme, lâcha Ribenne, en massant ses phalanges endolories.

— Prenez ces billets, ils vous seront plus utiles qu'aux flics. Tout le reste de cet argent sera saisi et ira croupir sur un compte d'attente. Deux liasses en moins, c'est invérifiable. Allez, prenez !

Et Leghorn de remettre d'autorité les billets dans la main d'Élise dont les yeux couraient sur la table basse pour se convaincre que personne n'en saurait jamais rien.

— Vous vous rappelez, je vous avais promis de vous faire riche comme Crésus ? lui glissa Ribenne à l'oreille en se penchant vers elle. Vous avez une bonne raison de ne plus remettre les pieds chez la Carcaradec.

La jeune femme lui sourit, ne sachant plus trop comment réagir, tant les événements se bousculaient dans sa tête. Elle baissa les yeux sur le fric qui faisait trembler ses doigts.

— Merde, j'espère que vous ne racontez pas de conneries. Faut que je m'en aille, sinon je vais changer d'avis. Toute cette histoire à cause d'un foutu timbre, c'est dingue quand même, non ?

*

Après plusieurs longues bouffées de cigarette, Brakel reprit la parole dans le silence de la voiture :

— Je ne sais pas où votre frère a pu planquer le fric ni combien de pognon ça représente. Mais il a eu beaucoup de courage pour résister à ces salauds sans parler.

Alèna acquiesça et demanda :

— Vous pensez trouver un jour la valise ? Ce n'est pas un peu chercher une aiguille dans une botte de foin ?

— Oh que si ! Car votre frère a dû prendre de sacrées précautions pour qu'elle ne tombe pas entre n'importe quelles mains. En tout cas, si vous avez une idée, appelez-moi, je déteste rester avec une énigme sur les bras.

— J'en connais un autre qui est comme ça. Vous savez, Ribenne s'inquiète vraiment au sujet de la disparition de la serveuse, et je peux vous dire qu'il ne lâchera pas le morceau. C'est un teigneux dans son genre.

En souriant, Brakel chassa la fumée de ses poumons par la vitre baissée.

— Ça, j'ai remarqué. Les Roumains lui doivent une fière chandelle. Mais il sait être parfois aussi filant qu'un poisson avant de se faire capturer. Le monde bouge autour de lui et il donne l'impression de n'être touché par rien. Votre situation n'est pas simple.

— Je devine vos pensées, commissaire. Fréquenter une prostituée n'est pas de bon aloi dans cette société. On passe, ou pour un déséquilibré, ou pour un proxénète. J'ai tort ?

— Pas tout à fait, mais Ribenne connaît les risques.

— Et les risques d'aimer, Brakel, vous les connaissez ? riposta Alèna.

— Désolée d'être si brusque, mais je ne me voyais pas aborder la question avec lui. Avouez que c'est plus facile entre femmes. Dites-lui quand même de se méfier, car il joue souvent avec le feu, si vous voyez ce que je veux dire. Leghorn ne pourra plus le protéger comme avant et moi, je suis nouvelle, alors on m'attend au virage au moindre faux pas.

— C'est le genre de conseil dont il n'aura rien à faire, commissaire, mais je lui dirai quand même. Ça va le faire rire, j'en suis sûr, vu le plan qu'il mijote avec Leghorn.

*

Ribenne attendit qu'Élise ait claqué la porte pour s'exclamer sur la stratégie de Leghorn :

— Chapeau bas ! Tu as mené les affaires d'une main de maître. Non seulement tu rends service à Élise en lui payant deux ans d'études, mais en acceptant l'argent, elle s'est rendue coupable de recel, donc tu as un moyen de pression si elle change d'avis. Et elle est convaincue qu'on va rendre la valise à Brakel.

Leghorn signifia qu'il acceptait l'hommage et lâcha :

— Putain de soirée !

— Monsieur le fonctionnaire découvre que le job de détective privé n'est pas de tout repos, railla Ribenne, avant de changer de sujet : Avdo a laissé ce fric pour Alèna et l'a payé de sa vie. Nous lui donnerons la valise quand les choses se seront un peu calmées et que Brakel aura les yeux ailleurs. Garde le pognon chez toi pour l'instant.

Ribenne finit son verre et ajouta :

— Allez, faut que j'y aille. Elle doit m'attendre.

— Je viens avec toi, j'ai envie de revoir Alèna.

*

La commissaire Brakel allait tirer une taffe de sa clope, mais la retira de sa bouche.

— Ils mijotent un plan, vous dites ? C'est quoi cette histoire ? fit-elle d'une voix inquiète.

— Ils vont s'associer.

Brakel sursauta.

— Quoi ? Leghorn et Ribenne, détectives privés ? Dites-moi que je rêve !

— Pas du tout.

— Oh, nom de Dieu ! Voilà que je vais me coltiner deux emmerdeurs, dont le plus vieux connaît la maison poulaga par cœur, et dont l'autre s'amuse à cogner un de mes lieutenants à chaque fois qu'il le voit. Fais chier, jura Brakel en donnant un coup de poing sur le volant.

Alèna mit la main sur la poignée de la portière, mais la flic n'avait pas fini de lui poser des questions.

— Et vous, quels sont vos projets ?

Alèna chercha à croiser son regard, puis baissa les yeux.

— Voilà un mot que j'ai du mal à conjuguer en ce moment. Je ne sais plus où j'en suis. J'ai perdu ma meilleure amie et mon frère, mes parents sont morts également, je n'ai d'attache nulle part.

— Nulle part ? insista Brakel, en songeant au détective.

Alèna passa une main lasse sur son visage.

— Bien sûr, j'ai Ribenne, je ne le mets pas de côté. Mais je suis comme vous, parfois, je ne sais pas qui il est. Alors, je vous pose la question, de femme à femme : vous construiriez des projets avec un type qui vous plaît, mais qui reste pour vous une complète énigme ?

— Si même pour vous, Ribenne reste indéchiffrable… murmura Brakel, qui ne savait pas quelle réponse donner à la question.

Alèna haussa les épaules, à peine étonnée de la réaction de la flic, et ouvrit la portière.

— Il doit m'attendre, j'y vais. Merci pour ce que vous avez fait à la morgue pour me rendre la tâche plus facile.

Brakel leva les yeux de sa clope pour la fixer :

— Effacez les dernières images de votre frère. Ne gardez que celles de votre enfance.

Puis elle tourna son visage vers le Café Moderne et dit :

— Ribenne doit en avoir marre de faire le pied de grue. Dépêchez-vous. Sa chambre était allumée il y a encore un instant. Il vient juste de l'éteindre. Allez vite le rejoindre.

*

Ribenne et Leghorn approchaient de la base sous-marine à bord de la Punto de location.

— Je ne sais pas comment Alèna aura tenu le choc de revoir son frère dans cet état, murmura le détective.

— L'essentiel, maintenant, c'est qu'elle oublie la menace des Croates.

— Putain de flics d'Interpol ! jura Ribenne en réponse. Ils ont intérêt de leur mettre le grappin dessus avant qu'ils ne passent en Suisse.

— Tu ne m'avais pas dit qu'ils les avaient déjà repérés là-bas, observa le commissaire, en fronçant les sourcils.

— Non, Interpol ne les a pas repérés, mais l'hypothèse de la Suisse leur semble la plus probable.

— Quoi ! Tu veux dire qu'ils n'ont aucune certitude que les Croates aient quitté Saint-Nazaire ?

Samedi

IV

En suivant des yeux la silhouette fluide d'Alèna à travers le pare-brise, Brakel souffla la fumée par la vitre ouverte. Elle regarda son paquet presque vide et se dit qu'il ne ferait pas la soirée. Les clopes lui permettaient d'évacuer le stress mieux que n'importe quoi d'autre. Puis Brakel vit Alèna entrer dans la pension, alors elle mit le moteur en marche et s'éloigna. Dans son rétro, elle distingua peut-être des lumières s'allumer à différentes fenêtres du Café Moderne, mais elle n'aurait pas pu le jurer devant une cour d'assises. Trop de fatigue enlisait ses muscles et son esprit.

Alèna franchit la dernière marche de l'escalier au moment où un grognement résonna en provenance des appartements de la Carcaradec. Elle sourit en songeant que la Ténardière était en train de dormir. Elle coiffa ses cheveux en arrière et toute la lassitude de sa journée sembla lui tomber d'un seul coup sur les épaules.

Quand Brakel quitta l'avenue de Penhoët pour s'engager dans le boulevard Leferme en direction du centre-ville, elle repéra au premier coup d'œil la vitesse exagérée de la petite voiture arrivant en sens inverse. Deux passagers à bord. Deux hommes. Ses réflexes de flic se mirent en marche très vite, aiguillonnés par un pressentiment. Brakel ralentit et fixa le conducteur quand ils se croisèrent. Une sueur glacée glissa dans son dos en reconnaissant Ribenne.

La silhouette d'Alèna flotta un court instant dans le couloir maussade avant de disparaître dans la chambre du détective. Elle fut étonnée de la trouver plongée dans le noir. Instinctivement, elle tendit la main vers l'interrupteur.

Ribenne réalisa seulement après coup qu'il venait de croiser Brakel. Il avait reconnu son visage en une pico seconde. Il freina en laissant de la gomme sur la route, provoquant la stupéfaction de Leghorn, et fit une marche arrière osée pour ranger la Punto contre la voiture de la commissaire, arrêtée elle aussi.

À l'instant où elle allait toucher le bouton de la lumière, Alèna entendit une respiration tout près de son oreille. Un frisson la saisit et son cœur se mit à battre la chamade. La peur envahit son corps en entier. Elle n'avait pas ressenti une frousse pareille depuis sa fuite de Gornje Sélo.

— Qu'est-ce que vous foutez-là, Brakel ? hurla Ribenne par la portière.

— Je viens de raccompagner Alèna. Elle vous croyait dans votre chambre, car on a vu la lumière.

Sans lui laisser le temps d'en dire plus, Ribenne écrasa l'accélérateur, provoquant un cabrement dangereux de la voiture qui fila droit devant elle en donnant l'impression de ne plus pouvoir s'arrêter.

Alèna sentit un bras se resserrer autour de son cou pour la tirer en arrière, l'empêchant d'expulser le cri d'horreur coincé dans ses poumons. Elle chercha à se débattre, mais son assaillant la bloqua de l'autre bras en écrasant sa poitrine. Le visage de Ribenne sursauta devant ses yeux fermés sur l'horreur, faisant monter les larmes dans sa gorge sans qu'elle ne puisse expulser sa peur. C'était comme si son corps retenait de force la fusion gigantesque d'un volcan.

— Freine ! Freine ! hurla Leghorn en voyant le mur du Café Moderne se rapprocher dangereusement.

Dans leur dos, Brakel avait fait demi-tour. Elle vit la Punto faire une embardée, s'arrêter, et Ribenne sortir en trombe. D'un bond, Leghorn s'éjecta de la voiture pour le rattraper. Il savait le détective capable d'agir par pur instinct, capable de mettre en jeu sa propre sécurité. Leghorn vit avec soulagement Brakel bondir à son tour hors de sa voiture, son Mahurin au poing. Tout en courant pour rattraper Ribenne dans l'escalier, il saisit le Beretta de défense qu'il portait à la cheville.

L'inconnu fit tomber Alèna, avec une précision dans les gestes qui prouvait son professionnalisme. Du genou, il écrasa son visage, le temps d'accrocher ses poignées avec un lien coulissant en plastique. La tête coincée sur le sol, la laine de la moquette entrait entre ses lèvres. Elle n'arrivait plus à respirer, le volcan grondait en elle, au bord de l'irruption.

— Rattrape Ribenne ! cria Brakel à Leghorn en se précipitant derrière eux dans l'escalier.

Au prix d'un ultime effort, Leghorn rejoignit Ribenne au moment où il arrivait en haut des marches et le plaqua violemment au sol.

— Laisse-nous gérer ça. Tu vas te faire descendre comme un con.

— Il faut aider Alèna, répliqua Ribenne en se débattant comme un diable, prêt à cogner pour se libérer, mais Brakel les avait rejoints et aida l'ancien commissaire à le maîtriser.

Soudain, les trois entendirent au même moment une porte s'ouvrir dans le couloir. La frayeur dilata leurs pupilles. D'un même mouvement de flic, Leghorn et Brakel se retournèrent, leur arme pointée devant eux. Une silhouette était en train de sortir de la chambre de la Carcaradec tout au bout du couloir. Un coup de feu claqua aux oreilles de Ribenne. Leghorn venait d'écraser la gâchette de son Beretta. Pur réflexe de vieux flic. L'inconnu cria et une éclaboussure de sang gicla de sa jambe à l'instant où un éclair zébra le couloir. En tombant, l'homme venait de répliquer à son tour. Ribenne hurla aussitôt et porta la main gauche devant son visage. Le projectile avait traversé sa paume. Si la balle de Leghorn n'avait pas déséquilibré l'inconnu au moment de tirer, Ribenne aurait sans doute pris le projectile dans la poitrine.

Brakel profita du millième de seconde d'inattention qui suivit pour faire feu à son tour. La poitrine de l'homme fut projetée en arrière par l'impact. Puis Brakel tira à nouveau, les bras tendus à l'extrême. La deuxième balle creusa un trou noirâtre à la base du cou du Croate. Son corps tomba en arrière et rebondit sur le plancher du couloir. Un geyser de sang éclaboussa les murs quand il expira.

Depuis la chambre, Alèna ressentit les détonations dans sa chair. C'était comme si on lui avait enfoncé des aiguilles sous les ongles. Les larmes jaillirent et brouillèrent sa vue. Dès le premier tir, son agresseur se releva sans avoir eu le temps de la bâillonner. Elle cracha le tissu qu'il s'apprêtait à serrer. Autour d'elle, la chambre était toujours plongée dans le noir. La respiration de l'homme était saccadée. Alèna devina qu'il se tenait derrière la porte en train d'analyser les bruits du couloir. Elle songea qu'il n'allait pas la tuer, car il avait besoin d'elle comme otage. Elle pouvait donc tenter quelque chose.

Brakel resta une longue seconde dans la même position, les bras tendus, l'œil dans l'axe de la mire de son Mahurin. Enfin, elle relâcha ses muscles et abaissa son arme.

— Merde…

Aussitôt, Leghorn agita la main devant eux pour leur intimer l'ordre de se taire. Avec le canon du Beretta, il montra la porte de la chambre du détective, trois mètres plus loin sur leur droite. Brakel la fixa en grimaçant.

Tout à coup, un braillement retentit, les faisant sursauter. La voix tétanisa Ribenne, car il la reconnut aussitôt.

— La porte ! Derrière la porte ! venait de hurler Alèna.

Dans la chambre, elle avait fait l'effort de rouler sur le côté pour mieux distinguer son agresseur. Ses yeux s'étaient accoutumés à la pénombre et elle avait remarqué la silhouette de l'inconnu se découper en ombre chinoise contre la cloison opposée. Pile dans l'axe de la porte. Son cri lui sembla être l'explosion du volcan retenu en elle depuis longtemps.

Les deux flics eurent le même réflexe : se jeter sur le côté en déchargeant leur arme. Un tonnerre d'acier retentit dans le couloir et le bois de la porte vola en éclats.

Alèna ferma les yeux aux premières détonations, en hurlant. Des sons étouffés suivis de craquements mats la firent frissonner. Elle n'avait jamais entendu pareils bruits, mais comprit sur l'instant de quoi il s'agissait : les balles entrant dans la chair de son agresseur et les os de sa poitrine se brisant sous l'impact.

Son chargeur était vide, mais Leghorn continuait de presser la détente. Il avait toujours agi de la sorte dans toutes les situations de tir où il s'était retrouvé, pour ne jamais regretter ensuite de n'avoir pas vidé son chargeur. Le couloir empesta très vite la poudre. Une odeur âcre, synonyme de mort.

Brakel fut debout la première. Elle avait rechargé son revolver et d'un coup de pied ouvrit la porte criblée de balles. Le corps du second Croate gisait dans une mare de sang. Même dans la pénombre, un flic sait reconnaître du sang. Prudente, Brakel s'agenouilla en visant le cœur de l'homme, s'assura qu'il ne représentait plus de danger, puis se laissa tomber à la renverse, dos contre le mur.

— Putain de soirée ! hurla-t-elle pour libérer la tension de ses muscles.

*

Peu de temps après, le Café Moderne ressembla à une annexe du Quai des Orfèvres avec le bar transformé en salle des urgences où Ribenne reçut des soins pour sa blessure. La balle avait transpercé sa main entre le pouce et l'index, sans briser d'os. De l'autre côté du bar, les flics recherchaient sur leur ordinateur l'identité des deux Croates.

Ribenne était assis près de l'escalier, observant le va-et-vient de la police d'un œil hagard, Alèna serrée contre lui. Elle tenait la tête sur son épaule et ses yeux bouffis de larmes restaient fermés. Elle se savait en sécurité, mais la peur persistait dans sa chair. Elle continuait de sentir l'odeur aigre de son agresseur, celle de la poudre, aussi. Le bruit des os percutés par les balles résonnait encore dans ses oreilles.

À l'étage, Brakel dirigeait le bal des techniciens de la police avec l'aide du brigadier-chef Hervé. Dorking était en arrêt de travail suite aux deux rencontres difficiles avec le détective. Plus loin, Leghorn s'occupait de la Carcaradec pour comprendre l'enchaînement des événements. Après la fusillade, il l'avait découverte ligotée sur son lit dans la chambre d'où était sorti le premier Croate. Elle n'avait pas subi d'outrage ni de violence.

Quand Leghorn s'approcha, Ribenne l'interrogea :

— Alors, elle va mieux ?

— Oui. Mais elle a vraiment cru y passer. Il lui faudra sans doute un petit soutien psychologique et un peu de compréhension de la part de son unique pensionnaire, dit-il en insistant sur chaque mot, car il n'ignorait pas la nature compliquée de leurs relations.

N'obtenant pas de réaction, Leghorn attrapa la bouteille devant lui et se servit une longue rasade.

— Bon. Voilà comment les choses se sont sans doute déroulées, poursuivit-il en s'asseyant devant Ribenne et Alèna. Pour moi, les deux types vont chez Sylvia pour la faire parler, car ils savent qu'Avdo est monté chez elle. Mais Sylvia ignore tout de la valise, alors ils la tuent et disparaissent. Ensuite, ils brûlent le 4×4 pour faire croire à leur fuite, et ça marche, puisque Interpol dirige ses recherches vers la Suisse.

— Tout ça restera à confirmer, le coupa Ribenne.

— Quand on découvre le corps de Sylvia, personne ne se doute que les Croates sont restés planqués quelque part à Saint-Nazaire. Est-ce qu'elle leur a parlé de toi ou d'Alèna avant d'être tuée ? On ne le saura jamais. Toujours est-il qu'ils te mettent pour de bon dans leur ligne de mire. Ils surveillent la pension et profitent que la Carcaradec soit enfin seule après la fermeture pour entrer. Ils la surprennent, la bâillonnent et la ligotent sur son lit. Le médecin m'a confirmé qu'elle n'a pas subi de violence. Ils ne sont pas là pour elle, c'est bien toi qu'ils attendent.

Alèna avait ouvert les yeux et écoutait la conversation en mordillant ses lèvres. Son visage devint dur en voyant deux flics de l'antiterrorisme se diriger vers eux.

Le plus bougon observa Alèna d'un regard maussade, puis tendit une feuille à Leghorn.

— Brakel m'a demandé de voir ça avec vous. On vient de la trouver sur un des deux types. La dame pourrait nous aider à la traduire, glissa-t-il.

Leghorn lui prit la feuille des mains et jeta un œil dessus. La lettre était écrite dans une langue inconnue. Mais il reconnut le mot « Alèna » et comprit qu'il pouvait s'agir d'une lettre de son frère Avdo. Un frisson le parcourut en songeant à ce qu'ils allaient apprendre de lui.

— C'est une lettre d'Avdo. Toi seule peux nous la traduire.

Les yeux d'Alèna s'embuèrent d'un seul coup. Elle tendit une main tremblante.

— Je te propose quelque chose, reprit Leghorn avant de lui donner la feuille. Tu la lis pour toi d'abord, ensuite tu nous la traduis. O.K. ?

— Il serait préférable qu'elle la traduise du premier coup. On est pressés, nous.

C'était le second flic qui avait parlé. La réaction de Leghorn fut rapide. D'un bond, il se mit debout et approcha son visage du type en costard réglementaire pour lui dire :

— Je n'ai pas l'impression que vos derniers exploits vous permettent d'être exigeants.

— Tout doux, tout doux, intervint Brakel que personne n'avait vu s'approcher. C'est moi qui dirige cette enquête, c'est moi qui fixe les règles, compris ? conclut-elle d'un ton sec.

Les deux hommes relâchèrent leurs épaules, sans se quitter des yeux, puis Leghorn se rassit et tendit la lettre à Alèna.

— Tu la lis d'abord pour toi, et ensuite tu nous la traduis, reprit-il, péremptoire.

Brakel croisa le regard d'Alèna et acquiesça. Mais très vite, chacun se sentit mal à l'aise de l'observer lire en silence. Les traits de son visage traduisaient trop facilement l'impact des mots sur elle. À la fin, elle plongea la tête dans ses mains et son corps fut secoué de longs sanglots.

Ribenne la serra et lui caressa les cheveux. Il n'aimait pas ces démonstrations d'affection, mais en cet instant, il n'en avait rien à faire. Gênés, Leghorn, Brakel et l'autre flic balayèrent du regard la salle du bar comme s'il s'y passait quelque chose de plus intéressant. Puis Alèna leur fit comprendre qu'elle allait lire la lettre. Avant qu'elle ne parle, Brakel prit le verre de Leghorn, le remplit et l'avala cul sec. Elle n'avait plus de clope dans son paquet.

Alèna prit une profonde inspiration et sa voix s'éleva avec une douceur étonnante malgré sa gorge nouée de larmes :

Alèna, ma grande sœur chérie,

Si tu lis cette lettre, c'est que j'aurai accompli le vœu de nos parents. Nos vieux sont morts, qu'ils reposent en paix. Tu as choisi de t'enfuir et ils ont pleuré longtemps. Ils m'ont fait promettre de te retrouver. J'ai passé mes journées à être digne de mon serment. J'ai dû trahir mes amis pour y arriver. J'ai été obligé de tuer des hommes, des femmes et des enfants, souvent des innocents, pour montrer à ces soldats que j'étais digne de leur confiance, et grâce à ça, ils m'ont donné la mission périlleuse de faire passer les frontières à des dizaines de valises remplies du fric de leurs trafics. Et puis, un jour, je leur ai volé cet argent. C'était nécessaire pour pouvoir te retrouver, car je veux que nos vieux reposent en paix. Je t'écris cette lettre, car ceux que j'ai trahis sont à mes trousses. On ne peut pas leur échapper. Tôt ou tard, ils réussiront à me retrouver et me tueront. Je n'ai pas peur, mon âme est en paix, car j'ai pu parler à un prêtre d'ici, et même si mes crimes étaient trop atroces pour qu'il me pardonne, je suis tranquille avec ma conscience. Tu as eu une bonne idée de laisser un message dans le collier de ce bon vieux Akdor. J'ai compris tes sous-entendus, alors je me suis lancé à tes trousses le soir même. Je voulais te ramener, et je t'aurai protégée de ces salauds. Mais je suis arrivé trop tard, car tu avais réussi à embarquer. Je suis resté deux mois à attendre le retour du cargo, et un beau jour, un marin m'a appris que son capitaine racontait l'histoire d'une jolie fille découverte à bord d'un navire et débarquée de force en France. J'ai retrouvé le capitaine et il m'a raconté des choses affreuses sur toi, sur ce que tu avais fait avec ces marins avant qu'ils ne te trahissent, et il m'a donné le nom du port où tu avais échoué. J'ai tué ce capitaine, car il ne t'avait pas traitée avec respect. De retour au village, Akdor est mort deux jours après nos vieux, assassinés par un Serbe, alors j'ai fui à mon tour pour tenir ma promesse. J'ai rejoint l'UCK, pour vous venger, et grâce à mon rôle de passeur, j'ai pu me mettre à ta recherche. J'ai dû patienter des années avant de trouver la bonne occasion de fuir avec assez d'argent. Maintenant, ces salauds sont à mes trousses, et je sais que l'étau se resserre autour de moi. Mes heures sont comptées et s'ils m'attrapent vivant, j'essaierai de ne pas parler. Je sais que tu vis dans cette ville, j'ai rencontré une fille qui m'a parlé de toi, j'ai repéré l'endroit où tu vois ton amoureux. Jamais je n'ai été si près du but, mais je dois m'enfuir sans te voir ni te parler, car sinon je te ferai courir un grave danger. En fait, je dois agir comme tu as fait avec moi et nos vieux, car s'ils font le lien entre nous, ils n'hésiteront pas à te tuer. Je t'écris cette lettre, car j'ai besoin de te dire toutes ces choses qui me hantent jour et nuit. Je m'arrangerai pour qu'elle te parvienne, car tu dois savoir autre chose et…

Alèna cessa de traduire.

— La lettre s'arrête là. Il n'a pas eu le temps de la finir. Avdo…

La voix mêlée de sanglots d'Alèna s'éteignit avec le prénom de son frère, soldat de l'UCK né à Gorjne Sélo, vingt-cinq années plus tôt, mort sous les coups des sbires de la mafia albanaise qui voulait récupérer le fric qu'il lui avait volé.

Rien ne fut dit pendant de longues secondes. Puis le flic remercia Alèna pour la traduction et lui reprit la lettre, prêt à rejoindre son collègue. Mais Brakel le retint par le bras et ordonna :

— J'en veux une copie pour elle.

Dans un silence lourd, Leghorn se leva et se dirigea vers le bar pour y prendre d'autres verres. La lettre donnait tellement d'informations qu'il fallait que chacun se les approprie avant d'en discuter.

Quand le groupe se fut reformé autour de la table, le ballet des uniformes autour d'eux commença à baisser d'intensité.

Leghorn versa du whisky dans chaque verre, puis Brakel prit la parole :

— On a failli avoir un massacre, ce soir. Leghorn, tu as été parfait avec ton joujou. Ces types-là étaient sous pression à force de semer des cadavres sur leur route, et ils ont mal réagi. Ça nous a sauvés, mais pas votre main, Ribenne.

— Ça m'apprendra à m'occuper d'affaires collatérales.

Brakel eut un sourire un peu forcé puis se tourna vers Alèna :

— Votre frère vous a laissé une lettre émouvante. Les Croates l'ont trouvée en fouillant sa piaule, et l'ont gardée avec eux. Avdo explique comment il a retrouvé votre trace, mais il ne dit à aucun moment où il a caché la valise. Sans doute est-ce cela qu'il voulait écrire quand il a été interrompu. Qui sait quand nous mettrons la main dessus.

Son portable sonna à cet instant.

— On a besoin de moi, fit-elle en se levant. On dirait que nos collègues aiment le rapport de force. Je vous laisse.

Une fois Brakel éloignée, Ribenne se tourna vers Leghorn :

— Putain, tu te rends compte ? Il lui aura fallu cinq ans, pas plus, pour retrouver sa sœur. On laisse des traces partout où on passe sur cette terre. C'est fou, non ?

— Oui, et je connais un seul métier qui consiste à retrouver toutes ces traces. C'est flic.

— Et détective.

— Ouais, détective, ça marche aussi. Tu piges pourquoi tu ne peux pas dire non à notre association ? C'est parce qu'on vibre pour les mêmes choses, toi et moi.

— En attendant, j'aimerais bien que tu m'expliques comment tu as su qu'Élise n'avait pas disparu et qu'elle avait découvert la valise ?

— J'ai copié ta méthode. Je me suis intéressé à celui qui nous avait refilé l'info en premier sur sa disparition, c'est-à-dire son copain Arnaud. Après notre petite discussion dans le bureau de Brakel et le merveilleux repas qui a suivi, j'ai poireauté devant chez lui, ça m'a rappelé le bon vieux temps, et je l'ai suivi quand il est sorti. Tu connais beaucoup de mecs dont la nana a disparu, qui vont acheter un bouquet de fleurs gros comme un tronc de baobab, des maillots de bain à fleurs, et qui rentrent à la maison en chantant ?

Le détective ouvrit les bras en grand, ravi de l'hommage rendu à sa méthode.

— Alors, associés ? demanda Leghorn en lui tendant une main ouverte.

Ribenne posa la sienne dessus. Ils se fixèrent longuement pour sceller leur pacte. Puis Leghorn se leva pour partir et lança :

— Soigne-toi, mon vieux, parce que je ne veux pas d'un associé manchot, et protège Alèna. Elle est ce qui t'es arrivé de mieux dans ta vie, alors ne gâche pas ta chance, sac à vinasse.

Ribenne sourit et porta la main à son front pour lui adresser un salut. Salut dérisoire et plein d'ironie, Ribenne ayant depuis des lustres pris le parti de chier sur toute forme d'autorité, surtout la militaire, sur toute forme de drapeau, surtout celui des nationalistes, et dans tous les clairons, surtout ceux qui vous cassent les burnes en vous réveillant à l'aube.

Épilogue

Pour la première fois depuis une semaine, Ribenne et Alèna dormirent à nouveau ensemble. Ils firent l'amour aussi. Ils se rassasièrent l'un de l'autre comme jamais. Ils parlèrent également, des heures durant, d'Avdo, de l'argent, de la valise. Alèna relut une dizaine de fois la copie de la lettre de son frère, sans cesser de pleurer et, blottis l'un contre l'autre, ils frémirent ensemble en réalisant combien leur vie avait été menacée.

Tôt le dimanche matin, Alèna se leva sans bruit et marcha sur la pointe des pieds pour ne pas réveiller Ribenne. Elle s'habilla dans le noir, ajusta son collier près de la fenêtre sous la lueur pâle de la lune, puis sortit de la chambre en prenant soin de ne pas allumer la lumière du couloir ; sans se retourner pour garder entière sa détermination, elle referma la porte avec précaution.

Elle ne laissa qu'une chose sur le lit, prise au fond de sa poche et posée en évidence près de l'oreiller. Ribenne comprendrait, elle n'avait pas besoin de lui donner d'explication. Une douleur sourde avait serré son cœur en posant l'objet, mais elle ne pouvait pas faire autrement.

En bas, la mère Carcaradec trimait derrière le zinc du bar. Elle n'avait pas entendu descendre la jeune femme et réprima un mouvement de surprise en la découvrant devant elle.

— Je suis désolée de vous faire peur.

— Vous êtes matinale, dit la Carcaradec tout en fuyant son regard. Moi, je n'arrivais pas à dormir. Alors j'en profite pour nettoyer tout ce bazar.

— Je ne vais pas vous déranger, alors.

Alèna se pencha pour attraper son sac, mais la Ténardière radoucit sa voix pour dire :

— Non, ne partez pas tout de suite. Que souhaitez-vous boire ?

Leurs regards se croisèrent et quelque chose fut dit par ce simple contact visuel inédit entre elles deux.

— Un chocolat chaud. Avec beaucoup de sucre, s'il vous plaît. Soyez gentille, prenez quelque chose avec moi, madame.

L'invitation fit stopper net la main de la Carcaradec au moment où elle allait saisir un grand bol. Elle se retourna pour dévisager la jeune femme d'un air incrédule. La précédente fois qu'elles avaient échangé autant de mots, c'était le jour où Ribenne l'avait amenée pour la première fois. Aucune des deux n'avait oublié l'incident.

— D'accord, je vais boire avec vous, répondit la Carcaradec, en ajoutant : ça me fait plaisir.

Une minute de silence donna du relief au tintement des cuillères au fond des bols. Leurs regards se croisèrent à nouveau et d'un mouvement maladroit, la mère Carcaradec détourna le sien. Elle n'était pas encore tout à fait apprivoisée.

— Vous avez du courage, madame, murmura Alèna d'un ton amical.

— Vous n'en manquez pas non plus, je crois. Je suis désolée pour votre amie Sylvia. Les hommes nous respectent si peu. Mais vous, vous avez trouvé Ribenne. Il vous a aidée, et il vous aime, ça se voit comme le nez au milieu de la figure.

Alèna resta silencieuse. Le visage du détective passa comme une ombre sur sa pupille. Ainsi, elle avait trouvé un homme ? Et de l'aide ? Et de l'amour ? Avdo n'avait-il pas lui-même écrit les mots *ton amoureux* ?

— Aidée ?... Non, il m'a sauvée, murmura-t-elle dans un souffle. Il m'a sauvée… Sauvée…

Au même moment, Ribenne se réveilla et tendit le bras vers la place d'Alèna comme il faisait chaque fois. Mais sa main se referma sur l'oreiller vide et tiède. Il la laissa immobile comme un membre qui ne lui appartiendrait pas. Plus rien ne lui appartenait quand Alèna était absente. Son corps en entier n'était plus qu'un amas de chair et de sang dont il se sentait chaque jour davantage étranger. De longues minutes passèrent sans qu'il ne bouge la tête ou la main. Sa poitrine se soulevait à peine à chaque respiration. Ses sens étaient en apnée comme s'il nageait au fond de l'océan pour vider la poubelle de son âme.

Un moment, ses doigts effleurèrent l'objet abandonné par Alèna, mais sans le toucher vraiment. Il ne le remarqua pas non plus quand il ouvrit une paupière morne pour se persuader de sa solitude. La chose était cachée par les plis du drap. Las d'être seul, Ribenne se recroquevilla et cacha sa tête sous l'oreiller. Sa gorge se noua de tristesse. Une fois de plus, il n'avait pas réussi à la retenir. Elle n'avait pas fini sa mue de chrysalide.

— Voulez-vous que j'appelle un taxi, demanda la mère Carcaradec en débarrassant les bols.

— Non, madame, répondit Alèna en payant. Merci pour votre gentillesse.

Les pièces s'échappèrent de ses doigts tremblants avant de tomber par terre et la Carcaradec se pencha pour les ramasser. Quand elle se redressa, elle fut saisie de stupeur : la silhouette d'Alèna disparaissait dans l'escalier.

Ribenne gisait de tout son long au milieu du lit. Dans son sommeil, il avait rejeté l'oreiller et les draps. Sa carcasse se soulevait au rythme de sa respiration lourde et bruyante. Alèna resta un moment à ausculter les os saillants de ses côtes et la rondeur de ses épaules. Elle avança un doigt malhabile et l'enfonça dans la chair tiède de son bras. Le contact le fit frissonner. Il souleva une paupière et n'aperçut au début qu'une ombre se dessiner à contre-jour sur les rideaux, puis il se redressa, alarmé par cette intrusion silencieuse et fantomatique. Alèna se tenait debout au bord du lit, le visage penché vers lui, tout habillée. Il eut juste le temps de la voir plonger la main dans sa poche pour y cacher l'objet qu'elle avait prévu de lui laisser.

Ribenne voulut parler, mais elle posa un doigt sur ses lèvres.

— Non, ne demande rien, prononça-t-elle d'une voix ténue.

Puis elle retira son manteau, quitta son jean et son chemisier, et s'allongea contre lui. Il acheva de la déshabiller et serra sa poitrine, moelleuse comme un oreiller, contre sa peau.

Jamais Alèna ne reparla à Ribenne de cette fuite avortée. Jamais non plus elle ne lui posa de questions au sujet du mouchoir marqué de ses initiales qu'elle lui avait offert un jour et qu'il avait prêté à Sylvia Mendoza pour essuyer ses larmes. Et qu'elle avait retrouvé en allant dans l'appartement de son amie avec Brakel.

En faisant disparaître au fond de sa poche la preuve que Ribenne avait franchi la ligne jaune, Alèna acceptait de sceller à jamais ce souvenir indicible dans les tréfonds de sa mémoire.

Et de redonner une chance à l'amour.

Je tiens à remercier chaleureusement les membres du jury du Prix du Polar Ouest-France, avec une mention spéciale à Jean-Paul Le Tensorer, ancien patron de la PJ, dont les remarques m'ont évité des erreurs de néophyte.

Mes plus vifs remerciements à Jean Delavaud dont l'exfiltration définitive du salariat lui a donné le temps pour une relecture exigeante du dernier manuscrit.

Rien n'aurait été possible sans l'amour de ma femme Delphine qui m'apporte la sérénité pour faire mes « écritures ».

Merci à toute l'équipe des Éditions Ouest-France pour son soutien.

Ce roman est une fiction qui s'appuie sur certains faits réels, mais en prenant les libertés nécessaires pour en faire un polar cohérent où toute ressemblance avec des personnages réels serait une pure coïncidence.

Image de couverture : © Adobe Stock / Cyrille PAWLOSKI

Éditions OUEST-FRANCE

Éditeur Hervé Chirault
Coordination éditoriale Isabelle Rousseau
Conception graphique
Studio graphique des Éditions Ouest-France
Mise en page Virginie Barré
Photogravure Graph&Ti, Cesson-Sévigné (35)
Impression Sepec Numérique, Péronnas (01)

Édilarge SA, Rennes
ISBN : 978-2-7373-9093-7
Dépôt légal : septembre 2024
N° d'éditeur : 11188.01.1,5.09.24
Imprimé en France
editions.ouest-france.fr

PEFC
10-31-3532